KB274070

실전! 부동산 경매 완전정복 II
부동산 경매, 레알 고수가 되는 법

· 현) 지지옥션 본원교육원장
· 현) 주식회사 지지AMC 대표
· 현) 지지옥션 부동산중개 대표
· 건국대 부동산대학원 출강
· 계명대학교, 충남대학교 출강
· 현대백화점 문화센터, 홈플러스 문화센터 출강
· 근로복지공단, 현대건설 등 기업체 다수 출강
· 부동산TV(rtn), mbn, 와우TV, SBS 경매 방송패널리스트
· 매일경제, 서울경제, 아시아경제 경매전문 칼럼리스트

저서 : 부동산 경매의 백미 특수권리물건

저자 **문동진**

실전! 부동산 경매 완전정복 Ⅱ

부동산 경매, 레알 고수가 되는 법

초판 1쇄 인쇄 2013년 01월 25일
초판 1쇄 발행 2013년 01월 31일

지은이 I 문동진
펴낸이 I 손형국
펴낸곳 I (주)북랩
출판등록 I 2004. 12. 1(제2012-000051호)
주소 I 서울시 금천구 가산디지털 1로 168, 우림라이온스밸리 B동 B113, 114호
홈페이지 I www.book.co.kr
전화번호 I (02)2026-5777
팩스 I (02)2026-5747

ISBN 978-89-98666-06-4 14320
       978-89-98666-04-0 14320(set)

실전! 부동산 경매 완전정복 Ⅱ

부동산 경매 레알 고수가 되는 법

문동진 지음

지지옥션 부동산 경매 공식교재

book Lab

부동산 경매는 제대로 알기만 하면 쉽고 안정적으로 고수익을 누릴 수 있는 재테크 방법입니다. 그러나 어려운 법률용어와 이해하기 힘든 판례 때문에 경매에 뛰어들 엄두가 나질 않습니다. 또한 부동산 경매는 일반 부동산 시장의 거래보다 상당히 위험합니다. 특히 공시되지 않은 유치권, 법정지상권, 대항력 있는 임차인 등의 존재로 인하여 경매 매수 신청자는 많은 위험에 직면할 수 있습니다.

반면에 위험이 크면 그에 비례하여 수익도 커지기 때문에 부동산 경매를 통하여 고수익을 창출하고자 하는 사람이 많은 것도 사실입니다. 따라서 부동산 경매에 참여하고자 하는 사람은 수익을 생각하기에 앞서 그 위험을 인지하고, 위험을 방지하거나 해결할 수 있는 방법을 미리 마련하여야 할 것입니다. 위험을 해결하면 수익은 자연히 발생되는 것이 부동산 경매입니다.

그러나 부동산 경매에 참여하고자 하는 사람들이 믿고 의존할만한 지침서는 거의 없다고 해도 과언이 아닙니다. 일반적으로 시중에 나와 있는 부동산 경매 관련 책은 대개 두 종류입니다. 하나는 '나는 부동산 경매로 얼마를 벌었다' 는 식의 책으로, 대부분 과장되고, 설사 그렇지 않더라도 그 사람의 경험담에 불과하기 때문에 모든 부동산 경매 참가자에게 적용되지는 않습니다. 오히려 그릇된 지식으로 해를 끼치기도 하므로 지침서가 될 수 없습니다. 다른 하나는 민사집행법 등 기타 부동산 경매관련 법 규정을 해설한 책입니다. 이러한 책들은 실무와 괴리되어 부동산 경매에 참가하는 매수신청자 입장의 지침서가 될 수 없는 게 사실입니다.

제대로 된 부동산 경매 지침서는 '부동산 경매와 관련된 모든 법률관계' 와 '실제 현장에서 일어나는 실무' 가 부동산 경매에 참여하는 매수신청자 입장에서 기술되어야 하는 것입니다. 예컨대 주택임대차보호법에서 임차인의 보호 입장이 아니라 임차인의 존재로 인하여 일정한 부담을 안게 되는 매수신청인의 입장에서 주택임대차보호법을 바라보아야 할 것입니다.

필자는 부동산 경매전문회사인 지지옥션에서 근무하면서 경매지식 없이 대박을 꿈꾸며 대들었다가 실수한 많은 사람들을 상담하고 해결점을 찾아주면서 수백 가지의 실전경험과 법률지식을 얻게 되었습니다. 이제는 지지옥션교육원장이 되면서 저에게 찾아온 분들과 저와 인연을 맺게 된 분들에게 그동안 얻은 경매 전문지식과 실전경험을 아낌없이 전달하고자 이 책을 경매지침서로 저술하게 되었습니다.

제가 강의에서도 수없이 밝혔지만 부동산 경매는 아는 만큼 수익을 얻을 수 있는 아주 철저하게 현실적인 시장입니다. 풍뎅이가 쪼아 흠집 난 과일은 시장가치가 없지만, 흠집 난 부분을 잘 도려낸다면 매우 당도가 높은 과일을 싸게 먹을 수 있는 기회가 주어지게 되며, 아예 서리 맞아 얼어버린 과일은 거저 얻을 수도 있습니다. 또한 이것을 잘만 발효시키면 식초도 만들 수 있고 더 높은 수준의 전문가는 향기 좋은 술도 만들 수 있는 것과도 같습니다.
이렇듯 위험을 제거하는 능력이 바로 수익을 창출하는 능력인 것입니다.

여러분들도 얼어버린 사과로 술을 만들어내는 경매고수가 되기를 꿈꿀 것입니다. 그것은 결코 불가능한 일도 아니며 여러분께도 그러한 기회는 다가올 것입니다.
매년 40만 건이 훨씬 넘는 물건이 부동산 경매 시장에 나오고 있는 게 현실입니다. 그 40만 건 중에 하나만이라도 그 물건이 가지고 있는 위험을 제거하고 제대로 취득한다면 바로 많은 수익과 직결되는 것이 부동산 경매인 것입니다.

이 책은 경매 판례에 대한 쉬운 해설과 경매 전반에 대한 모든 것들을 상세히 설명하고 있습니다. 또한 부동산 경매를 처음 공부하시는 분들을 위한 실전경매에서 꼭 필요한 부분을 담았고 실전과 결합하여 이해가 쉽도록 설명하고 있습니다. 경매고수로 거듭나고 싶어하는 대한민국의 경매인들에게 실제로 필요한 살아 있는 지식을 담았습니다. 특수물건 사례에 대해서는 여러분처럼 경매지식이 부족한 분들이 저에게 공부한 후에 낙찰 받은 사례를 기술하였습니다.
물론 이 책으로 부동산 경매를 다 배울 수는 없습니다. 하지만 제가 오랜 시간동안 배우고 겪었던 지식과 경험을 이 책을 통해 여러분에게 전달하여 좀 더 짧은 시간과 적은 노력으로 부동산 경매에 입문할 수 있도록 하였습니다.
이 책을 통해 수익률이 높은 부동산 경매시장에서 성공적인 재테크로 여러분의 삶이 더욱 윤택해지길 기원하며 건승을 빕니다.

2013년 정월에

저자 裕觀 문 동 진

CHAPTER
1

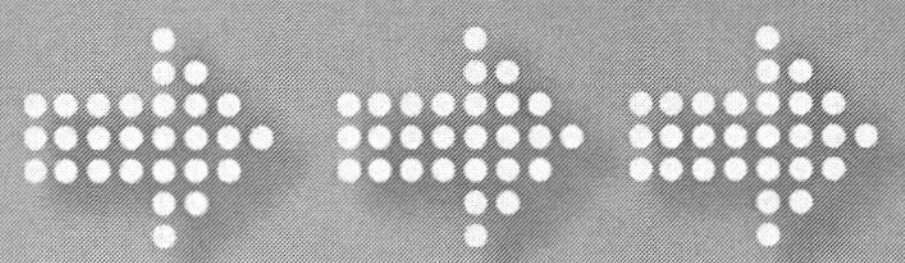

집합건물

(토지별도등기, 대지권미등기, 대지권 없음)

1 집합건물의 의의

1동의 건물은 그 전체가 하나의 소유권의 객체로 되는 것이 원칙이지만 (일물일권 주의), 수직적, 수평적으로 계층화된 1동의 건물은 구조상, 이용상으로 독립한 수개의 부분으로 나누어 그 각 부분을 독립한 소유권의 객체로 하는 것도 가능한데, 이때 그 1동의 건물을 집합건물이라고 하고, 구분된 독립된 소유권의 객체로 되는 건물부분을 구분건물이라고 한다. 구분소유권의 객체로 되는 집합건물의 예로는 아파트, 연립주택, 빌라, 다세대주택 등을 들 수 있다.

1) 집합건물에 관한 권리분석

경매와 관련하여 집합건물에서 문제되는 것으로는 대지권에 관한 것을 들 수 있다. 대지권이 없는 집합건물, 대지권이 미등기인 경우 및 토지별도등기와 같은 복잡한 법률관계가 대지권과 관련하여 문제가 되며, 소유자의 의무와 관련하여 특히 유의하여야 할 사항으로 전 소유자가 체납한 관리비의 승계여부를 들 수 있다.

2 집합건물의 구성

1) 전유부분

1동의 건물 중 구조상 및 이용상 독립성을 갖춘 건물 부분으로, 구분소유자의 배타적인 사용, 수익, 처분권이 미치는 구분소유권의 대상이 되는 건물부분이 해당된다.

2) 공용부분

공용부분의 귀속과 사용, 공유자의 지분권 및 일체성이 인정된다.

3) 대지

전유부분이 속하는 1동의 건물이 소재하는 1필 또는 수필의 토지(법정대지)와 건물의 대지와 일체로 관리 또는 사용되는 토지로서 규약 또는 공정증서에 의하여 건물의 대지로 된 토지(집합건물 내 도로, 주차장, 정원, 부속건물의 대지) 즉 규약대지가 있다.

3 토지별도등기

1) 토지별도등기의 의의

대지권 등기 시 그 토지에 소유권보존등기 또는 소유권이전등기 이외의 소유에 관한 등기(예컨대 가등기, 가처분등기 등) 또는 소유권 이외의 권리에 관한 등기(예컨대 지상권, 전세권, 임차권, 저당권, 지역권 등)가 있는 경우에는 전유부분의 표제부 중 대지권의 표시란에 '토지에 관한 별도등기 있음' 의 취지의 등기를 하는데, 이러한 등기를 일반적으로 토지별도등기라고 한다.

예를 들면 통상 건축업자가 토지에 저당 후 공동주택을 신축하여 분양하였으나 건축업자의 부도로 인하여 토지에 있는 저당권을 말소하지 못한 경우, 수분양자의 대지권에 말소되지 않은 저당권이 있는 경우를 말한다.

2) 토지별도등기가 있는 경우

① 감정평가서상 토지가 감정되었고 토지의 별도등기가 용익물건(지상권, 지역권 등)이 아닌 담보물건인 경우, 토지별도등기는 말소가 된다.

② '토지별도등기 매수인 인수' 라는 특별매각조건이 있거나, 토지별도등기가 용익물건인 경우 토지별도등기는 매각으로 말소되지 않는다.

③ 따라서 "토지별도등기 있음" 하는 물건은 우선 감정평가서상 토지가 감정되었는가를 살피고, 다음은 토지등기부등본을 살펴서 용익물건이 아닌 담보물건(저당권, 근저당권, 담보가등기 등)의 등기가 있다면 이는 경매에서 배당을 받고 말소가 되므로 낙찰자가 부담하는 권리가 없게 된다,

④ 다만 토지의 별도등기가 용익물건인 지상권이나 지역권이 설정되어 있으나, 그 용익물건의 성질이 대지의 일부로서 도시계획상 도로로 국가, 또는 지방자치단체가 이용하거나, 지하철처럼 구분지상권이 설정되어 토지별도등기가 있는 경우가 도심지 물건에서 늘어나고 있는 추세이며, 이 경우 등기부상 말소되지 않지만 금융기관의 대출이 가능하는 등 재산상에 피해는 없는 물건으로서 입찰에 응하여도 무관한 것으로 생각된다.

대법원 2008.3.13. 선고 2005다15048 토지사용료

【판시사항】

[1] 구분건물의 전유부분에 대한 저당권 또는 압류에 기하여 진행된 경매절차에서 전유부분을 경락받은 자가 그 대지사용권도 함께 취득하는지 여부(원칙적 적극)

[2] 집합건물의 전유부분과 함께 대지사용권인 토지공유지분이 일체로서 경락된 경우, 대지권 성립 전부터 토지만에 관하여 별도등기로 설정되어 있던 근저당권의 소멸 여부(원칙적 적극)

[3] 구분건물에서 분리처분된 토지공유지분과 특정 전유부분 사이의 상호관련성을 인정하여, 특정 전유부분 소유자는 위 토지공유지분을 분리취득한 공유지분권자에게 그에 상응하는 임료 전부를 부당이득으로 반환해야 한다고 한 사례

【판결요지】

[1] 집합건물 구분소유자의 대지사용권은 전유부분과 분리처분이 가능하도록 규약으로 정하였다는 등의 특별한 사정이 없는 한 전유부분과 종속적 일체불가분성이 인정되므로, 구분건물의 전유부분에 대한 저당권 또는 경매개시결정과 압류의 효력은 당연히 종물 내지 종된 권리인 대지사용권에까지 미치고, 그에 터잡아 진행된 경매절차에서 전유부분을 경락받은 자는 그 대지사용권도 함께 취득한다.

[2] 구 민사소송법(2002. 1. 26. 법률 제6626호로 전문 개정되기 전의 것) 제608조 제2항 및 현행 민사집행법 제91조 제2항에 의하면 매각부동산 위의 모든 저당권은 경락으로 인하여 소멸한다고 규정되어 있으므로, 집합건물의 전유부분과 함께 그 대지사용권인 토지공유지분이 일체로서 경락되고 그 대금이 완납되면, 설사 대지권 성립 전부터 토지만에 관하여 별도등기로 설정되어 있던 근저당권이라 할지라도 경매과정에서 이를 존속시켜 경락인이 인수하게 한다는 취지의 특별매각조건이 정하여져 있지 않았던 이상 위 토지공유지분에 대한 범위에서는 매각부동산 위의 저당권에 해당하여 소멸한다.

4 대지권미등기

1) 대지권

① 의의 : 건물의 구분소유자가 전유부분을 소유하기 위하여 건물의 대지에 대하여 가지는 권리를 대지권이라 한다.

② 성립시기 : 대지권은 구분건물에 대한 소유권과 대지사용권이 어느 시점에서든지 동일인에게 1회만 동시에 존재하면 그 시점에서 대지권이 성립하고 그 이후에는 대지권이 구분건물에 대한 종 된 권리로서 구분건물의 처분에 따라 함께 이전한다.

2) 대지권미등기

① 발생원인

아파트와 같은 대규모의 집합건물의 경우, 대지의 분합필 및 환지절차의 지연, 각 세대당 지분비율 결정의 지연 등으로 인하여 전유부분에 대한 소유권보존등기 및 이전등기만 경료되고, 대지지분에 대한 소유권이전등기는 상당기간 지체되는 경우가 있다.

예를 들면 아파트를 분양할 때 대지지번 자체가 확정되지 못해 소유권이전등기를 미처 하지 못한 경우 (아파트를 신축 혹은 재개발하면서, 기존 지번을 말소하고 새 아파트의 주소를 부여하면서 함께 환지작업을 하고 각 호수별로 대지권을 구분), 또는 건축업자가 소유권 이전등기를 마쳤더라도 주택단지의 필지 자체가 대규모이거나 토지구획사업 대상이 돼 있을 때 미처 아파트를 분양받은 사람에게 대지에 관한 소유권이전을 해주지 못하는 경우.

② 대지권미등기의 권리분석

입찰참여자는 "대지권 미등기"라는 문구의 물건이면 반드시 감정평가서상 토지가격이 감정되었는가를 법원의 감정평가서를 통해 확인하여야 하며 감정되었다면 낙찰 후 대지권을 취득 할 수 있으므로 입찰에 응하여도 무리가 없다.

다만 대지권미등기의 물건을 낙찰 받으므로 인하여 낙찰 후 대지권등기를 하는 과정에서 경매물건의 소유자가 대지권등기를 하지 못하고 낙찰자에게 직접 대지권등기를 하는 경우가 발생됨으로 인해 일부 등기관이 대지권미등기 전매과정이 발생됨을 이유로 대지권에 대한 등록세 추가 납부를 요구하는 사례도 있다.

5 대지권 없음

1) 대지권 없음의 의의

대지권 없음은 대지지분이 아예 없는 경우(아파트)를 말한다(대지권 미등기는 대지권이 등기되지 않은 상태). 따라서 대지권 없는 아파트를 싼 맛에 낙찰 받을 경우 대지권 소유자가 '구분소유권 매도청구권'을 행사하면 낙찰자는 건물의 소유권을 잃을 수도 있다.

2) 대지권미등기와 대지권 없음의 구별 방법

① 등기부등본의 열람만으로 대지권미등기와 대지권 없음의 차이를 구별하기는 어렵다. 다시 말해서 표제부의 '대지권 표시'란이 공란으로 되어 있을 경우 그 사유가 '대지권미등기'인지 아니면 '대지권 없음'인지 알 수 없다는 것이다.

② 대지권미등기의 경우 감정평가액 중에 반드시 대지지분의 평가액을 포함하는 반면 대지권 없음은 감정평가액이 건물부분만 평가되어있다.

3) 대지권 없음의 권리분석

① '대지권 없음'의 물건은 전유부분의 소유권을 잃을 수도 있고, 또한 매도 시 재산권 행사에 제약으로 인하여 여러 번 유찰되는 경우가 많고, 토지부분이 감정되지 않은 관계로 초기 투자금이 적은 장점이 있으므로 높은 수익을 창출 할 수도 있다.

② 다만 "대지권 없음"의 물건을 선별 시는 대지권을 취득 할 수 있는 경우를 선택하여야 하는데, 이는 취득 후 매도 시에 수익을 창출 할 수 있어야 하고, 대지권이 없음으로 인해 전유부분의 철거를 당하는 경우도 있을 수 있기 때문이다.
이를 위해 다음을 꼼꼼히 확인한다면 대지권미등기 물건의 성공사례가 될 것이다.

③ 응찰 물건 인접 호수의 등기부등본을 살펴 대지권이 되었는가를 확인하여야 한다. 이는 인접호수가 대지권등기가 되어있다면 응찰 물건만을 철거 할 수 없기 때문이다.

④ 토지 등기부등본을 살펴 토지소유자가 현존하는가, 등기를 해 올 수 있는가 확인한다. 토지 소유자가 '구분소유권매도청구권'의 행사를 한다면 오히려 낮은 가격으로 낙찰 받은 물건을 감정가로 매도함으로써 단기간의 수익을 창출 할 수 있게 되며, '구분소유권매도청구권'을 행사하지 않는다면 반대로 대지권을 낮은 가격으로 매수 할 수 있는 기회가 될 수도 있을 것이다.

⑤ 이는 토지 소유자가 있는 경우에 해당하며, 만일 토지소유자가 재건축, 재개발로 인하여 조합 등으로 되었다가 사업 완료 후 청산절차가 진행되어 현재 소유자가 없는 경우라면 대지권을 취득할 수 없게 된다.

6 대지권 취득여부

집합건물의 소유 및 관리에 관한 법률 제20조 제2항에 의하면 구분소유자는 규약으로써 달리 정하지 않는 한 그가 가지는 전유부분과 분리하여 대지권을 처분 할 수 없으므로 분리처분가능규약이 존재하지 아니하면 구분소유자가 대지사용권을 취득한 때에는 당연히 대지권을 취득한다고 볼 수 있다.

구분건물에 대한 소유권과 대지사용권이 어느 시점에서든지 동일인에게 1회 동시에 존재한다면 대지권을 취득한다.

7 대지권 처분

구분소유자가 대지권을 취득한 이후에는 대지권이 구분건물에 대한 종 된 권리로서 구분건물의 처분에 따라 함께 이전된다.

그리고 집합건물의 수분양자는 대지지분에 대한 소유권이전등기를 받기 전에 대지에 대하여 가지는 점유, 사용권인 대지사용권을 전유부분과 분리 처분하지 못할 뿐만 아니라, 전유부분 및 장래 취득할 대지지분을 다른 사람에게 양도한 후 그 중 전유부분에 대한 소유권이전등기를 경료해 준 다음 사후에 취득한 대지지분도 전유부분의 소유권을 취득한 양수인이 아닌 제3자에게 분리처분하지 못한다 할 것이고 이를 위반한 대지지분의 처분행위는 그 효력이 없다.

8 체납관리비의 승계

1) 체납관리비의 승계 여부

집합건물의 공용부분에 관하여 발생한 채권은 특별승계인에게도 효력이 있으므로(집합건물법 제18조) 공유자의 특별승계인은 전 입주자의 체납관리비 중 공용부분에 관한 부분은 이를 승계하여야 한다. (대판 99다8677)

2) 승계되는 구체적 범위

① 공용부분에 관한 관리비

　일반관리비, 장부기장료, 위탁수수료, 화재보험료, 공동전기료, 특별수선충당금, 수선유지비, 승강기유지비, 청소비, 소독비, 오물수거비, 등 입주자 공동의 이익을 위하여 유지, 관리에 필요한 체납비용은 특별승계인이 부담하여야 한다.

② 하지만 전 소유자의 체납 공용부분 관리비에 대한 연체료까지 특별승계인이 부담하는 것은 아니다 (대법원 2006.6.29 선고 2004다3598).

③ 또한 집합건물관리주체가 전 소유자의 특별승계인에게 체납관리비의 징수를 위해 단수 , 단전 등의 조치를 하는 것(사용방해 행위)은 불법행위이다.

④ 구수용가의 전기요금채무는 신수용가가 승계할 의무가 없다(대법원 1983. 12. 27. 83다카893).

⑤ 전유부분 중 가스비, 전기세, 수도세는 낙찰자에게 소유권이전등기가 된 시점부터 낙찰자가 부담하는 것으로 이해하는 사람이 있으나 이런 비용은 어디까지나 실지로 사용가능한 상황을 전제로 하는 것이므로 입주 후부터 부담하는 것이 맞다 (수익자 부담의 원칙.)

따라서 소관부처에 입주일을 증명하는 서류를 제시하고 부담을 떠안지 말라.

2006.6.29. 선고 2004다3598,3604 채무부존재확인및손해배상·채무부존재확인 등

【판시사항】

[1] 집합건물의 소유 및 관리에 관한 법률 제18조의 입법 취지 및 전(前) 구분소유자의 특별승계인에게 전 구분소유자의 체납관리비를 승계하도록 한 관리규약의 효력(=공용부분 관리비에 한하여 유효)

[2] 집합건물의 전(前) 구분소유자의 특정승계인에게 승계되는 공용부분 관리비의 범위 및 공용부분 관리비에 대한 연체료가 특별승계인에게 승계되는 공용부분 관리비에 포함되는지 여부(소극)

[3] 상가건물의 관리규약상 관리비 중 일반관리비, 장부기장료, 위탁수수료, 화재보험료, 청소비, 수선유지비 등이 전(前) 구분소유자의 특별승계인에게 승계되는 공용부분 관리비에 포함된다고 한 사례

[4] 집합건물의 관리단이 전(前) 구분소유자의 특별승계인에게 특별승계인이 승계한 공용부분 관리비 등 전 구분소유자가 체납한 관리비의 징수를 위해 단전·단수 등의 조치를 취한 사안에서, 관리단의 위 사용방해행위가 불법행위를 구성한다고 한 사례

[5] 집합건물의 관리단 등 관리주체의 불법적인 사용방해행위로 인하여 건물의 구분소유자가 그 건물을 사용·수익하지 못한 경우, 구분소유자가 그 기간 동안 발생한 관리비채무를 부담하는지 여부(소극)

【판결요지】

[1] 집합건물의 소유 및 관리에 관한 법률 제18조에서는 공유자가 공용부분에 관하여 다른 공유자에 대하여 가지는 채권은 그 특별승계인에 대하여도 행사할 수 있다고 규정하고 있는데, 이는 집합건물의 공용부분은 전체 공유자의 이익에 공여하는 것이어서 공동으로 유지·관리되어야 하고 그에 대한 적정한 유지·관리를 도모하기 위하여는 소요되는 경비에 대한 공유자 간의 채권은 이를 특히 보장할 필요가 있어 공유자의 특별승계인에게 그 승계의사의 유무에 관계없이 청구할 수 있도록 하기 위하여 특별규정을 둔 것이므로, 전(前) 구분소유자의 특별승계인에게 전 구분소유자의 체납관리비를 승계하도록 한 관리규약 중 공용부분 관리비에 관한 부분은 위와 같은 규정에 터 잡은 것으로 유효하다.

[2] 집합건물의 전(前) 구분소유자의 특정승계인에게 승계되는 공용부분 관리비에는 집합건물의 공용부분 그 자체의 직접적인 유지·관리를 위하여 지출되는 비용뿐만 아니라, 전유부분을 포함한 집합건물 전체의 유지·관리를 위해 지출되는 비용 가운데에서도 입주자 전체의 공동의 이익을 위하여 집합건물을 통일적으로 유지·관리해야 할 필요가 있어 이를 일률적으로 지출하지 않으면 안 되는 성격의 비용은 그것이 입주자 각자의 개별적인 이익을 위하여 현실적·구체적으로 귀속되는 부분에 사용되는 비용으로 명확히 구분될 수 있는 것이 아니라면, 모두 이에 포함되는 것으로 봄이 상당하다. 한편, 관리비 납부를 연체할 경우 부과되는 연체료는 위약벌의 일종이고, 전(前) 구분소유자의 특별승계인이 체납된 공용부분 관리비를 승계한다고 하여 전 구분소유자가 관리비 납부를 연체함으로 인해 이미 발생하게 된 법률효과까지 그대로 승계하는 것은 아니라 할 것이어서, 공용부분 관리비에 대한 연체료는 특별승계인에게 승계되는 공용부분 관리비에 포함되지 않는다.

[3] 상가건물의 관리규약상 관리비 중 일반관리비, 장부기장료, 위탁수수료, 화재보험료, 청소비, 수선유지비 등은, 모두 입주자 전체의 공동의 이익을 위하여 집합건물

을 통일적으로 유지·관리해야 할 필요에 의해 일률적으로 지출되지 않으면 안 되는 성격의 비용에 해당하는 것으로 인정되고, 그것이 입주자 각자의 개별적인 이익을 위하여 현실적·구체적으로 귀속되는 부분에 사용되는 비용으로 명확히 구분될 수 있는 것이라고 볼 만한 사정을 찾아볼 수 없는 이상, 전(전) 구분소유자의 특별승계인에게 승계되는 공용부분 관리비로 보아야 한다고 한 사례.

[4] 집합건물의 관리단이 전(전) 구분소유자의 특별승계인에게 특별승계인이 승계한 공용부분 관리비 등 전 구분소유자가 체납한 관리비의 징수를 위해 단전·단수 등의 조치를 취한 사안에서, 관리단의 위 사용방해행위가 불법행위를 구성한다고 한 사례.

[5] 집합건물의 관리단 등 관리주체의 위법한 단전·단수 및 엘리베이터 운행정지 조치 등 불법적인 사용방해행위로 인하여 건물의 구분소유자가 그 건물을 사용·수익하지 못하였다면, 그 구분소유자로서는 관리단에 대해 그 기간 동안 발생한 관리비채무를 부담하지 않는다고 보아야 한다.

🏠 관련판례

【판시사항】

[1] 전유부분과 함께 대지지분을 매수한 자가 가지는 대지지분에 관한 소유권이전등기청구권이 집합건물의소유 및 관리에관한법률 소정의 대지사용권에 해당하는지 여부(소극)

[2] 대지지분에 대한 소유권이전등기 전에 전유부분만에 대한 경락이 이루어진 경우, 경락 후에 대지권 등기를 한 종전 소유자에게 구분소유권 매도청구권이 인정되는지 여부(적극)

【재판요지】

[1] 집합건물의소유 및 관리에관한법률 제2조 제6호에 의하면 대지사용권은 구분소유자가 전유부분을 소유하기 위하여 건물의 대지에 대하여 가지는 권리이므로 반드시 소유권일 필요는 없으나 적어도 전유부분을 소유하기 위하여 건물의 대지에 대하여 가지는 권리여야 하고, 단순히 구분건물과 함께 그 대지지분을 매수한 자로서 매도인에게 매매를 원인으로 하여 그 대지지분에 관하여 가지는 소유권이전등기청구권과 같은 것은 같은 법 소정의 대지사용권에 해당하지 아니한다.

[2] 구분건물을 분양받은 최초의 구분소유자 갑이 전유부분에 대한 소유권이전등기만 경료된 상태에서 전유부분 및 대지지분을 을에게 매도하여 전유부분에 관하여만 소유권이전등기를 경료하여 주었다가 후에 대지지분에 대하여 갑 명의로 소유권이전등기가 경료 되었음에도 을이 전유부분에 대하여 설정한 근저당권에 기하여 전유부분에 대한 경락이 있을 때까지 을에게 그 대지지분에 대한 소유권이전등기를 경료하여 주지 않아 을로서도 대지지분에 대하여 소유권을 취득하지 못하고 있었다면, 달리 을이 구분건물의 대지에 대하여 전유부분을 소유하기 위한

권리로서의 대지사용권을 취득하여 이를 가지고 있지 않는 한, 경락인 역시 경락에 의하여 전유부분을 소유하기 위한 대지소유권 기타의 대지사용권을 취득하지 못하는 것이므로 경락인은 대지사용권을 가지지 아니한 구분소유자에 해당하고, 전유부분에 대한 소유권을 상실한 후에 비로소 대지지분에 관한 소유권이전등기를 마친 을은 그 대지지분의 소유자로서 전유부분의 철거를 구할 권리를 가진 자에 해당하여 집합건물의 소유 및 관리에관한법률 제7조에 의하여 경락인에게 구분소유권을 시가로 매도할 것을 청구할 수 있다.

2001.9.4 선고 2001다22604 부당이득금반환

【판시사항】

[1] 구분건물의 전유부분에 대한 소유권이전등기만 경료되고 대지지분에 대한 소유권이전등기가 경료되기 전에 전유부분만에 관하여 설정된 저당권의 효력범위

[2] 구분건물의 대지지분에 대한 소유권이전등기가 경료되기 전에 전유부분만에 관하여 경매절차가 진행되어 낙찰인이 전유부분만을 낙찰받았음에도 대지지분에 관한 등기까지 경료받은 것이 부당이득에 해당하는지 여부(소극)

【재판요지】

[1] 집합건물의소유및관리에관한법률 제20조 제1항, 제2항과 민법 제358조 본문의 각 규정에 비추어 볼 때, 집합건물의 대지의 분·합필 및 환지절차의 지연, 각 세대당 지분비율 결정의 지연 등으로 인하여 구분건물의 전유부분에 대한 소유권이전등기만 경료되고 대지지분에 대한 소유권이전등기가 경료되기 전에 전유부분만에 관하여 설정된 저당권의 효력은, 대지사용권의 분리처분이 가능하도록 규약으로

정하였다는 등의 특별한 사정이 없는 한, 그 전유부분의 소유자가 나중에 대지지분에 관한 등기를 마침으로써 <u>전유부분과 대지권이 동일 소유자에게 귀속하게 되었다면 당연히 종물 내지 종 된 권리인 그 대지사용권에까지 미친다.</u>

[2] 구분건물의 전유부분에 대한 소유권이전등기만 경료되고 대지지분에 대한 소유권이전등기가 경료되기 전에 전유부분만에 관하여 설정된 근저당권에 터잡아 임의경매절차가 개시되었고, 집행법원이 구분건물에 대한 입찰명령을 함에 있어 대지지분에 관한 감정평가액을 반영하지 않은 상태에서 경매절차를 진행하였다고 하더라도, 전유부분에 대한 대지사용권을 분리처분할 수 있도록 정한 규약이 존재한다는 등의 특별한 사정이 없는 한 낙찰인은 경매목적물인 <u>전유부분을 낙찰받음에 따라 종물 내지 종된 권리인 대지지분도 함께 취득하였다 할 것이므로,</u> 구분건물의 대지지분 등기가 경료된 후 집행법원의 촉탁에 의하여 <u>낙찰인이 대지지분에 관하여 소유권이전등기를 경료받은 것을 두고 법률상 원인 없이 이득을 얻은 것이라고 할 수 없다.</u>

2002.6.14 선고 2001다68389 배당이의

【판시사항】

건물 일부만에 관하여 전세권이 설정되었다가 그 건물이 집합건물로 된 후 그 전세권이 구분건물의 전유 부분만에 관한 전세권으로 이기된 경우, 그 <u>전세권의 효력은 그 대지권에까지 미치는지 여부</u>(한정 적극) 및 그 전세권의 효력이 대지사용권에 미치는 시점(=대지사용권이 성립한 때)

【재판요지】

집합건물이 되기 전의 상태에서 건물 일부만에 관하여 전세권이 설정되었다가 그 건물이 집합건물로 된 후 그 전세권이 구분건물의 전유 부분만에 관한 전세권으로 이기된 경우, 구분소유자가 가지는 전유 부분과 대지사용권의 분리처분이 가능하도록 규약으로 정하는 등의 특별한 사정이 없는 한, 그 전유 부분의 소유자가 대지사용권을 취득함으로써 <u>전유 부분과 대지권이 동일소유자에게 귀속하게 되었다면 위 전세권의 효력은 그 대지권에까지 미친다고 보아야 할 것</u>이고, 위 집합건물에 관하여 경매가 실행된 경우 대지권의 환가대금에 대한 배당순위에 있어서, 위 전세권이, 대지사용권이 성립하기 전의 토지에 관하여 이미 설정된 저당권보다 우선한다고 할 수는 없는 바, 이는 대지사용권에 대한 전세권의 효력은 대지사용권이 성립함으로써 비로소 미치게 되는 것이므로 대지사용권이 성립하기 전에 그 토지에 관하여 이미 저당권을 가지고 있는 자의 권리를 해쳐서는 안 되기 때문이다.

🏠 실전분석

토지별도등기

동부4계 2010-13675 상세정보

경매구분	임의(기일)	채 권 자	경기남부수협	낙찰일시	11.08.01
용 도	아파트	채무/소유자	차영란	낙찰가격	372,500,000
감 정 가	480,000,000	청 구 액	200,000,000	경매개시일	10.09.20
최 저 가	307,200,000 (64%)	토지총면적	56.52 ㎡ (17.1평)	배당종기일	10.12.01
입찰보증금	10% (30,720,000)	건물총면적	34.01 ㎡ (10.29평)[13평형]	조 회 수	금일1 공고후218 누적439
주의사항	· 토지별도등기 · 토지별도등기 있음				

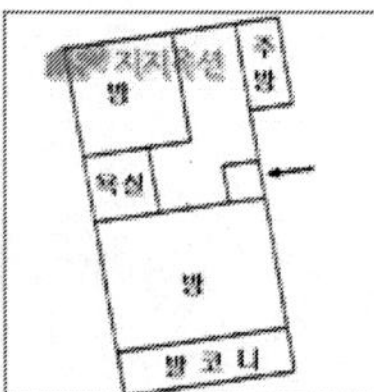

■ 물건사진 8
■ 지번·위치 3
■ 구 조 도 2

우편번호및주소/감정서	물건번호/면적(㎡)	감정가/최저가/과정	임차조사	등기권리
134-080 서울 강동구 고덕동 670,492,494 고덕시영 14동 5층 510호 ●감정평가서정리 - 묘곡초등교북서측인 근 - 주위대단위아파트,공원,단독주택,근린시설 등형성된지대 - 제반차량출입가능,교통사정무난 - 노선버스(정),지하철5호선(고덕역)인근소재 - 도시가스개별난방 - 부정형완경사지 - 사면도로접함 - 도시지역 - 용도구역기타(특별계획구역) - 1종지구단위계획구역 - 광장저촉,도로저촉 - 대로2류저촉 - 어린이공원저촉 - 대공방어협조구역(위탁고도:77-257m) - 과밀억제권역	물건번호: 단독물건 대지 56.52/180918.4 (17.1평) 건물 34.01 (10.29평) (13평형) 방2 공용:9.477 5층-84.10.02보존	감정가 480,000,000 · 대지 336,000,000 (70%) (평당 19,649,123) · 건물 144,000,000 (30%) (평당 13,994,169) 최저가 307,200,000 (64.0%) ●경매진행과정 480,000,000 ① 유찰 2011-04-25 20%↓ 384,000,000 ② 유찰 2011-06-13 20%↓ 307,200,000 ③ 낙찰 2011-08-01 372,500,000 (77.6%) - 응찰 : 12명 - 낙찰자:백시종 허가 2011-08-08	●법원임차조사 *본건 목적물 소재지에 출장한 바,문이 잠겨있고 거주자가 부재중이여서 조사하지 못 하였음. 관할 동사무소에 주민등록등재자를 조사한 바, 소유자 차영란이 등재되어있음. ●지지옥션세대조사 세 08.08.08 차영란 동사무소확인:2011.04.13	소유권 차영란 1997.02.19 저당권 경기남부수협 화서 2007.01.12 240,000,000 저당권 경기남부수협 화서 2007.01.12 168,000,000 가압류 김주현 2009.02.11 30,000,000 가압류 차영림 2010.01.29 15,000,000 가압류 국민은행 2010.04.05 27,832,146 임 의 경기남부수협 2010.09.20 *청구액:200,000,000원 가압류 세람상호저축 2010.11.29 95,828,658 등기부채권총액 576,660,804원

서부6계 2010-16508 상세정보

경 매 구 분	임의(기일)	채 권 자	구산동(새)	낙 찰 일 시	11.08.24
용 도	아파트	채무/소유자	이선재/윤석모	낙 찰 가 격	621,000,000
감 정 가	880,000,000	청 구 액	375,502,930	경매개시일	10.10.20
최 저 가	563,200,000 (64%)	토지총면적	0 ㎡ (0평)	배당종기일	11.01.03
입찰보증금	10% (56,320,000)	건물총면적	134.91 ㎡ (40.81평)[50평형]	조 회 수	금일1 공고후158 누적297
주 의 사 항	· 대지권미등기 · 대지권 미등기이나 매각목적물 및 평가에 포함됨.				

   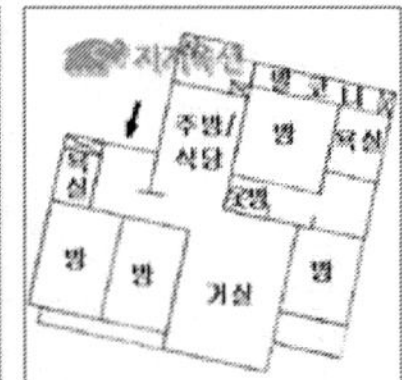

■ 물건사진 5
■ 지번·위치 1
■ 구 조 도 2

우편번호및주소/감정서	물건번호/면 적 (㎡)	감정가/최저가/과정	임차조사	등기권리
122-200 서울 은평구 진관동 11 상림마을 은평뉴타운 725동 8층 802호 (통칭: 현대아이파크13단지) ●감정평가서정리 - 진관중.고등학교남동 　측인근 - 주변아파트단지, 단지 　내상가, 근린시설, 학 　교, 근린공원등소재한 　은평뉴타운1지구내아 　파트단지 - 제반차량출입가능 - 마을및노선버스(정) 　인근거리소재 - 대중교통사정보통 - 북동측경사지예평탄 　작업해부지조성, 남서 　측인접한야산은북동 　측으로경사이루어아 　파트단지접합 - 제반차량출입용이한 　도로개설되어이용중, 　지하주차장으로차량 　출입용이 - 열병합지역난방 2010.10.21 정림감정	물건번호: 단독물건 대지 　대지권미등기 건물 134.91 　(40.81평) 　방4,욕실2.드레스 　룸및파우더룸,화단 공용:98.54(지하주 차장63.122포함) 12층 -08.06.25보존 11개동298세대	감정가　　880,000,000 ·대지　　264,000,000 　　　　　　(30%) ·건물　　616,000,000 　　　　　　(70%) (평당 15,094,340) 최저가　　563,200,000 　　　　　(64.0%) ●경매진행과정 　　　　880,000,000 ① 유찰　2011-06-15 20%↓　704,000,000 ② 유찰　2011-07-20 20%↓　563,200,000 ③ 낙찰　2011-08-24 　　　　621,000,000 　　　　(70.6%) - 응찰 : 2명 낙찰자: 김영숙외1 　허가　2011-08-31	●법원임차조사 윤석모 전입 　확정 2008.09.01 　(보) 400,000,000 　주거/전부 　점유기간 　2008.8.29- 　전세권자 　등기부상 *폐문부재로 안내문을 남 겨두고 왔으나 아무 연락 이 없어 점유관계 미상이 나, 본건 목적물 상에 주 민등록 전입세대가 소유 자 세대 뿐임 - - - - - - - - - - - - - 　총보증금:400,000,000 ●지지옥션세대조사 세 08.08.29 윤석모 동사무소확인:2011.06.08	저당권 구산동(새) 　　2008.08.22 　　442,000,000 전세권 윤석모 　　2008.09.01 　　400,000,000 　　존속기 　　간:2010.08.29 저당권 연신내(새) 　　2008.09.05 　　260,000,000 　　윤석모전세저당 가압류 김영휘 　　2009.04.14 　　40,000,000 　　윤석모전세가압 가압류 김정부 　　2009.04.24 　　42,000,000 　　김영휘전세가압 소유권 윤석모 　　2009.05.27 　　전소유자:이선재 가압류 홍은미 　　2009.06.16 　　37,000,000 가압류 임미애 　　2009.11.23 　　25,000,000 가압류 김희순 　　2009.11.30

대지권 없음

서부2계 2010-11510 상세정보

경매구분	임의(기일)	채 권 자	현대해상화재보험	낙찰일시	11.07.20 (종결:11.08.31)
용 도	아파트	채무/소유자	한유경	낙찰가격	375,600,000
감 정 가	550,000,000	청 구 액	263,980,514	경매개시일	10.07.26
최 저 가	281,600,000 (51%)	토지총면적	0 ㎡ (0평)	배당종기일	10.10.08
입찰보증금	10% (28,160,000)	건물총면적	59.5 ㎡ (18평)	조 회 수	금일2 공고후126 누적397
주 의 사 항		·건물만입찰 ·토지의 소유자는 서울시로 서울시에서 건물만 지어 분양하여 대지권은 미취득으로 미등기임(최저매각가격은 건물만의 평가액임). ·2010.09.24 가등기권자 지현자 채권계산서 제출			

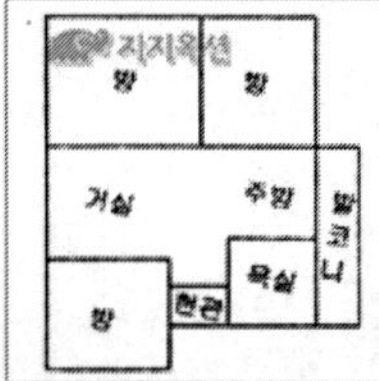

■ 물건사진 4
■ 지번·위치 1
■ 구 조 도 2

우편번호및주소/감정서	물건번호/면적 (㎡)	감정가/최저가/과정	임차조사	등기권리

140-030
서울 용산구 이촌동
211-6 시범 6동 206호
 	
●감정평가서정리
- 원효대교북단남측
  인근한강변(국제업무
  단지예정지)위치
- 주변아파트단지, 근린
  생활시설등형성된한
  강주변아파트밀집지
  역
- 차량출입자유
- 제반교통사정무난
- 인근버스(정)소재
- 개별도시가스보일러
  난방
- 부정형등고평탄지
- 아파트지구
- 아파트지구(폐지입
  안)
- 역사문화미관지구
- 개발행위허가제한지
  역
- 1종지구단위계획구역
  (건축등자세한사항은
  별도확인필히요망:
  (주관부서-도시계획
  ...
	물건번호: 단독물건
	
	대지권없음
	건물 59.5
	  (18평)
	  (18평형)
	  방3
	현:노후상태심함
	7층-71.06.18보존
	남서향,계단식
	6개동266세대
		감정가　　550,000,000
		·건물　　550,000,000
		　　　　　　(100%)
		　(평당 30,555,556)
		
		최저가　　281,600,000
		　　　　　　(51.2%)
		
		●경매진행과정
		　　　　　　550,000,000
		① 유찰　2011-04-13
		
		20%↓　440,000,000
		② 유찰　2011-05-11
		
		20%↓　352,000,000
		③ 유찰　2011-06-15
		
		20%↓　281,600,000
		④ 낙찰　2011-07-20
		
		　　　　375,600,000
		　　　　　(68.3%)
		
		- 응찰 : 3명
		- 낙찰자:전동준
		
		　허가　2011-07-27
		
		　종결　2011-08-31
			●법원임차조사
			국지혜 전입 2006.05.30
			　　　배당 2010.08.05
			　(보)　55,000,000
			　1차확정
			　2006.04.19
			　(보)45,000,000
			　2차확정
			　2008.04.14
			　주거/방3
			　점유기간
			　2006.5.30.-
			
			*폐문부재로 안내문을 남
			겨두고 왔으나 아무 연락
			이 없어 점유관계 미상
			------------------ 	
			　총보증금:55,000,000
			
			●지지옥션세대조사
			세 06.05.30 국지혜
			세 99.05.07 이재경
			세 09.01.05 한유경
			동사무소확인:2011.03.31
				소유권 한유경
				　　　1987.08.04
				저당권 현대해상화재보험
				　　　2007.04.13
				　　　226,200,000
				저당권 현대해상화재보험
				　　　2007.07.25
				　　　104,000,000
				가등기 지현자
				　　　2010.01.20
				　　　소유이전청구가등
				임　의현대해상화재보험
				　　　2010.07.26
				　*청구액:263,980,514원
				압　류 국민건강보험
				　　　용산지사
				　　　2011.02.18
				
				　　　등기부채권총액
				　　　330,200,000원
				
				열람일자 : 2011.03.29

실전! 부동산 경매 완전정복　Ⅱ

CHAPTER 2

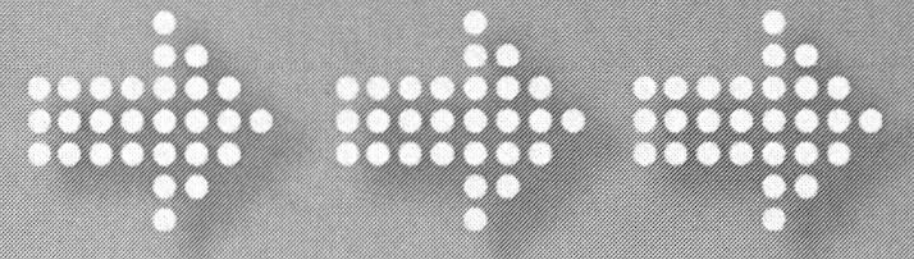

제시 외 건물

(부합물, 종물의 분석)

1 부합물

1) 의의

소유자를 달리하는 수개의 물건이 결합하여 1개의 물건으로 되는 것을 부합이라고 하며 어떤 물건에 다른 물건을 결합하여 그 결합된 물건이 독립성을 상실하여 어떤 물건의 구성부분으로 되는 것을 말한다.

2) 요건

부합이라 함은 훼손하지 아니하면 분리할 수 없거나 그 분리에 과다한 비용을 요할 경우는 물론, 분리하게 되면 경제적 가치를 심히 감소시키는 경우도 포함된다.
예컨대 임차인이 설치한 연탄보일러를 도시가스보일러로 교체 했다면 그 보일러는 임차건물에 부합되었다고 볼 수 있다.

1995.6.29 선고 94다6345 배당이의

【판시사항】
[1] 주유소의 지하 유류저장탱크가 토지에 부합되었다고 본 사례
[2] 주유소의 주유기가 주유소 건물의 종물이라고 본 사례
[3] 공장의 건물이나 토지에 대하여 공장저당권이 아닌 민법상의 일반저당권이 설정된 경우, 그 저당권의 효력이 미치는 범위

【판결요지】

[1] 주유소의 지하에 매설된 유류저장탱크를 토지로부터 분리하는 데 과다한 비용이 들고 이를 분리하여 발굴할 경우 그 경제적 가치가 현저히 감소할 것이 분명하다는 이유로, 그 유류저장탱크는 토지에 부합되었다고 본 사례.

[2] 주유소의 주유기가 비록 독립된 물건이기는 하나 유류저장탱크에 연결되어 유류를 수요자에게 공급하는 기구로서 주유소 영업을 위한 건물이 있는 토지의 지상에 설치되었고 그 주유기가 설치된 건물은 당초부터 주유소 영업을 위한 건물로 건축되었다는 점 등을 종합하여 볼 때, 그 주유기는 계속해서 주유소 건물 자체의 경제적 효용을 다하게 하는 작용을 하고 있으므로 주유소건물의 상용에 공하기 위하여 부속시킨 종물이라고 본 사례.

[3] 공장저당법에 의한 공장저당을 설정함에 있어서는 공장의 토지, 건물에 설치된 기계, 기구 등은 같은 법 제7조 소정의 기계, 기구 목록에 기재하여야만 공장저당의 효력이 생기나, 이와는 달리 공장건물이나 토지에 대하여 민법상의 일반저당권이 설정된 경우에는 공장저당법과는 상관이 없으므로 같은 법 제7조에 의한 목록의 작성이 없더라도 그 저당권의 효력은 민법 제358조에 의하여 당연히 그 공장건물이나 토지의 종물 또는 부합물에 까지 미친다.

3) 부동산에의 부합

① 부동산 또는 부합된 물건을 훼손하거나 과다한 비용을 지출하지 아니하고, 분리 할 수 없을 정도로 부착, 합체되어 있으면, 부동산의 소유자는 부합물의 소유권을 취득한다. (민법 제256조 본문)

따라서 부합물도 주물이 경매될 경우 같이 경매의 대상이 된다.

② 건물의 부합

증축 건물의 부합 여부는 물리적 구조, 용도와 기능, 소유하는 자의 의사 등을 종합적으로 판단하여 결정하여야 하며, 소유자가 증축한 경우에는 소유자의 소유로 하며 임차인이 건물 소유자의 승낙을 얻어 증축한 경우에는 임차인의 소유로 한다.

③ 농작물이나 수목의 부합

건물의 증, 개축의 경우와 같다. 즉, 임차권 등 권원에 의해 부속하게 된 경우 임차인의 소유가 되며 단, 타인의 임야에 권원없이 식부한 임목의 소유권은 임야 소유자에 있지만, 농작물의 경우에는 그 경작한 입도가 성숙하여 독립한 물건으로서의 존재를 갖추었으면 그 입도의 소유권은 경작자에 귀속한다.

(대판 79다784, 물론 이에 대해 비판적 의견이 있음)

1979.8.28.선고 79다784 가압류목적물에 대한 제3자이의

【판시사항】

[1] 경작권 없이 경작한 입도의 소유권

【판결요지】

[1] 적법한 경작권 없이 타인의 토지를 경작하였더라도 그 경작한 입도가 성숙하여 독립한 물건으로서의 존재를 갖추었으면 그 입도의 소유권은 경작자에게 귀속한다.

4) 동산간의 부합

① 동산과 동산이 부합하여 훼손하지 아니하면 분리할 수 없거나 또는 그 분리에 과다한 비용을 요하는 경우에는 그 합성물의 소유권은 주된 동산의 소유자에게 속한다. (민법 제257조 전단)

② 부합한 동산의 주종을 구분할 수 없을 경우에는 부합 당시의 가액비율로 합성물을
공유한다. (민법 제257조 후단)

5) 부합물에 관한 권리분석

① 부합물의 소유권 취득
저당권의 효력은 법률의 특별한 규정 또는 설정행위에 다른 정함이 없는 한 저당
부동산에 부합된 물건에 미친다. (민법 제358조)

② 부합물은 저당권 설정 당시에 이미 부합되어 있었던 것이든 그 후에 부합된 것이든
이를 묻지 않는다. (대판 73다298)

1974.2.12 선고 73다298 건물명도

【판시사항】

[1] 저당건물과는 별개의 독립된 건물을 저당건물의 부합물이나 종물로 보아 경락허
가를 한 경우에 독립된 건물의 소유권에 변동이 초래될 수 있는지 여부

【판결요지】

[1] 저당권은 법률에 특별한 규정이 있거나 설정행위에 다른 약정이 있는 경우를 제외
하고 그 저당부동산에 부합된 물건과 종물 이외에까지 그 효력이 미치는 것이 아
니므로 사회적 관점이나 경제적 관점에 비추어 보아 저당건물과는 별개의 독립된
건물을 저당건물의 부합물이나 종물로 보아 경매법원에서 저당건물과 같이 경매
를 진행하고 경락허가를 하였다고 하여 위 건물의 소유권에 변동이 초래될 수는
없다.

③ 부합된 물건이 매각절차에서 경매목적물에 평가되지 아니한 경우에도 매수인이 그 부합된 물건의 소유권을 취득한다. (대판 92다26772)

1992.12.8 선고 92다26772 건물명도, 소유권 확인 등

【판시사항】

[1] 기존건물에 부합된 증축부분이 기존건물에 대한 경매절차에서 경매목적물로 평가되지 아니한 경우 경락인이 증축부분의 소유권을 취득하는지 여부(적극)

[2] 건물 증축부분에 대한 소유권에 기한 명도청구소송에서 참가인이 증축부분이 자기 소유임을 이유로 독립당사자참가신청을 하였으나 본안심리 결과증축부분이 기존건물에 부합하여 원고의 소유로 판단되는 경우 참가신청의 각하 여부(소극)

【판결요지】

[1] 건물의 증축부분이 기존건물에 부합하여 기존건물과 분리하여서는 별개의 독립물로서의 효용을 갖지 못하는 이상 기존건물에 대한 근저당권은 민법 제358조에 의하여 부합된 증축부분에도 효력이 미치는 것이므로 기존건물에 대한 경매절차에서 경매목적물로 평가되지 아니하였다고 할지라도 경락인은 부합된 증축부분의 소유권을 취득한다.

[2] 원고가 건물의 증축부분의 소유권에 터잡아 명도를 구하는 소송에서 참가인이 증축부분이 자기 소유임을 이유로 독립당사자참가신청을 한 경우 주장자체에 의해서는 원고가 주장하는 권리와 참가인이 주장하는 권리가 양립할 수 없는 관계에 있다 할 것이므로, 비록 본안에 들어가 심리한 결과 증축부분이 기존건물에 부합하여 원고의 소유로 되었고 참가인의 소유로 된 것이 아니라고 판단되더라도 이는 참가인의 청구가 이유 없는 사유가 될 뿐 참가신청이 부적법한 것은 아니므로 이를 각하하여서는 아니 된다.

④ 증축부분이 기존건물에 부합하는지 여부

건물이 증축된 경우에 증축 부분이 기존건물에 부합된 것으로 볼 것인가 아닌가하
는 점은 증축 부분이 기존건물에 부착된 물리적 구조뿐만 아니라, 그 용도와 기능
의 면에서 기존건물과 독립한 경제적 효용을 가지고 거래상 별개의 소유권 객체가
될 수 있는지의 여부 및 증축하여 이를 소유하는 자의 의사 등을 종합하여 판단하
여야 한다. (대판 2000다63110)

2002.10.25 선고 2000다63110 건물명도

【판시사항】

[1] 증축 부분이 기존건물에 부합되는지 여부에 대한 판단 기준

[2] 기존건물의 옥상 부분에 무허가로 최상층과 같은 면적으로 증축하여 최상층의
복층으로 사용한 경우, 제반 사정에 비추어 그 신축 부분이 기존건물에 부합되었
다고 본 사례

[3] 기존건물에 부합된 증축 부분이 기존건물에 대한 경매절차에서경매목적물로 평
가되지 아니한 경우 경락인이 증축 부분의 소유권을 취득하는지여부(적극)

【재판요지】

[1] 건물이 증축된 경우에 증축 부분이 기존건물에 부합된 것으로 볼 것인가 아닌가
하는 점은 증축 부분이 기존건물에 부착된 물리적 구조뿐만 아니라, 그 용도와
기능의 면에서 기존건물과 독립한 경제적 효용을 가지고 거래상 별개의 소유권
객체가 될 수 있는지의 여부 및 증축하여 이를 소유하는 자의 의사 등을 종합하
여 판단하여야 한다.

[2] 지하 1층, 지상 7층의 주상복합건물을 신축하면서 불법으로 위 건물 중 주택 부분
인 7층의 복층으로 같은 면적의 상층을 건축하였고, 그 상층은 독립된 외부 통로
가 없이 하층 내부에 설치된 계단을 통해서만 출입이 가능하고, 별도의 주방시설

도 없이 방과 거실로만 이루어져 있으며, 위와 같은 사정으로 상·하층 전체가 단일한 목적물로 임대되어 사용된 경우, 그 상층 부분은 하층에 부합되었다고 본 사례.

[3] 건물의 증축 부분이 기존건물에 부합하여 기존건물과 분리하여서는 별개의 독립물로서의 효용을 갖지 못하는 이상 기존건물에 대한 근저당권은 민법 제358조에 의하여 부합된 증축 부분에도 효력이 미치는 것이므로 기존건물에 대한 경매절차에서 경매목적물로 평가되지 아니하였다고 할지라도 경락인은 부합된 증축 부분의 소유권을 취득한다.

⑤ 증축부분이 기존건물에 부합하지 않는 경우

기존건물 및 이에 접한 신축건물 사이의 경계벽체를 철거하고 전체를 하나의 상가건물로 사용한 경우, 제반 사정에 비추어 신축건물이 기존건물에 부합되어 1개의 건물이 되었다고 볼 수 없다고 한 사례.

2002.5.10 선고 99다24256 건물명도

【판시사항】

[1] 증축 부분이 기존건물에 부합되는지 여부에 대한 판단 기준

[2] 기존건물 및 이에 접한 신축건물 사이의 경계벽체를 철거하고 전체를하나의 상가건물로 사용한 경우, 제반 사정에 비추어 신축건물이 기존건물에부합되어 1개의 건물이 되었다고 볼 수 없다고 한 사례

[3] 기존건물에 부합된 증축부분이 기존건물에 대한 경매절차에서경매목적물로 평가되지 아니한 경우 경락인이 증축부분의 소유권을 취득하는지 여부(적극)

[4] 석명권의 행사의 범위

【재판요지】

[1] 건물이 증축된 경우에 증축부분이 기존건물에 부합된 것으로 볼 것인가 아닌가 하는 점은 증축부분이 기존건물에 부착된 물리적 구조뿐만 아니라 그 용도와 기능의 면에서 기존건물과 독립한 경제적 효용을 가지고 거래상 별개의 소유권 객체가 될 수 있는지의 여부 및 증축하여 이를 소유하는 자의 의사 등을 종합하여 판단하여야 한다.

[2] 기존건물 및 이에 접한 신축건물 사이의 경계벽체를 철거하고 전체를 하나의 상가건물로 사용한 경우, 제반 사정에 비추어 신축건물이 기존건물에 부합되어 1개의 건물이 되었다고 볼 수 없다고 한 사례.

[3] 건물의 증축부분이 기존건물에 부합하여 기존건물과 분리하여서는 별개의 독립건물로서 효용을 가지지 못하는 이상, 기존건물에 대한 경매절차에서 경매목적물로 평가되지 아니하였다 하더라도, 경락인은 부합된 증축부분의 소유권을 취득한다.

[4] 법원의 석명권 행사는 당사자의 진술에 모순, 흠결이 있거나 애매하여 그 진술의 취지를 알 수 없을 때 이를 보완하여 명료하게 하거나 입증책임이 있는 당사자에게 입증을 촉구하는 것을 내용으로 하는 것이지, 당사자가 주장하지도 않은 법률효과에 관한 요건사실이나 공격방어의 방법을 시사하여 그 제출을 권유함과 같은 행위는 변론주의의 원칙에 위배되어 허용되지 아니한다.

⑥ 수목이 토지에 부합하는지 여부

입목법에 의하여 등기된 입목이나 관습법상의 공시방법인 명인방법을 갖춘 수목은 토지와 별개로 다루어진다.

따라서 매수인은 이러한 수목의 소유권을 취득할 수 없고 경우에 따라서는 오히려 법정지상권이 발생할 수도 있다.

토지의 사용대차권에 기하여 그 토지상에 식재된 수목은 식재한 자에게 소유권이 있고 수목이 식재 된 후에 경매에 의하여 토지를 경락 받았다고 수목까지 경락 취득하는 것은 아니라고 할 것이다.

1990.1.23 선고 89다카21095 동산인도 공1990.3.15(868),514

【판시사항】

[1] 토지임차권에 기하여 식재된 수목을 토지경락인이 경락 취득하는지 여부(소극)

【판결요지】

[1] 토지의 사용 대차권에 기하여 그 토지상에 식재된 수목을 이를 식재한 자에게 그 소유권이 있고 그 토지에 부합되지 않는다 할 것이므로 비록 그 수목이 식재된 후에 경매에 의하여 그 토지를 경락 받았다고 하더라도 경락인은 그 경매에 의하여 그 수목까지 경락 취득하는 것은 아니라고 할 것이다.

⑦ 정원수의 경우

정원수 또는 정원석은 토지의 부합물에 해당할 수도 있지만 인정되지 않는 경우도 있다. 즉 수목 중 이동이 용이한 것으로서 독립하여 거래의 대상으로서의 경제적 가치가 인정되는 것이라면 아래 판례에 해당하여 유체동산으로 될 수 있는데 정원수는 거래의 실정이나 관념에 비추어 유체동산에 해당된다고 볼 수 있는 경우가 많다.

2003.9.26 선고 2001다52773 손해배상

【판시사항】

[1] [2] [3] 구 민사소송법 제527조 제2항 제1호에 의하여 유체동산 집행의 대상이 되는 '등기할 수 없는 토지의 정착물'의 의미 및 판단 기준
[4] 유체동산 경매기일의 변경 및 연기가 허용되는 기준

【재판요지】

[3] 구 민사소송법(2002. 1. 26. 법률 제6626호로 전문 개정되기 전의 것) 제527조 제2항 제1호에서 규정하는 "등기할 수 없는 토지의 정착물"은 토지에의 정착성은 있으나 현금화한 후 토지로부터 분리하는 것을 전제로 하여 거래의 대상으로서의 가치를 가지는 것이라고 보아야 하고, 독립하여 거래의 객체가 될 수 있는 것인지의 여부는 그 물건의 경제적 가치 및 일반적인 거래의 실정이나 관념에 비추어 판단하여야 한다.

⑧ 농작물이 토지에 부합하는지 여부

"농작물재배의 경우에는 파종 시부터 수확까지 불과 수개월밖에 안 걸리고 경작자의 부단한 관리가 필요하며, 그 점유가 비교적 명백하므로 경작자가 정당한 권원없이 타인의 농지를 경작한 경우에도 그 농작물의 소유권은 경작자에 귀속된다."

따라서 타인이 경작한 농작물이 있는 토지를 낙찰 받았더라도 매수인은 그 농작물에 대한 소유권을 주장 할 수 없다.

대판 79다784

다만 이러한 특례가 인정되는 농작물은 그 생육기간이 단기간이어야 하므로, 과수와 같이 생육기간이 장기에 속하는 경우에는 토지소유권의 침해가 지나치게 중해지므로 이러한 특례를 인정할 수 없다.

판례는 토지의 저당권은 특약이 없는 한 저당 토지 위의 과수에도 미친다고 한다. (대판 68마867)

2 종물

1) 종물의 의의

물건의 소유자가 그 물건(주물)을 사용하기 위해 자기 소유인 다른 물건(종물)을 이에 부속하게 한 때에는, 그 물건을 주물이라고 하고, 주물에 부속된 다른 물건을 종물이라고 한다. (민법 제100조 제1항)
또한 종물은 주물의 처분에 따른다. (민법 제100조 제2항)

2) 종물의 요건

① 종물은 사회관념 상 계속해서 주물의 효용을 다하게 하는 것으로, 장소적으로 밀접한 관계가 있어야 한다. (대판 2000마 3530)

② 종물은 독립한 물건으로 동산과 부동산 모두 종물이 될 수 있다. (대판93다42399)

③ 주물과 종물의 소유자가 동일해야 한다.
다른 사람의 소유에 속하는 물건을 종물이라고 인정하면 주물의 처분으로 제3자의 권리가 침해 될 우려가 있기 때문이다.

3) 종물의 효과

① 종물은 주물의 처분에 따른다.

주물에 대한 압류효력은 종물에도 미치며, 저당권의 효력은 종물에도 미친다. (민법 제358조) 종물은 저당권 설정 전부터 존재 하였던 것뿐만 아니라, 그 설정등기 후에 새로이 생긴 것도 포함한다.

② 종 된 권리
건물저당권 : 종 된 권리도 종물에 준하므로 건물저당권의 효력은 그 대지이용권인 지상권, 전세권에도 영향을 미친다. 따라서 건물에 대한 저당권이 실행되어 매수인이 그 건물의 소유권을 취득하면 매수인은 건물소유를 위한 지상권도 민법 제187조에 따라 등기없이 취득한다.

구분소유자의 대지사용권 : 집합 건물법 제20조 1항은 구분소유자의 대지사용권은 그가 가지는 전유부분의 처분에 따른다. 즉 대지사용권이 등기되어 있지 않더라도, 전유부분이 경매되면, 종 된 권리인 대지사용권도 경매 대상에 당연히 포함된다.

4) 종물에 관한 권리분석

① 종물에 대한 소유권 취득
저당권의 효력은 저당부동산의 종물에 미치므로 매수인(낙찰자)은 그 종물이 저당권설정 당시에 이미 부속된 것인지, 저당권 설정 이후에 부속된 것인지 불문하고 그 종물의 소유권을 취득할 수 있다(최저매각가격을 정함에 있어 평가여부와도 상관없다). (대판 87다카600)

1988.2.23. 선고 87다카600 판결 부동산소유권이전등기

【판시사항】

가. 증축된 건물부분의 기존건물에 부합여부의 판단기준

> 나. 어느 건물이 주된 건물의 종물이 되기 위한 요건
>
> 다. 독립된 건물을 경매신청건물의 부합물이나 종물로 오인하여 진행된 경우 그 독립된 건물에 대한 경락의 효력
>
> 【판결요지】
>
> 가. 건물이 증축된 경우에 증축부분의 기존건물에 부합여부는 증축부분이 기존건물에 부착된 물리적 구조 뿐만 아니라 그 용도와 기능의 면에서 기존건물과 독립한 경제적 효용을 가지고 거래상 별개의 소유권의 객체가 될 수 있는지의 여부 및 증축하여 이를 소유하는 자의 의사 등을 종합하여 판단하여야 한다.
>
> 나. 어느 건물이 주된 건물의 종물이기 위하여는 주된 건물의 경제적 효용을 보조하기 위하여 계속적으로 이바지 되어야 하는 관계가 있어야 한다.
>
> 다. 경매법원이 기존건물의 종물이라거나 부합된 부속건물이라고 볼 수 없는 건물에 대하여 경매신청 된 기존건물의 부합물이나 종물로 보고서 경매를 같이 진행하여 경락허가를 하였다 하더라도 그 독립된 건물에 대한 경락은 당연 무효이고 따라서 그 경락인은 위 독립된 건물에 대한 소유권을 취득할 수 없다.

3 제시 외 건물

1) 의의

① 경매 대상인 토지 위에 있는 경매 대상이 아닌 건물을 말한다.

처음부터 경매 신청 채권자가 경매 신청을 하지 않았거나 그 후의 경매절차에서도 경매 대상으로 포함 되지 않은 건물을 말하며,

② 제시 외 건물 중 신청 채권자가 신청 대상에서 제외시켰으나, 당연히 경매대상에 포함되어야 하는 부합물이나 종물인 경우, 이는 일괄 경매 청구에 의하여 경매 대상에 포함된다.

2) 부합물 또는 종물인 제시 외 건물

① 부합물인 제시 외 건물이란 토지 또는 주된 건물과는 소유자를 달리하는 별개의 건물이지만, 토지 또는 주된 건물에 결합하여 거래 관념상 그 부동산과 하나의 물건이 됨으로써 토지 또는 주된 건물의 소유자의 소유에 속하는 건물.

② 종물인 제시 외 건물이란 토지 또는 주된 건물의 경제적 효용에 계속적으로 이바지하기 위하여 부속시킨 동일 소유자의 독립된 건물.

③ 부합물 또는 종물의 여부가 중요하며, 부합물과 종물을 구별하는 실익은 없다.

④ 부합물로서의 제시 외 건물의 예
토지의 부합물로서의 제시 외 건물 예 : 염전에 딸린 소금창고, 옥외수영장에 딸린 탈의실, 샤워실, 화장실, 골프장의 임시 대피소, 과수원의 경비실.
건물의 부합물로서의 제시 외 건물 예 : 아파트의 경비실, 주택에 딸린 차고

⑤ 종물로서의 제시 외 건물의 예
토지의 종물로서의 제시 외 건물 : 과수원이나 농장의 창고, 수영장이나 골프장의 휴게실.

건물의 종물로서의 제시 외 건물 : 본채와 떨어져 있는 가재도구 등을 보관하는 방, 연탄창고, 공동변소, 백화점 건물의 지하 2층, 전화교환 설비가 있는 기계실, 주유소건물의 주유기.

3) 제시 외 건물의 취득

제시 외 건물에서의 부합물, 종물의 구별은 중요치 않으며 앞서 설명에서와 같이 경매 대상물에는 포함되지 않았으나 부합물, 종물로서의 제시 외 건물이라면 낙찰자가 주물을 취득함으로써 그 소유권은 부합물, 종물인 제시 외 건물에도 영향을 미쳐 소유권을 취득하게 된다.

4 입찰 외 건물

1) 의의

① 경매 대상물인 토지 위에 있는 경매대상이 아닌 타인의 건물을 말한다.

② 경매법원에서 경매 대상에 포함시켜 평가하는 물건의 대상에는 경매 대상물 자체와 부합물, 종물, 종된 권리, 그 밖에 대지권, 공장저당 등을 평가하게 된다.
이와 같이 경매법원에서 평가하여 경매절차를 진행하는 것은 전 항에서 서술한 바와 같이 제시 외 건물로서 낙찰자가 소유권을 취득하나, 입찰 외 건물은 감정에서 제외한 타인의 건물을 말한다.

③ 따라서 타인의 물건인 입찰 외 건물은 경매대상도 아니고 소유권도 취득하지 못하며, 오히려 실무상 법정지상권이 성립될 수 있는 우려도 있으니 입찰 시 면밀한 검토가 필요하다.

> **TIP**
>
> 타인 소유 건물의 옥상에 판넬로 만든 옥상 면적의 1/5상당의 건물은 구조, 용도, 거래의 관점에서 독립성이 인정되고 기존 건물로부터 쉽게 분리 가능하다고볼 수 있어 부합물이 아님 (손창환 민집행법 실무연구)

🏠 실전사례

서부4계 2009-18621 상세정보

병합/중복	병합:2010-9876(김창섭), 중복:2009-18638(최숙희)				
경매구분	강제(기일)	채 권 자	이승구	낙찰일시	11.07.21 (종결:11.10.14)
용 도	단독주택	채무/소유자	강헌/강헌외3	낙찰가격	166,500,000
감 정 가	292,275,000	청 구 액	178,000,000	경매개시일	09.11.10
최 저 가	149,645,000 (51%)	토지총면적	33 m² (9.98평)	배당종기일	10.01.25
입찰보증금	10% (14,964,500)	건물총면적	35.9 m² (10.86평)	조 회 수	금일1 공고후131 누적1,074
주 의 사 항	· 지분매각 · 일괄매각. 제시외건물포함				

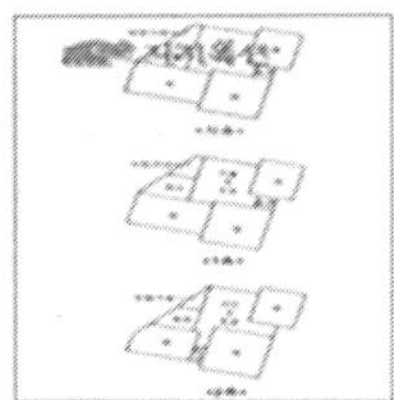

■ 물건사진 16
■ 지번·위치 6
■ 구 조 도 2

우편번호및주소/감정서	물건번호/면 적 (m²)	감정가/최저가/과정	임차조사	등기권리
140-250 서울 용산구 주성동 54 감정평가액 　토지:243,950,000 　건물:12,110,000 　제시:90,000 ●감정평가서정리 - 벽돌조평슬래브지붕 - 오산중고교남서측인근 - 남서측인근서빙고동사무소,서빙고소방서,서빙고초등교,북서측인근한강중교,남측인근다세대밋다가구주택,단독주택등형성된주거지대 - 차량접근가능 - 버스(정)도보2-3분소요 - 부정형등고평탄지 - 남서측4m도로접함 - 도시가스개별난방 ------------------ - 일괄입찰 - 대중교통사정보통 - 1차감정:256,150,000 - 3종일반주거지역 - 대공방어협조구역 　(위탁고도:54-236m) - 재정비촉진지구 - 과밀억제권역	물건번호: 단독물건 대지 28.75/115 　(8.7평) 　(토지 1/4 강헌 지분) 건물 · 1층주택 12/47.63 　(3.63평) 　방3 · 2층주택 11/44.8 　(3.33평) 　방3 · 지층주택 12/47.63 　(3.63평) 　방3 　(건물 1/4 강헌 지분) 제시외 · 창고 0.9 　(0.27평) 　2층-89.10.23보존 현장보고서 열람	감정가 292,275,000 · 대지 280,075,000 　(95.83%) 　(평당 28,063,627) · 건물 12,110,000 　(4.14%) 　(평당 1,115,101) · 제시 90,000 　(0.03%) 최저가 149,645,000 　(51.2%) ●경매진행과정 　256,150,000 ① 유찰 2010-02-11 20%↓ 204,920,000 ② 변경 2010-03-18 --- 204,920,000 ② 변경 2010-05-27 --- 43%↑ 292,275,000 ① 유찰 2010-11-18 20%↓ 233,820,000 ② 유찰 2010-12-23 20%↓ 187,056,000 ③ 낙찰 2011-01-27 201,200,000 　(68.8%) - 응찰 : 1명 낙찰자:	●법원임차조사 김은경 전입 　(보) 70,000,000 　주거/지층방3 　점유 2009.7- 　조사서상 강영옥 전입 2006.07.26 　(보) 70,000,000 　주거/1층방3 　점유 2006.7- 　조사서상 강교성 전입 1968.10.20 　(보) 70,000,000 　주거/2층방3 　모:이계순 　조사서상 ·지층(방3개)은 임차인 김은경이,1층(방3개)은 임차인 강영옥이,2층(방3개)은 임차인 강교성이 각 점유함.지층의 임차인 김은경과 2층의 임차인 강교성의 각 진술과 주민등록표등본을 참고로 하여 조사함. --- 　총보증금:210,000,000 ●지지옥션세대조사 [세] 06.07.26 강영옥 [세] 68.10.20 이계순 동사무소확인:2010.01.29	저당권 김창섭 　2008.02.21 　60,000,000 압 류 동수원세무서 　2009.04.03 강 제 이승구 　2009.11.10 　*청구액:178,000,000원 강 제 최숙희 　2009.11.10 　등기부채권총액 　60,000,000원 열람일자 : 2009.12.07

중앙10계 2010-23006 상세정보

경 매 구 분	임의(기일)	채 권 자	달구벌신협	낙 찰 일 시	11.06.15 (종결:11.08.10)
용 도	단독주택	채무/소유자	윤상훈/이화선외3	낙 찰 가 격	608,800,000
감 정 가	1,124,538,760	청 구 액	494,717,397	경매개시일	10.08.13
최 저 가	575,764,000 (51%)	토지총면적	258 ㎡ (78.04평)	배당종기일	10.11.08
입찰보증금	10% (57,576,400)	건물총면적	168.81 ㎡ (51.07평)	조 회 수	금일1 공고후287 누적1,126
주 의 사 항	·제시외 건물 포함				

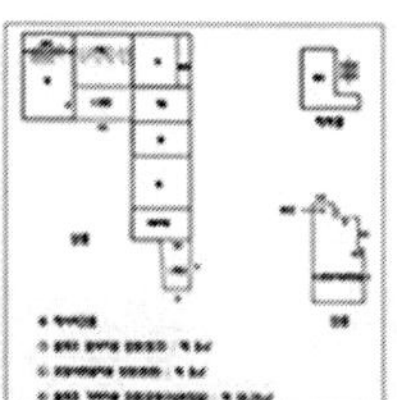

- 물건사진 5
- 지번·위치 3
- 구 조 도 2

우편번호및주소/감정서	물건번호/면적 (㎡)	감정가/최저가/과정	임차조사	등기권리
136-100 서울 성북구 정릉동 165-13, -14 감정평가액 　건물:43,097,760 　제시:4,155,000 ●감정평가서정리 - 목조및세멘벽돌조기 　와지붕 - 도시가스설비 - 도시가스보일러에의 　한개별난방 ------------------------ - 일괄입찰 - 숭덕초등교북서측인 　근위치 - 주위기존주택,다세대 　주택,다가구주택,소규 　모근린시설등혼재 - 차량진입가능 - 남측정릉길변으로버 　스및마을버스운행 - 대중교통사정보통 - 2필일단의부정형토지 - 동측,서측,북측각각세 　로접함 - 도시지역 - 개발행위허가제한지 　역 - 가축사육제한구역 - 대공방어협조구역(위 　탁고도:77-257m) - 정비구역,과밀억제권 　역	물건번호: 단독물건 건물 110.28 　(33.36평) 　방4,화장실2 · 지하1층창고 14.28 　(4.32평) 제시외 · 창고 9 　(2.72평) · 현관 9 　(2.72평) · 문방구,화장 　실 26.25 　(7.94평) 49.12.10보존 2003.10.02증축	감정가　1,124,538,760 · 대지　1,077,286,000 　　　　　(95.8%) 　(평당 13,804,280) · 건물　　43,097,760 　　　　　(3.83%) 　(평당 843,896) · 제시　　4,155,000 　　　　　(0.37%) 최저가　　575,764,000 　　　　　(51.2%) ●경매진행과정 　　1,124,538,760 ① 유찰　2011-03-02 20%↓　899,631,000 ② 유찰　2011-04-06 20%↓　719,705,000 ③ 유찰　2011-05-11 20%↓　575,764,000 ④ 낙찰　2011-06-15 　　608,800,000 　　　(54.1%) - 응찰 : 4명 - 낙찰자:김순미 - 2위응찰액: 　606,601,000 허가　2011-06-22 종결　2011-08-10	●법원임차조사 이석영 사업 2005.05.13 　　　배당 2010.11.02 　(보)　5,000,000 　(월)　　300,000 점포/1층일부 점유 2008.8.1- 조사서상점유: 2007.8.31.- 전입:2007.8.31 *소유자점유 임차인 이석 영에 의하면, 다음과 같이 임차관계 있다고 진술. 관 할세무서에 사업자등록사 항 등의 현황을 확인의뢰 하였으나 해당사항 없다 고 함 ------------------------ 　총보증금:5,000,000 　총월세금:300,000 ●지지옥션세대조사 　08.11.19 윤상훈 　07.08.31 이석영 동사무소확인:2011.02.17	소유권 윤상훈외1 　　　2008.07.23 　　　전소유자:김세환 저당권 대구대서신협 　　　2009.12.28 　　　195,000,000 저당권 달구벌신협 　　　2009.12.28 　　　572,000,000 저당권 서순자 　　　2010.02.05 　　　15,000,000 저당권 박상오 　　　2010.02.26 　　　80,000,000 압　류 국민건강보험 　　　동대문지사 　　　2010.05.04 저당권 구현석 　　　2010.05.18 　　　50,000,000 저당권 최분순 　　　2010.05.27 　　　80,000,000 저당권 박광수 　　　2010.08.11 　　　30,000,000 임　의 달구벌신협 　　　2010.08.13 　*청구액:494,717,397원 　　등기부채권총액 　　1,022,000,000원 열람일자 : 2010.09.14 *정릉동 165-13외1 등기

실전! 부동산 경매 완전정복 II

CHAPTER 3

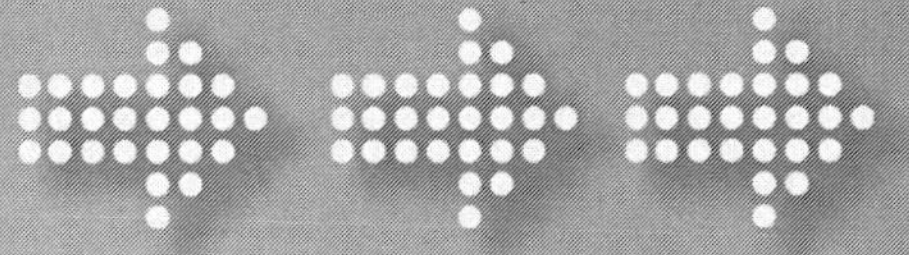

대항력 있는 위장 임차인

1 임차인의 범위

1) 채권담보 목적으로 임대차형식을 빌어 주택의 인도와 주민등록을 마친 경우 주택임대차보호법의 적용을 받을 수 없다.

실제는 주택의 사용, 수익을 목적으로 한 것이 아니고 단지 주택소유자 내지 담보권자에 대한 채권을 담보할 목적으로 성립된 계약에까지 주택임대차보호법을 적용하는 것은 주거생활의 안정을 보장하고자 하는 주택임대차보호법의 제정목적에 비추어 타당하지 못함. (서울 고판 1984. 10 .26 84나1128)

2007.12.13. 선고 2007다55088 임차보증금반환

【판시사항】

[1] 임대차계약의 주된 목적이 주택을 사용·수익하려는 것이 아니고 대항력 있는 임차인으로 보호받아 기존 채권을 회수하려는 것에 있는 경우, 주택임대차보호법상의 대항력이 있는지 여부(소극)

[2] 부모가 삼촌에 대하여 가지는 대여금채권을 임대차보증금으로 대체하기로 하고 삼촌이 건축한 빌라에 관하여 임대차계약을 체결한 사안에서, 그 주된 목적이 대항력 있는 임차인으로 보호받아 부모의 대여금채권을 우선변제 받으려는 것인지에 관하여 더 심리해야 한다는 이유로 원심판결을 파기한 사례

2) 주택의 소유자는 아니지만, 적법한 임대 권한을 가진 명의 신탁자와의 사이
   에 임대차계약을 체결한 경우 주택임대차보호법의 적용을 받는다.

주택임대차보호법이 적용되는 임대차로서는 반드시 주택의 소유자와 임대차계약이 체결된 경우에 한정 된다고 할 수 없고, 주택에 관하여 적법하게 임대차계약을 체결 할 수 있는 권한을 가진 임대인과 임대차계약을 체결한 경우도 포함한다.

1995.10.12 선고 95다22283 전세금반환

【판시사항】

[1] 주택임대차보호법이 적용되는 임대차계약에서 기간을 2년 미만으로 정한 임차인
   이 스스로 기간 만료를 이유로 임차보증금의 반환을 구할 수 있는지 여부
[2] 주택의 소유자는 아니지만 적법한 임대 권한을 가진 명의신탁자와의 사이에 임대
   차계약을 체결한 경우, 주택임대차보호법의 보호를 받을 수 없는지 여부

【판결요지】

[1] 주택임대차보호법 제4조 제1항은 같은 법 제10조의 취지에 비추어 보면 임차인의
   보호를 위한 규정이라고 할 것이므로, 그 규정에 위반되는 당사자의 약정을 모두
   무효라고 할 것은 아니고 그 규정에 위반하는 약정이라도 임차인에게 불리하지
   아니한 것은 유효하다고 풀이함이 상당한 바, 임대차 기간을 2년 미만으로 정한
   임대차의 임차인이 스스로 그 약정 임대차 기간이 만료되었음을 이유로 임차보증
   금의 반환을 구할 수 있다.
[2] 주택임대차보호법이 적용되는 임대차로서는, 반드시 임차인과 주택의 소유자인 임
   대인 사이에 임대차계약이 체결된 경우에 한정된다고 할 수는 없고, 나아가 주택의
   소유자는 아니지만 주택에 관하여 적법하게 임대차계약을 체결할 수 있는 권한(적
   법한 임대 권한)을 가진 임대인과 사이에 임대차계약이 체결된 경우도 포함된다.

3) 주택임차인이 법인인 경우, 주택임대차보호법의 적용을 받을 수 없다.

법인은 애당초 법 제 3조 1항 소정의 대항 요건의 하나인 주민등록을 구비 할 수 없는 점 등에 비추어 보면, 법인의 직원이 주민등록 마쳤다 하여 이를 법인의 주민등록으로 볼 수 없으므로, 법인이 임차주택을 인도받아 임대차 계약서상의 일자를 구비하였다 하더라도 우선변제권을 주장할 수는 없다. (대판 95다22293)

> **TIP**
>
> '대한토지주택공사법' 에 따른 대한토지주택공사와 '지방공기업법' 제49조에 따라 주택사업을 목적으로 설립된 지방공사는 대항력이 인정된다.

4) 주택 임차인이 외국인인 경우, 주택임대차보호법의 적용을 받을 수 있다.

출입국관리법 제 31조 및 제36조는 90일을 초과하여 국내에 체류하는 외국인은 외국인 등록을 해야 하며, 주민등록법에는 주민등록 신고 대신에 출입국관리법에 의한 외국인 등록을 하면 된다는 내용을 규정하고 있으므로 외국인 등록을 한 외국인은 법의 보호를 받다.

5) 전차인은 임차인의 임차 보증금 범위 내에서 주택임대차보호법의 적용

우선 배당을 받을 수 있으나, 주택임대차보호법상의 대항력을 갖추지 못 하였거나 임차인과의 전대차계약 시 임대인의 동의가 없었다면 주택임대차보호법의 적용을 받을 수 없다. (대판 2005다64255)

6) 일시사용이 명백한 임차인 경우, 임대차보호법 적용을 받을 수 없다.

주거용 건물을 사용, 수익함을 목적으로 하는 임대차계약 당사자인 임차인 중 일정 기
간 이상 계속적인 임대차 관계의 존속이 있는 임차인만을 의미하며 일시 사용을 위한 임
대차임이 명백한 경우에는 이를 적용하지 아니함.

7) 임차인의 승계인 (법 제 9조)

제1항 : 임차인이 상속권자 없이 사망한 경우에 그 주택에서 가정 공동체생활을 하던
사실상의 혼인 관계에 있는 자
제2항 : 임차인이 사망한 경우에 사망 당시 상속권자가 그 주택에서 가정 공동체생활을
하고 있지 아니한 때에는 그 주택에서 가정 공동체생활을 하던 사실상의 혼인
관계에 있는 자와 2촌 이내의 친족은 공동으로 임차인의 권리와 의무를 승계

제 1항 및 2항의 경우에 임차인이 사망한 후 1월 이내에 임대인에 대하여 반대의사를
표시 한 때에는 그러하지 아니하고, 임대차 관계에서 생긴 채권, 채무는 임차인의 권리
의무를 승계한 자에게 귀속.

2 주거용건물의 범위

1) 여관, 여인숙의 내실을 개조하여 주거용을 점유한 경우, 주택임대차보호법
의 적용을 받지 못한다.

【판례】

여인숙 경영의 목적으로 임차한 건물의 방 10개중 1개를 내실로 사용하며, 주거용으로 점유하였다 하더라도 영업 목적이므로, 이 건물은 주택 임대차 보호법상의 주거용 건물에 해당하지 아니함. (서울 고판 1986. 9. 29 86 나 77)

2) 다방 내 2개의 방과 주방을 주거용을 사용한 경우, 주택임대차보호법의 보
호를 받지 못한다.

【판례】

다방 내에 방 2개와 주방을 주거목적에 사용한다고 하더라도 이는 어디까지나 다방의 영업의 부수적인 것으로서 그러한 주거목적의 사용은 비주거용 건물의 일부가 주거 목적으로 사용되는 것일 뿐, 주택임대차보호법 제 2조 후문에서 말하는 '주거용 건물의 일부가 주거 외에 목적으로 사용되는 경우'에 해당한다고 볼 수 없음. (대판 1996. 3. 12 95나51,953)

3) 임대 기간 중 비주거용 건물을 주거용으로 개조한 경우, 원칙적으로 주택임
   대차보호법의 적용을 받지 못한다.

   임대차계약 당시 주거용 건물이어야 함.
   다만, 임대인의 승낙을 얻어 주거용으로 개조한 경우에는 개조한 때부터 보호받을 수
   있다. (대판 98나 16171)

4) 공부상 용도는 공장이나, 현재 주거로 사용되는 경우, 주택임대차보호법의
   적용을 받는다.

【판례】

공부상 용도가 상가, 공장으로 되어 있어도 이미 건물의 내부구조 및 형태가 주거용
으로 용도 변경된 건물을 임차하여 이곳에서 일상생활을 하고 있었다면 주택 임대차
보호법이 적용됨. (대판 1988. 12. 27 87디카2024)

5) 옥탑을 주거용으로 임차한 경우, 주택임대차보호법의 적용을 받는다.

【판례】

옥탑을 주거용으로 하는 임대차 계약을 체결하고 그 곳에서 주거 생활을 하여 왔다
면, 비록 옥탑이 불법 건축불로서 행정기관에 의해 철거될 수 있다하더라도 임차당
시 주거용으로 실질적 형태를 갖추고 있고, 주거용으로 사용해 왔다면 주택 임대차
보호법의 보호를 받을 수 있음.

6) 공부상 단층 작업소 및 근린 생활 시설이나, 실제 주거용과 비주거용으로 겸용되고 있는 경우

【판례】

비주거용으로 사용되는 부분이 더 넓기는 하지만 주거용으로 사용되는 부분도 상당한 면적이고 이것이 임차인의 유일한 주거인 경우 주택 임대차 보호법에서 정한 주거용 건물로 인정함.

7) 점포 딸린 주택의 경우, 주택임대차보호법의 적용을 받는다.

【판례】

1층이 공부상으로 소매점으로 표시되어 있으나, 실제로 그 면적의 절반은 방 2칸으로, 나머지 절반은 소매점 등 영업을 위한 홀로 이루어져 있고, 임차인이 이를 임차하여 가족들과 함께 거주하면서 음식점 영업을 하여 방 부분은 영업 시 손님을 받는 곳으로, 그 때 외에는 주거용으로 사용하여 왔다면 보호 대상이 됨.

(대판 1996. 5. 30 96다5791)

8) 한 건물의 주거용 부분과 비주거용 부분이 함께 임대차의 목적이 된 경우

【판례】

주거용 부분이 주가 되고 비주거용이 부수적인 경우에는 그 전체에 대해 주택 임대차 보호법이 적용. 그 반대의 경우에는 적용되지 아니함. 그러나, 현재는 주거용을 폭넓게 인정하고 있는 추세. (대판 1995. 3. 10 94다52522)

【판례】

주거용 비주거용은 그 건물의 위치, 구조, 객관적 용도, 실제 이용관계 등을 고려하여 합목적적으로 판단해야 함.(대판 86다카8234)

1995.3.10 선고 94다52522 건물명도

【판시사항】

[1] 주택임대차보호법 제2조 소정의 주거용 건물에 해당하는지 여부의 판단기준

[2] 공부상 단층 작업소 및 근린생활시설로 실제 주거용과 비주거용으로 겸용되고 있는 건물을 주택임대차보호법 제2조 후문 소정의 주거용 건물로 인정한 사례.

【판결요지】

[1] 주택임대차보호법 제2조 소정의 주거용 건물에 해당하는지 여부는 임대차목적물의 공부상의 표시만을 기준으로 할 것이 아니라 그 실지 용도에 따라서 정하여야 하고 또 건물의 일부가 임대차의 목적이 되어 주거용과 비주거용으로 겸용되는 경우에는 구체적인 경우에 따라 그 임대차의 목적, 전체 건물과 임대차목적물

의 구조와 형태 및 임차인의 임대차목적물의 이용관계 그리고 임차인이 그 곳에서 일상생활을 영위하는지 여부 등을 아울러 고려하여 합목적적으로 결정하여야 한다.

[2] 건물이 공부상으로는 단층 작업소 및 근린생활시설로 표시되어 있으나 실제로 갑은 주거 및 인쇄소 경영 목적으로, 을은 주거 및 슈퍼마켓 경영 목적으로 임차하여 가족들과 함께 입주하여 그 곳에서 일상생활을 영위하는 한편 인쇄소 또는 슈퍼마켓을 경영하고 있으며, 갑의 경우는 주거용으로 사용되는 부분이 비주거용으로 사용되는 부분보다 넓고, 을의 경우는 <u>비주거용으로 사용되는 부분이 더 넓기는 하지만 주거용으로 사용되는 부분도 상당한 면적이고, 위 각 부분이 갑·을의 유일한 주거인 경우 주택임대차보호법 제2조 후문에서 정한 주거용 건물로 인정한 사례.</u>

9) 임차주택이 미등기 건물인 경우에도 주택임대차보호법의 적용을 받는다.

【판례】

미등기 건물이라도 주택인 이상, 무허가건물, 건축허가를 받았으나, 사용승인을 받지 못한 건들도 역시 주택 임대차 보호법의 적용을 받음.

(대판 1987. 3. 24 86디카164)

10) 주거용 건물의 의미

주택임대차보호법은 원칙적으로 주거용 건물을 그 적용 대상으로 함.

주거용과 비주거용의 구분은 임차 건물이 일상생활을 하는데 사용되느냐 하는 사실상

의 용도를 기준으로 판단.

건물의 등기, 건축 허가 등의 내용과는 무관

주거용 건물인지의 판단시점은 임대차계약 체결시를 기준.

【판례】

주택 임대차 보호법 제 2조 소정의 주거용 건물에 해당하는지 여부는 공부상의 표시
만을 기준으로 할 것이 아니라, 그 실제 용도에 따라서 정하여야 하고 주거용과 비주
거용이 겸용되는 경우에는 임대차 목적물의 이용관계, 임차인이 그 곳에서 일상 생
활을 영위하는지 여부 등을 고려하여 합목적으로 결정해야 함.

(대판 1988. 12. 27)

3 대항요건과 대항력 

1) 대항요건

① 주택의 인도(점유)

직접점유 및 간접점유도 인정

② 주민등록(전입신고)

주민등록은 거래의 안전을 위하여 임대차의 존재를 제3자가 명백히 인식할 수 있게 하는 공시방법으로 마련된 것이라고 볼 것이다 (대판 200다154671)

③ 적법한 계약

대항요건에서 배제되는 경우 : 부부관계, 자녀주택에 부모가 거주하는 경우, 부모주택에 미성년자 자녀가 거주하는 경우.

> **TIP**
>
> 민법618조는 '차임을 지급할 것을 약정함으로써 임대차의 효력이 생긴다' 고 한다.
> 즉 임차권에서 차임은 필수요건으로 차임이 없는 임차권은 임차권 자체가 성립되지 않는다.
> 따라서 차임이 없는 '무상임대차' '남편과 처와의 위장 계약' '부모와 자식과의 위장계약' 등은 차임이 없는 임대차로 보아 임차권의 성립을 인정치 않고 있다.
> 여러분께서 위 근거로 외형상 대항력은 있어 보이는 위장임차인을 밝혀낸다면 저가로 유찰된 우량물건을 취득할 수 있는 좋은 기회를 가지게 될 것이다.

2) 대항력

① 일반 부동산에서의 대항력

<u>임대차계약</u> 후 주택에 <u>임차인이 입주</u>하고 <u>주민등록 전입신고만</u> 마치면 그 다음날(익일0시)부터 주택이 다른 사람에게 양도 되더라도 새로운 집주인에게 계속하여 임차권의 존속을 주장하며 임대 기간이 끝날 때까지 거주 할 수 있고 만일 임대기간이 만료 되더라도 임대 보증금전액을 반환 받을 때까지 주택을 비워 주지 않는 권리인 대항력이 발생된다.

<u>따라서 계약만기, 계약위반 시에도 임차인이 건물의 명도를 거부하는 경우에는 위 대항력을 갖추고 있기에 인도명령은 불가능하고 명도소송으로만 임차인의 퇴거를 할 수밖에 없는 어려움이 있다.</u>

② 경매에서의 대항력

선순위 저당권(말소기준권리) 등이 없는 임차주택, 즉 임대차 목적 건물의 등기부상에 저당권이나 가압류 등의 등기가 없는 주택에 계약을 하고 임차인이 입주하고 주민등록전입신고를 마치면 그 다음날 (익일0시)부터 주택이 다른사람에게 양도 되거나 낙찰이 되더라도 새로운 집주인에게 계속하여 임차권의 존속을 주장하여 임대 기간이 끝날 때까지 거주 할 수 있고 만일 임대 기간이 만료 되더라도 임대 보증금 전액을 반환 받을 때까지 주택을 비워주지 않는 권리인 대항력이 발생한다.

임차인보다 선순위 저당권, 가압류, 압류, 가등기(말소기준권리)가 경료 되어 있는 때에는 임차인이 대항요건을 구비하였다 할지라도 경매절차가 진행되어 매각된 경우 후순위 임차권은 모두 소멸되어 버리므로 이 경우의 매수인은 양수인에 해당되지 않고 임차인도 양수인에게 대항할 수 없다. (대판 89다카33043)

따라서 경매에서의 대항력은 금융권에서 이미 대항력 있는 임차인은 배제하고 말소기준권리인 저당권을 시행함으로써 임의경매에서의 대항력은 많지 않은게 현실이다. 그러므로 낙찰 후 건물의 인도에 있어서도 명도소송이 아닌 인도명령으로 신속하고 간단히 해결 할 수 있는 경우가 많다.

3) 대항력의 적용

① 주민등록은 임차인 본인의 주민등록이나 그 배우자나 자녀 등 가족의 주민등록도 포함한다. (대판 98다5968)

따라서 반드시 현장 확인을 통해 임차인과 동거가족이라 확인이 되면 대항력이 있다고 보고 입찰 여부를 판단하여야 한다.

② 점유보조자를 통한 점유도 대항력을 취득한다.

예) 대학가 주변의 주택을 자녀 대신 부모이름으로 계약하고 자녀가 주민등록을 전입과 거주하는 경우, 자녀는 점유보조자가 되며 계약자는 점유보조자를 통한 간접

점유로 대항력을 취득 할 수 있으므로 조심해야 한다. (대판 2000다55646)

③ 임차인이 전입신고를 올바르게 하였다면 그 임대차의 대항력이 생기는 것이므로 담당공무원이 실수로 주민등록상의 주소를 잘못 기입하였다면(사후에 임차인의 요청으로 정정하였음) 그 당초 전입신고는 적법하고 이로써 그 임대차는 제3자에 대하여 효력이 있다.(대판 91다18118)

④ '00동 258-1 연립주택 가동 1층 102호'가 정확한 주소임에도 연립주택의 동, 호수의 표시 없이 그 지번인 '00동 258-1'이러고만 표시하여 주민등록을 한 경우 이것은 적법한 주민등록이 아니다. (대판 94다27427)

⑤ 현행 주민등록법상 다가구 주택 임차인이 그 호수를 특정하여 주민등록을 하는 방법이 없으므로 다가구 주택 임차인은 호수를 특정하여 주민등록을 하지 않아도 대항력을 가진다고 볼 수밖에 없다. (대판97다47828)

⑥ 등기부상 소유자로 있던 자가 소유권을 양도 후 임차권을 취득한 경우(점유개정)에는 새로운 소유자의 소유권이전등기일 익일부터 대항력을 가진다. (대판 99다59306)

⑦ 임차인이 직접 점유하여 거주치 않고 간접 점유하여 자신의 주민등록을 이전하지 아니 하였더라도 임대인의 승낙을 받아 임차주택을 전대하고 그 전차인이 임차인으로 부터 임차주택을 인도받아 전차인 자신의 주민등록을 마친 때에는 그때로부터 임차인은 제3자에 대하여 대항력을 취득한다. (대판 94다3155)

4) 대항력의 존속기간

① 점유의 존속기간 : 법원이 정한 배당요구의 종기까지 유지하여야 하나, (대법원 95다44597 판결) 경락허가결정이 취소되거나, 재경매시는 '배당요구종기일'은 배당금의 기초가 되는 경락대금을 납부한 경락인에 대하여 경락허가결정을 한 마지막 경락기일을 말한다고 보아야 한다. (대법원 2000다61466 판결)

따라서 다양한 사유로 낙찰이 취소되고 재입찰되거나 경매자체가 취소되는 경우가 있으므로 모든 임차인은 매수인이 매각대금을 완납할 때까지는 위 대항요건을 유지 하는 것이 안전하다.

1997.10.10 선고 95다44597 배당이의

【판시사항】

주택임대차보호법상 소액임차인의 우선변제권의 요건인 주택의 인도 및 주민등록의 존속기간의 종기(=경락기일)

【재판요지】

주택임대차보호법 제8조에서 임차인에게 같은 법 제3조 제1항 소정의 주택의 인도와 주민등록을 요건으로 명시하여 그 보증금 중 일정액의 한도 내에서는 등기된 담보물권자에게도 우선하여 변제받을 권리를 부여하고 있는 점, 위 임차인은 배당요구의 방법으로 우선변제권을 행사하는 점, 배당요구 시까지만 위 요건을 구비하면 족하다고 한다면 동일한 임차주택에 대하여 주택임대차보호법 제8조 소정의 임차인 이외에 같은 법 제3조의2 소정의 임차인이 출현하여 배당요구를 하는 등 경매절차상의 다른 이해관계인들에게 피해를 입힐 수도 있는 점 등에 비추어 볼 때, 공시방법이 없는 주택임대차에 있어서 주택의 인도와 주민등록이라는 우선변제의 요건은 그 우선변제권 취득 시에만 구비하면 족한 것이 아니고, 배당요구의 종기인 경락기일까지 계속 존속하고 있어야 한다.

2002.8.13 선고 2000다61466 배당이의

【판시사항】

경락허가결정이 취소되어 신경매를 하거나 경락허가결정 확정 후 최고가매수인의 경락대금 미납으로 재경매를 한 경우, 임차인이주택임대차보호법에 의한 대항력과 우선변제권을 인정받기 위한 주택의 인도와 주민등록이라는 요건이 존속되어야 할 종기로서의 경락기일(=최종 경락기일)

【재판요지】

달리 공시방법이 없는 주택임대차에 있어서 임차인이 주택임대차보호법에 의한 대항력과 우선변제권을 인정받기 위한 주택의 인도와 주민등록이라는 요건은 그 대항력 및 우선변제권의 취득 시에만 구비하면 족한 것이 아니고 경매절차의 배당요구의 종기인 경락기일까지 계속 존속하고 있어야 하는데, 처음의 경락허가결정이 취소되어 신경매를 하였거나 경락허가결정의 확정 후 최고가매수인이 경락대금을 납부하지 아니하여 재경매를 한 경우에 있어서, '배당요구의 종기인 경락기일'이라 함은 배당금의 기초가 되는 경락대금을 납부한 경락인에 대하여 경락허가결정을 한 마지막 경락기일을 말한다.

② 임차인 가족의 주민등록은 그대로 둔 채 임차인만 주민등록을 일시 다른 곳으로 옮긴 경우 대항력 유지 (대판 88다카143)

1989.1.17 선고 88다카143 건물명도

【판시사항】

[1] 주택임차권의 대항력과 주민등록의 존속

[2] 가족의 주민등록은 그대로 둔 채 임차인만 주민등록을 일시 다른 곳으로 옮긴 경우에 임대차의 대항력의 상실 여부(소극)

【판결요지】

[1] 주택임차인이 그 임대차로서 제3자에게 대항하기 위한 요건으로서의 주택임대차
보호법 제3조 소정의 주민등록은 그 대항력 취득 시 뿐만 아니라 그 대항력을 유
지하기 위하여서도 계속 존속하고 있어야 한다.

[2] 임차인이 그 가족과 함께 그 주택에 대한 점유를 계속하고 있으면서 그 가족의
주민등록은 그대로 둔 채 임차인만 주민등록을 일시 다른 곳으로 옮긴 경우라면
전체적으로나 종국적으로 주민등록의 이탈이라고 볼 수 없는 만큼 임대차의 제3
자에 대한 대항력을 상실하지 아니한다.

③ 임차인이 대항력 취득 후 가족과 함께 일시 다른 곳으로 주민등록을 이전했다가 재
전입한 경우, 원래의 대항력의 소멸되고 재전입시부터 대항력이 발생

1998.1.23 선고 97다43468 배당이의

【판시사항】

[1] 주택임대차보호법상의 대항력을 행사하기 위해서는 그 요건인 주택의인도 및 주민
등록이 계속 존속하고 있어야 하는지 여부(적극)

[2] 임차인이 대항력 취득 후 가족과 함께 일시 다른 곳으로 주민등록을 이전했다가
재전입한 경우, 원래의 대항력의 소멸 여부(적극) 및 대항력의 소급회복 여부(소극)

【재판요지】

[1] 주택임대차보호법이 제3조 제1항에서 주택임차인에게 주택의 인도와 주민등록을
요건으로 명시하여 등기된 물권에 버금가는 강력한 대항력을 부여하고 있는 취지
에 비추어 볼 때 달리 공시방법이 없는 주택임대차에 있어서 주택의 인도 및 주민
등록이라는 대항요건은 그 대항력 취득 시에만 구비하면 족한 것이 아니고 그 대

항력을 유지하기 위하여서도 계속 존속하고 있어야 한다.

[2] 주택의 임차인이 그 주택의 소재지로 전입신고를 마치고 그 주택에 입주함으로써 일단 임차권의 대항력을 취득한 후 어떤 이유에서든지 그 가족과 함께 일시적이나마 다른 곳으로 주민등록을 이전하였다면 이는 전체적으로나 종국적으로 주민등록의 이탈이라고 볼 수 있으므로 그 대항력은 그 전출 당시 이미 대항요건의 상실로 소멸되는 것이고, 그 후 그 임차인이 얼마 있지 않아 다시 원래의 주소지로 주민등록을 재전입하였다 하더라도 이로써 소멸되었던 대항력이 당초에 소급하여 회복되는 것이 아니라 그 재전입한 때부터 그와는 동일성이 없는 새로운 대항력이 재차 발생하는 것이다.

5) 대항력 없는 임차인의 대항력 취득 (대위변제)

① 임차권보다 선순위 근저당권(말소기준권리)이 있고 매각대금 납부 전에 선순위 근저당권이 소멸한 경우 임차권은 대항력이 발생된다.

② 이 경우 낙찰자의 부담이 현저히 증가 할 수 있으므로 민법 제127조1항을 유추 적용하여 낙찰허가결정의 취소를 구할 수 있다.

③ 따라서 선순위 저당권의 금액이 소액이며, 후순위 임차인이 선순위 저당권을 대위변제 할 경우 대항력 취득 및 금전적 피해를 줄 수 있는 경우라면 입찰 시 대위변제의 경우를 염두에 두어야 할 것이다.

6) 대항력이 배제되는 경우

① 무상임대차 확인서 작성 경우

근저당권자가 담보로 제공된 건물에 대한 담보가치를 조사할 당시 대항력을 갖춘 임차인이 그 사실을 부인하고 임차보증금에 대한 권리주장을 않겠다는 내용의 확인서를 작성해 준 경우, 그 후 그 건물에 대한 경매절차에 참가하여 배당요구를 하는 것이 신의칙에 반하여 배당요구를 허용 할 수 없다.

1997.6.27 선고 97다12211 배당이의

【판시사항】

근저당권자가 담보로 제공된 건물에 대한 담보가치를 조사할 당시 대항력을 갖춘 임차인이 그 사실을 부인하고 임차보증금에 대한 권리주장을 않겠다는 내용의 확인서를 작성해 준 경우, 그 후 그 건물에 대한 경매절차에 참가하여 배당요구를 하는 것이 신의칙에 반한다고 본 사례

【재판요지】

근저당권자가 담보로 제공된 건물에 대한 담보가치를 조사할 당시 대항력을 갖춘 임차인이 그 임대차 사실을 부인하고 임차보증금에 대한 권리주장을 않겠다는 내용의 확인서를 작성해 준 경우, 그 후 그 건물에 대한 경매절차에서 이를 번복하여 대항력 있는 임대차의 존재를 주장함과 아울러 근저당권자보다 우선적 지위를 가지는 확정일자부 임차인임을 주장하여 그 임차보증금반환채권에 대한 배당요구를 하는 것은 특별한 사정이 없는 한 금반언 및 신의칙에 위반되어 허용될 수 없다고 본 사례.

② 임차주택의 대지만을 경락받은 자가 주택임대차보호법 제3조 제2항 소정의' 임차주택의 양수인'에 해당하지 않으므로 임차인은 대지만을 경락받은 자에게 대항력을

<u>주장 할 수 없다.</u>

1998.4.10 선고 98다3276 전세보증금반환

【판시사항】

임차주택의 대지만을 경락받은 자가 주택임대차보호법 제3조 제2항 소정의'임차주택의 양수인'에 해당하는지 여부(소극)

【재판요지】

주택임대차보호법 제3조 제2항에서 말하는 임대인의 지위를 승계한 것으로 보는 임차주택의 양수인이라 함은 같은 법 제1조 및 제2조의 규정 내용에 비추어 보면 임대차의 목적이 된 주거용 건물의 양수인을 의미하고, 같은 법 제3조의2 제1항이 같은 법에서 정한 대항요건을 갖춘 임차인에게 <u>경매 또는 공매에 의한 임차주택의 대지의 환가대금에서 후순위권리자들보다 보증금을 우선변제 받을 권리를 인정하였다고 하여도 그 대지를 경락받은 자를 위에서 말하는 임차주택의 양수인이라고 할 수는 없다.</u>

---

③ 대항력을 갖춘 주택 임차인이 당해 주택을 경락받은 경우, 임대인의 보증금 채권은 혼동으로 소멸한다.

96.11.22 선고 96다38216 임차보증금반환

【판시사항】

대항력을 갖춘 주택 임차인이 당해 주택을 양수한 경우, 임대인의 보증금반환채무의 소멸 여부(적극)

④ 특수주소 변경 시 대항력은 특수주소 변경 시점에 발생한다.

특수주소 변경이라 함은 임차인이 지번까지만 주소를 기재하여 전입신고를 한 경우, 추후 건물의 형상의 변경이나 건축물대장 같은 공부상 표시의 변동으로 인해 지번만의 신고로는 외부에 대한 공시자료로 적절치 못하게 되었을때, 동사무소 측에 의하여 지번 외에 동, 호수 즉, 특수주소까지 기재하여 전입신고를 다시 하는 경우를 말한다.

이 경우 임차인의 주민등록초본에는 주소변경 사유가 "특수주소변경" 이라고 기재되는데 이때 대항력의 발생 시점은 바로 특수주소 변경 시점부터이다.

따라서 전입세대 열람상에는 최초의 전입일자만 기재되는데 임차인의 주민등록초본상에 나와 있는 주소변동내역을 살펴 "특수주소변경"을 발견했다면 임차인의 대항력을 깰 수 있는 좋은 기회가 될 것이다.

⑤ 재경매된 물건에서 재경매기일전에 임차인의 전출신고가 있는 경우

임차인이 거주하고 있던 집이 낙찰되자 안심하고 퇴거하거나 이사를 하는 경우가 있는데 그 뒤 낙찰허가가 취소되어 새롭게 경매가 진행되거나 낙찰자가 잔금을 납

부하지 못해 재경매가 진행된 경우

임차인의 대항력은 배당금의 기초가 되는 경락대금을 납부한자의 경락허가결정기일까지 유지하고 있어야 하므로 위 경우 임차인은 대항력을 주장할 수 없다.

4 우선변제권

1) 우선변제권의 발생

발생요건   : 대항력 + 확정일자
효력발생일   : 대항력과 확정일자를 모두 갖춘 시점
우선변제권의 내용   : 소액임차인과 달리 그 금액에 제한이 없다.

2) 우선변제권의 적용 사례

① 확정일자부 임차인이 일시적으로 주민등록을 이전한 경우, 우선변제권을 상실한다.
주택을 임차하여 입주 및 주민등록을 마치고 계약서에 확정일자를 받았으나 임대기간 중에 개인사정이나, 임대인의 요구로 일시 다른 곳으로 주민등록을 이전하였다가 다시 전입한 경우 계약서에 다시 확정일자를 부여 받을 필요는 없으나, 주민등록을 전출한 시점에서 우선변제권을 상실하였다가 재 전입신고를 한 때에 다시 우선변제권을 취득하게 된다.

② 보증금을 증액한 경우, 증액한 부분을 따로 확정일자를 받아야 하며, 우선변제의 금액도 확정일자 별로 따로 순위를 정하게 된다.

③ 확정일자와 저당권설정등기일이 같은 날짜인 경우는 같은 순위로 정한다.
(단 대항요건을 모두 갖춘 후에 확정일자를 받은 경우를 말한다.)

④ 주민등록 전입일과 저당권설정등기일이 같은 날짜인 경우는 저당권이 우선한다. (주민등록 전입일의 대항력과 우선변제 기준은 저당권자를 보호하기 위해 익일 0시를 기준으로 하기 때문이다.)

⑤ 경매개시 된 주택의 확정일자부 계약서의 분실 시, 계약서를 제 작성하더라도 확정일자를 소급해서 못 받는다.
단순히 임대차계약서에 확정일자를 찍어 줄 뿐이고 보증금 액수 등 계약서의 내용을 확인한 후 그에 관한 자료를 남기지 않기 때문이다.
따라서 그러한 경우 최선의 방법은 계약서를 다시 작성하여 현재의 시점에서 새로이 확정일자를 부여 받는 것이다.

3) 소액임차인 최우선변제 적용 사례

① 하나의 주택에 처와 남편의 명의로 소액임대차계약서가 별도 작성된 경우, 소액임차인으로 보호 못 받는다.
하나의 주택에 임차인이 2인 이상이며 이들이 그 주택에서 가정공동체 생활을 하는 경우에는 각각의 임차인을 1인의 임차인으로 보아 각 보증금을 합산한 금액을 기준으로 소액보증금에 해당하는지 여부를 판단하여야 하기 때문이다. (주택임대차보호법 시행령 제3조4항)

② 배당요구종기일까지 배당요구를 하지 않은 경우 우선변제를 받을 수 없다.

③ 보증금을 소액으로 감액한 경우, 경매개시결정등기 전에 감액한 경우는 우선 변제

받을 수 있다.

당초에는 소액임차인 범위에 해당되지 않았으나 임대인과 합의하여 보증금을 감액하여 소액임차인이 된 경우, 감액시기가 경매개시결정등기일 이후라면 임차인으로서 보호 받을 수 없다.(대판 2007다23203)

④ 임차인으로부터 주택을 전차한 소액임차인의 우선변제권

원래의 임차인(전대인)이 소액임차인에 해당되어야만 하고, 전대차는 임대인의 동의가 이루어진 경우이어야 그로부터 임차한 전차인도 소액임차인으로 보호 받을 수 있다.

전차한 소액임차인은 원래의 임차인의 권리를 원용하여 대항력 및 우선변제권을 행사함으로써 전차인의 보증금을 반환 받을 수 있다.

⑤ 임금채권과 소액 임차보증금의 순위는 동순위

임금채권과 소액보증금의 채권은 모두 최우선 순위의 채권이므로, 채권액에 비례하여 평등하게 배당 받게 된다.

> **TIP**
>
> 경매 실무에서 선순위 채권이 상당한 경우, 한참 후순위 채권자가 경매 신청시 무잉여로 인한 경매 취소가 되리라 예상하고 입찰을 기피하는 경우가 많은데, 그 후순위채권자가 임금채권이라면 1순위로 배당받아 무잉여가 되지 않고 경매가 진행될 것이므로, 이러한 경우를 알고 있다면 좋은 물건을 경쟁자 없이 낙찰 받을 수 있는 좋은 기회가 될 것이다.

⑥ 대지에 관한 저당권 설정 후 지상에 건물이 신축된 경우, 건물의 소액임차인에게 그 저당권 실행에 따른 환가대금에 대한 우선변제권은 없다.

1999.7.23 선고 99다25532 배당이의 공

【판시사항】

대지에 관한 저당권 설정 후 지상에 건물이 신축된 경우, 건물의소액임차인에게 그 저당권 실행에 따른 환가대금에 대한 우선변제권이 있는지 여부(소극)

【재판요지】

임차주택의 환가대금 및 주택가액에 건물뿐만 아니라 대지의 환가대금 및 가액도 포함된다고 규정하고 있는 주택임대차보호법(1999. 1. 21. 법률 제5641호로 개정되기 전의 것) 제3조의2 제1항 및 제8조 제3항의 각 규정과 같은 법의 입법 취지 및 통상적으로 건물의 임대차에는 당연히 그 부지 부분의 이용을 수반하는 것인 점 등을 종합하여 보면, 대지에 관한 저당권의 실행으로 경매가 진행된 경우에도 그 지상 건물의 소액임차인은 대지의 환가대금 중에서 소액보증금을 우선변제받을 수 있다고 할 것이나, 이와 같은 법리는 대지에 관한 저당권 설정 당시에 이미 그 지상 건물이 존재하는 경우에만 적용될 수 있는 것이고, 저당권 설정 후에 비로소 건물이 신축된 경우에까지 공시방법이 불완전한 소액임차인에게 우선변제권을 인정한다면 저당권자가 예측할 수 없는 손해를 입게 되는 범위가 지나치게 확대되어 부당하므로, 이러한 경우에는 소액임차인은 대지의 환가대금에 대하여 우선변제를 받을 수 없다고 보아야 한다.

⑦ 주민등록이 주택임차인 모르게 임의로 이전된 경우

2000.9.29 선고 2000다37012 건물명도

【판시사항】

[1] 주택임대차보호법상의 대항력을 행사하기 위해서는 그 요건인 주택의인도 및 주민

등록이 계속 존속하고 있어야 하는지 여부(적극)

[2] 주민등록이 주택임차인의 의사에 의하지 않고 제3자에 의하여 임의로 이전되었고 그와 같이 주민등록이 잘못 이전된 데 대하여 주택임차인에게 책임을 물을 만한 사유도 없는 경우, 주택임차인이 이미 취득한 대항력은 주민등록의 이전에도 불구하고 그대로 유지된다고 본 사례.

【재판요지】

[1] 주택임대차보호법이 제3조 제1항에서 주택임차인에게 주택의 인도와 주민등록을 요건으로 명시하여 등기된 물권에 버금가는 강력한 대항력을 부여하고 있는 취지에 비추어 볼 때 달리 공시방법이 없는 주택임대차에 있어서 주택의 인도 및 주민등록이라는 대항요건은 그 대항력 취득 시에만 구비하면 족한 것이 아니고 그 대항력을 유지하기 위하여서도 계속 존속하고 있어야 한다.

[2] 주민등록이 주택임차인의 의사에 의하지 않고 제3자에 의하여 임의로 이전되었고 그와 같이 주민등록이 잘못 이전된 데 대하여 주택임차인에게 책임을 물을 만한 사유도 없는 경우, 주택임차인이 이미 취득한 대항력은 주민등록의 이전에도 불구하고 그대로 유지된다고 본 사례.

4) 확정일자 임차인 및 소액임차인의 우선변제권 행사

① 배당요구 신청

배당요구 종기일까지 배당 신청을 하여야 한다.

② 임대차 종료

임대차 기간이 끝나지 아니한 경우 우선변제권이 있는 임차인이 경매절차에 참여하여 우선변제를 받으려면 임대차가 종료되어야 하지만(주임법 제3조1항단서, 제8조2항) 주택임차인은 임대인에게 별도의 해지 의사표시를 할 필요는 없다. 주택임차인이 배당요구를 하면 집행법원이 임대인에 대하여 그 배당요구 사실을 통지함으로써 임차인의 해지의사표시가 집행법원을 통하여 임대인에게 전달되기 때문이다.(대법원 1998. 10. 27. 98다1560)

③ 임차주택의 명도

우선변제권이 있는 주택임차인이 경매법원으로부터 배당금을 수령하기 위해서는 임차주택을 명도 받았다는 낙찰자의 명도확인서를 경매법원에 제출하여야 한다. 다만 대항력도 있는데 보증금의 일부만 배당받는 경우에는 나머지 보증금을 반환받을 때까지 낙찰자에게 임차주택을 비워주지 않아도 된다.

5 임차권등기명령제도

1) 임차권등기명령

임대차기간이 끝났음에도 임대인이 보증금을 돌려주지 않은 경우 임차인이 법원에 신청하여 임차권을 단독으로 등기 할 수 있도록 한 제도.

2) 임차권등기명령의 신청

임차주택의 소재 관할법원에 임차인 단독으로 신청이 가능하며, 임대차계약서 사본, 및 도면, 주민등록등본, 등기부등본을 첨부한다.

3) 임차권등기의 효력

① 임차인이 개인 사정상 먼저 이사를 가더라도 대항력 및 우선 변제권을 상실하지 않고 그대로 유지하여 대항력 및 우선 변제권을 인정받을 수 있다.

② 효력은 임차권등기가 마쳐진 시점부터 발생하므로 등기가 경료 된 이후에 이사나 전출을 하여야만 보호를 받는다. (임차권등기명령 신청일이 아니다)

③ 임차권등기가 경료 된 주택을 그 이후에 임차한 임차인은 주택임대차보호법 제8조의 규정에 의거 최우선변제를 받을 수 없다.

4) 임차권등기자의 지위

① 경매절차에서 이해관계인으로 법원에서는 채권계산서 제출을 최고하고 기일을 통지 한다.

② 임차권등기권자는 우선변제권이 있고 경매절차에서는 당연히 배당요구를 한 것으로 보고 배당을 한다.

2005.9.15 선고 2005다33039 배당이의

【판시사항】

임차권등기명령에 의하여 임차권등기를 한 임차인이 민사집행법 제148조제4호에 정한 채권자에 준하여 배당요구를 하지 않아도 배당을 받을 수 있는 채권자에 속하는지 여부(적극)

【재판요지】

임차권등기명령에 의하여 임차권등기를 한 임차인은 우선변제권을 가지며, 위 임차권등기는 임차인으로 하여금 기왕의 대항력이나 우선변제권을 유지하도록 해 주는 담보적 기능을 주목적으로 하고 있으므로, 위 임차권등기가 첫 경매개시결정등기 전에 등기된 경우, 배당받을 채권자의 범위에 관하여 규정하고 있는 민사집행법 제148조 제4호의 "저당권·전세권, 그 밖의 우선변제청구권으로서 첫 경매개시결정 등기 전에 등기되었고 매각으로 소멸하는 것을 가진 채권자"에 준하여, 그 임차인은 별도로 배당요구를 하지 않아도 당연히 배당받을 채권자에 속하는 것으로 보아야 한다.

6 위장임차인 색출하는 방법

위장임차인 또는 위장임차인이라 함은 실제로는 임차인이 아니면서 소액보증금 최선순위 배당을 노리고 임차인의 외관을 형식적으로 갖춘 자나 실제로는 세대 구성원의 일원이거나 가족이면서도 전입신고가 최선순위로 되어 있음을 기화로 대항력 있는 임차인인 양 행세하는 자를 통칭해서 일컫는 말이다.

많은 경험으로 보아 부모와 자식관계 혹은 부부관계에 있는 자들이 위장임차인 중에 많았고 형제자매의 관계있는 자들도 얼마간 있었다.

만약 대항력 있는 임차인이 위장임차인이라는 것을 밝혀낼 수만 있다면 별다른 경쟁없이 적지 않은 수익을 창출해 낼 수 있을 것이다.

이에 다음과 같은 추정할 만한 증거나 정황을 가지고 위장임차인을 밝혀내기를 바란다.

1) 임차인의 전입신고일과 확정일자를 받은 일자가 시간적으로 상당히 격차가 있는 경우

① 특히나 <u>전입신고일과 확정일자를 받은 날짜사이에 거액의 근저당권이 설정되어 있다면 위장임차인일 가능성이 높다.</u>

② 정상적인 임차인이라면 자신의 전입신고와 확정일자를 받는 것을 뒤로 미루지않는다. 대항력과 별도로 우선변제권을 인정받는 것이 자신의 보증금을 지키는 확실한 방법이라는 것을 잘 알고 있기 때문이다.

③ 전입신고를 위해서 동사무소를 찾아 간 상황이라면 계약서에 확정일자를 받는 것이 일도 아니며 큰 비용도 들지 않는데 확정일자를 받지 않는다는 것은 비상식적이며, 더우기 요즘은 임대차계약 시 공인중개사가 확정일자까지 받아주는 현실이다 보면 더욱 확실해 진다.

2) 최선순위로 전입신고 되어 있는데 후순위 근저당권자가 은행이며 근저당액수가 상당한 경우이다.

① <u>은행권의 담보대출은 선순위 임차인의 보증금과 대출금을 합산했을 때 감정가 혹은 시세를 넘어서는 대출을 하는 곳은 없다.</u>
따라서 선순위 임차인으로 추정되는 전입신고자가 있음에도 은행권에서 정상적인 대출을 시행하였다면 위 전입신고자는 분명 대항력 있는 임차인이 아니다. 대항력이 없는 가족이거나 세대원이며, 최소한 '무상임대차확인서'를 징구했을 것이다.

② 하지만 이 경우 <u>근저당권자가 은행권이 아닌 개인이거나 일반법인, 신용보증기금 같은 기관일 경우는 위 경우가 타당치 않다.</u>

일반의 경우 선순위자를 고려치 않고 담보설정만의 용도인 경우가 많으며, 신용보증기금인 경우는 회사실적, 신용도 등을 감안하여 대출하는 경우가 많기 때문이다.

③ 또한 세입자가 있는 물건과 또 다른 물건을 공동담보로 설정한 경우는 대출금이 커질 수 있으므로 등기부등본을 확인하여 판단하여야 한다.

3) 소유자가 소유권을 취득하기 얼마 전 혹은 얼마 후에 전입신고가 되어있는 경우이다.

위 경우는 대부분 가족일 개연성이 높다.

소유권이전등기 이전에 먼저 가족 중 일부가 들어와 거주하면서 전입신고를 하는 것이 통상이고 소유권이전등기 직후 전입신고를 하는 경우도 있다.

따라서 소유권이전등기를 전후하여 근 시일 안팎에 전입신고가 되어있는 경우는 소유자 가족의 전입신고로 보고 심도 있는 조사를 해 볼 필요가 있다.

4) 등기부등본에서 찾아볼 수 있다.

① 소유자가 소유권이전등기를 한 이후 임대를 주고 다른 곳으로 이전하면 등기부상 소유자 표시란에 '전거'로 거주지를 이전했다는 기재를 한다.

따라서 임차인으로 추정되는 자가 전입 할 당시 소유자가 전거를 했다면 위장 임차인이 아닐 가능성이 높다.

② 반대로 임차인이 전입신고를 했음에도 소유자의 주소변동이 없다면 그곳에서 소유자가 계속 거주 한다고 볼 수 있으므로 위장임차인으로 의심해 볼 수 있다. 하지만 소유자의 주소변동이 등기부상 반영되지 않는 경우가 많으니 작은 단서 중에 하나

로 삼아야 한다.

5) 위장임차인으로 추정되는 선순위 전입신고자가 있으면 법원의 문건접수내역을 확인한다.

① 법원은 임차인으로 추정되는 자가 있으면 이해관계인으로 보고 임차인 통지서를 비롯하여 경매절차 사항들을 공문형태로 다수 발송한다.
이때 폐문부재라면 집배원이 거주자를 만나지 못했을 가능성이 있지만, 수취인 불명, 이사 부재라면 전입신고자는 임대차와는 무관한 사람일 가능성이 크다.

② 이때도 건물주와 짜고 위장임차인을 작출한 것이라면 건물주가 서류를 수령할 것이므로 의심의 끈을 놓지는 말아야 한다.

6) 임차인이 주장하는 보증금이 임대차 계약 체결 당시의 시세와 비교하여 적정한지 검토해 보라.

① 위장임차인들은 경매개시에 즈음하여 급조되는 경우가 대부분인 만큼 치밀하게 준비가 어렵다. 임대차계약서상 보증금을 계약 당시인 수년전 보증금이 아니라 현재의 보증금을 기재했을 가능성이 크다.

② 전세보증금은 매년 증액되는 것이 현실이고 보면, 전입신고일이 경매개시일보다 4~5년 앞선 것이 많은데 신고한 보증금이 현재의 보증금 수준과 비슷하다면 일단 의심이 할만하다. 4~5년 정도의 시간차라면 전세보증금에 상당한 격차가 있어야 정상이기 때문이다.

7) 현장으로 달려가 우편함을 한번 뒤적여 보라.

우편함속의 우편물들이 소유자 우편물이거나, 전입신고자 이외의 사람들에게 온 우편물이 채워져 있다면 위장임차인이라는 심증이 깊다.

8) 목적물이 아파트라면 경비실을 찾아 가 거주자명부를 열람해 보라.

거주자명부는 비상시를 대비하여 실제 거주자 이름과 연락처를 적어놓은 명부인만큼 현재 건물에 누가 살고 있는지에 대한 중요한 자료이다.
물론 사생활보호, 사적 정보를 이유로 함부로 보여주지 않을 것이나 이러한 정보를 파악해 내는 것이 능력이다.

9) 관리사무소에서 관리비청구서의 명의자를 알아본다. 또한 도시가스공사나 전력공사에 공과금통지서의 수령인을 알아보는 방법도 있다.

관리비청구서나 공과금통지서는 실제 거주하는사람으로 발부되기 때문이며, 후일 명도 시에도 이러한 비용은 사용자부담의 원칙에 따라 낙찰자가 부담하지 않는다.

10) 마지막으로 현장을 방문해 거주자를 만나보는 방법도 있다.

문전박대를 당할 수도 있으니 큰 기대는 하지 말고, 또한 소유자가 임차인 흉내를 내고 가짜 정보를 흘리기도 하는 경우가 있어 최후에 보루로 남겨둘 일이다.

11) <u>낙찰 후에는 경매기록 열람 및 복사를 신청하여 임차인이 제출한 임대차계약서, 권리신고서, 소유자 채무자의 주민등록등본으로 가족관계 및 위장임차인을 파악한다.</u>

12) 세대합가의 함정

① 세대원이 어떤 사정으로 세대분리 후 다시 세대가 합하여지는 것을 세대합가라 하는데 이때 동일세대의 세대원이 세대주보다 전입이 빠르고 대항력이 있는 경우 주민등록전입세대의 열람 시에는 세대주만이 표시되어 대항력 있는 세대원의 전입일자를 알 수 없어 보증금을 인수하게 되는 경매의 함정에 빠질 수 있었다.

② 그러나 주민등록법 시행규칙이 다음과 같이 개정되어 세대합가의 함정에서 벗어날 수 있게 되었다.

제14조 (주민등록전입세대의 열람)

① 열람 또는 등, 초본……자만 열람하게 할 수 있다. <u>다만 동일 세대별 주민등록표 상의 세대원이 세대주보다 전입일자가 빠른 경우에는 그 세대원의 성명과 전입일자를 열람하게 할 수 있다.</u> (개정 2008. 11. 17. 2009. 09. 10.)

③ 따라서 전입세대 열람 시 세대주보다 전입이 빠른 세대원 여부와 열람을 필히 신청해야 한다.

⌂ 실전분석

성남 2011타경 5426 소유자 임혜리와 김정교(부부관계)

성남3계 2011-5426 상세정보

경 매 구 분	임의(기일)	채 권 자	우리은행	낙 찰 일 시	11.09.14
용 도	아파트	채무/소유자	미성개발/임혜리	낙 찰 가 격	538,760,000
감 정 가	700,000,000	청 구 액	816,000,000	경매개시일	11.03.23
최 저 가	448,000,000 (64%)	토지총면적	102.68 ㎡ (31.06평)	배당종기일	11.05.27
입찰보증금	10% (44,800,000)	건물총면적	132.36 ㎡ (40.04평)[49평형]	조 회 수	금일2 공고후367 누적729

   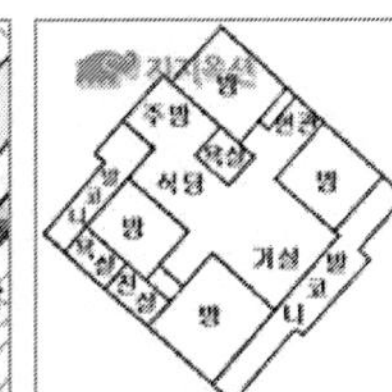

- 물 건 사 진 9
- 지번·위치 3
- 구 조 도 2

우편번호및주소/감정서	물건번호/면 적 (㎡)	감정가/최저가/과정	임차조사	등기권리

463-500
경기 성남시 분당구 구미동 242 무지개마을 라이프 703동 16층 1603호
 	
●감정평가서정리
 - 구미중학교남측인근
 - 주위아파트,상가,빌라 (연립및다세대주택), 단독주택,나대지,학교,관공서,병원,근린공원및야산등형성된지대
 -제반차량출입가능,대중교통사정보통
 -마을버스(정)및노선버스(정)인근소재
 -사다리꼴남동측경사지
 -남동측대로접함
 -대로2류(30-35m)(보조간선도로)접함
 -소로2류(8-10m)(국지도로)접함
 -소로2류(8-10m)(특수도로)(보행자전용도로)접함
 -열병합지역난방
	물건번호: 단독물건
	
	대지 102.68/22854.5
	  (31.06평)
	건물 132.36
	  (40.04평)
	  방4,욕실2 드레스룸
	공용:57.726(지하주차장포함)
	19층-96.01.29보존
	4개동222세대
		감정가 700,000,000
		 ・대지 210,000,000
		      (30%)
		 (평당 6,761,108)
		
		 ・건물 490,000,000
		      (70%)
		 (평당 12,237,762)
		
		최저가 448,000,000
		      (64.0%)
		
		●경매진행과정
		      700,000,000
		① 유찰 2011-07-11
		
		20%↓ 560,000,000
		② 유찰 2011-08-08
		
		20%↓ 448,000,000
		③ 낙찰 2011-09-14
		
		      538,760,000
		      (77%)
		 - 응찰 : 5명
		 - 낙찰자:서혜원
		 - 2위응찰액:
		   528,688,000
		
		   허가 2011-09-21
			●법원임차조사
			
			*소유자점유. 거주자가 폐문부재하여 동사무소에서 전입세대열람한바 채무자겸 소유자외 다른전입세대가없음
			
			●지지옥션세대조사
			세 01.01.05 김정교
			동사무소확인:2011.06.28
				소유권 임혜리
				    2000.12.06
				저당권 우리은행
				    분당구미동
				    2006.12.18
				    816,000,000
				가압류 삼정상호저축외1
				    2010.01.21
				    1,215,500,000
				압 류 분당구
				    2010.11.08
				압 류 성남세무서
				    2011.03.23
				임 의 우리은행
				    여신관리부
				    2011.03.24
				*청구액:816,000,000원
				
				  등기부채권총액
				  2,031,500,000원
				
				열람일자 : 2011.04.11

인천 2011타경22117 소유자 목상훈과 홍미선(부부관계)

인천3계 2011-22117 상세정보

병합/중복	중복:2011-44155(현대캐피탈)				
경매 구분	임의(기일)	채 권 자	우리금융저축	낙 찰 일 시	11.09.02
용 도	아파트	채무/소유자	목상훈	낙 찰 가 격	173,070,000
감 정 가	210,000,000	청 구 액	31,112,283	경매개시일	11.04.19
최 저 가	147,000,000 (70%)	토지총면적	34.26 m² (10.36평)	배당종기일	11.06.30
입찰보증금	10% (14,700,000)	건물총면적	73.96 m² (22.37평)[28평형]	조 회 수	금일2 공고후134 누적185

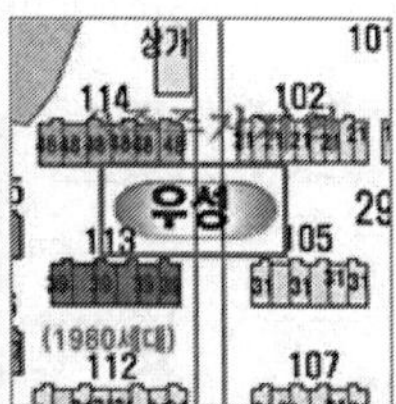
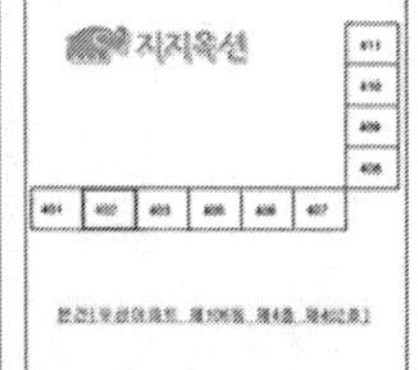

- 물건사진 8
- 지번·위치 3
- 구 조 도 1

우편번호및주소/감정서	물건번호/면 적 (m²)	감정가/최저가/과정	임차조사	등기권리

403-020
인천 부평구 산곡동
293 , 294-35, 산15 우성
106동 4층 402호
 	
●감정평가서정리
 - 산곡고교남동측인근
 - 주위동류형아파트단
  지밀집한주거지대
 - 차량접근가능
 - 인근버스(정)소재
 - 제반교통사정무난
 - 3필일단의광평수토지
 - 단지내도로외곽공도
  와연계
 - 열병합발전지역난방
 	
 - 3종일반주거지역
 - 일반미관지구
 - 과밀억제권역
 - 상대정화구역
 	
2011.04.25 영화감정
	물건번호: 단독물건
	
	대지 34.256/72563
	 (10.36평)
	건물 73.96
	 (22.37평)
	 15층-89.09.23보존
	 계단식
		감정가 210,000,000
		 · 대지 63,000,000
		           (30%)
		 (평당 6,081,081)
		
		 · 건물 147,000,000
		           (70%)
		 (평당 6,571,301)
		
		최저가 147,000,000
		           (70.0%)
		
		●경매진행과정
		           210,000,000
		① 유찰 2011-08-03
		
		30%↓ 147,000,000
		② 낙찰 2011-09-02
		
		           173,070,000
		           (82.4%)
		 - 응찰 : 5명
		 - 낙찰자:서해원
		 - 2위응찰액:
		   168,010,000
		
		 허가 2011-09-09
			●법원임차조사
			
			*소유자점유. 본건 현황
			조사차 현장에 임하였으
			나 폐문부재로 이해관계
			인을 만날 수 없어 상세한
			점유 및 임대차관계는 알
			수 없으나 전입세대 열람
			결과 소유자가 점유하고
			있는 것으로 추정됨
			
			●지지옥션세대조사
			세 01.03.22 홍미선
			동사무소확인:2011.07.25
				소유권 목상훈
				       2001.03.30
				저당권 현대캐피탈
				       2007.12.10
				       171,600,000
				저당권 삼화상호저축
				       신촌
				       2008.09.19
				       39,000,000
				압 류 서인천세무서
				       2009.09.09
				압 류 근로복지공단
				       부천지사
				       2009.11.16
				가압류 경기신용보증
				       2011.04.15
				       13,226,000
				압 류 국민건강보험
				       김포지사
				       2011.04.18
				임 의 우리금융저축
				       2011.04.19
				      *청구액:31,112,283원
				
				       등기부채권총액
				       223,826,000원
				
				열람일자 : 2011.05.12

인천16계 2010-58645 상세정보

경 매 구 분	임의(기일)	채 권 자	HK상호저축	낙 찰 일 시	11.05.25 (종결:11.08.05)
용　　도	아파트	채무/소유자	전선미	낙 찰 가 격	237,500,000
감 정 가	265,000,000	청 구 액	282,399,989	경매개시일	10.11.24
최 저 가	185,500,000 (70%)	토지총면적	94.19 ㎡ (28.49평)	배당종기일	11.02.14
입찰보증금	10% (18,550,000)	건물총면적	99.91 ㎡ (30.22평)[35평형]	조 회 수	금일1 공고후171 누적239

   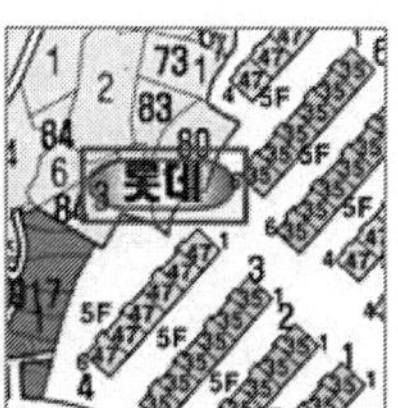

- 물건사진 7
- 지번·위치 3
- 구 조 도 0

우편번호및주소/감정서	물건번호/면 적 (㎡)	감정가/최저가/과정	임차조사	등기권리
406-130 인천 연수구 동춘동 917 롯데 101동 5층 506호 ●감정평가서정리 - 연수여고북동측인근 - 주위아파트단지및근 　린시설등소재 - 인근버스(정)소재 - 대중교통사정보통 - 도시가스난방 - 부정형토지 - 1종지구단위계획구역 　(공동주택용지) - 과밀억제권역 - 상대정화구역 - 2종일반주거지역 2010.12.08 제일감정	물건번호: 단독물건 대지 94.187/34434 　(28.49평) 건물 99.91 　(30.22평) 　5층-93.10.13보존	감정가　　265,000,000 ·대지　　132,500,000 　　　　　　(50%) (평당 4,650,755) ·건물　　132,500,000 　　　　　　(50%) (평당 4,384,514) 최저가　　185,500,000 　　　　　　(70.0%) ●경매진행과정 　　　　　265,000,000 ① 유찰　2011-04-25 30%↓　185,500,000 ② 낙찰　2011-05-25 　　　　　237,500,000 　　　　　　(89.6%) - 응찰 : 5명 - 낙찰자:이보락 - 2위응찰액: 　226,200,000 　허가　2011-06-01 종결　　2011-08-05	●법원임차조사 이범석 전입 2007.07.23 　주거/전체 　조사서상 *본건 현황조사차 현장에 임하였으나 폐문부재로 이해관계인을 만날 수 없 어 상세한 점유 및 임대차 관계는 알 수 없으나, 전 입세대 열람 결과 임차인 이 점유하고 있는 것으로 추정됨. 본건 부동산은 연 수구 동춘동 917 번지 상 에 소재하는 저층 아파트 로서, 먼우금사거리 인근 에 위치해 있음. 본건 조 사서의 조사내용은 전입 세대열람에 의한 조사사 항임. ●지지옥션세대조사 [세] 07.07.23 이범석 동사무소확인:2011.04.28	소유권전선미 　2004.08.26 　전소유자:양경희 저당권 HK상호저축 　천호 　2007.10.23 　332,800,000 임　의HK상호저축 　주택금융관리 　2010.11.24 *청구액:282,399,989원 　등기부채권총액 　332,800,000원 열람일자 : 2011.01.07

CHAPTER

4

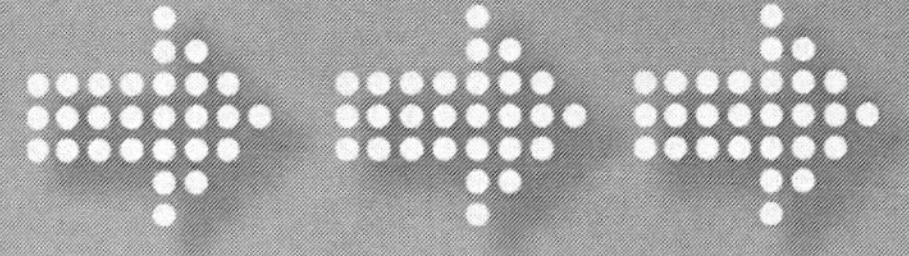

공유지분의 경매

1 공유의 의의

하나의 물건이 지분에 의하여 수인의 소유로 된 것을 공유라고 하는데(민법 제262조 제1항), 공유는 지분을 중심으로 거의 독립된 소유권과 마찬가지로 다루어지는 공동소유 형태이다.

다만 목적물이 동일하기 때문에 그 행사에 제약을 받는다.

공유는 상속에 의한 경우와 부부간의 공유, 계약에 의한 공유로 발생된다.

1) 공유의 구별개념

공유와 구별되는 공동소유로는 합유와 총유가 있다.

① 합유는 수인이 조합체로서 물건을 소유하여 공동사업을 위하여 결합된 것이기 때문에 합유자는 지분을 갖기는 하지만 그 지분의 양도는 제한되고 조합관계가 종료될 때까지 분할을 청구하지 못한다.

② 총유는 비법인사단(권리능력 없는 사단)의 소유형태로서 지분이라는 개념은 인정되지 않는다. 따라서 관리, 처분, 양도, 상속을 하지 못한다. 다만 사용, 수익하는 권능만이 인정될 뿐이다.

대표적인 것은 법인등기를 하지 않은 종중재산, 교회재산 등이 있다.

2 공유지분

공유물에 대한 각 공유자의 권리 즉 소유비율을 말하는 것으로 공유지분은 각 공유자 간의 합의 또는 법률의 규정에 의하여 정하여진다.

그러나 지분이 분명하지 아니한 경우에는 민법은 각 공유자간 균등한 비율로 추정한다. 지분은 소유권을 지분비율로 표시한 것이지만 소유권과 같은 성질을 가지고 있으므로 목적물을 사용, 수익, 처분하는 권리와 능력을 가지게 된다.

3 공유자간의 공유관계

1) 공유물의 사용, 수익, 부담

① 공유자는 공유물 전부를 지분의 비율로 사용, 수익할 수 있다. (민법 제263조).

② 공유자는 그 지분의 비율로 공유물의 관리비용 기타 의무를 부담한다.

　공유자가 1년 이상 이러한 의무의 이행을 지체한 때에는 다른 공유자는 상당한 가액으로 그의 지분을 매수 할 수 있다. (민법 제266조)

　이러한 지분매수청구권은 형성권이다.

TIP

형성권은 권리자의 일방적 의사표시만으로 권리의 변동을 가져오는 권리이다. 형성권의 행사에 의해 상대방은 일방적으로 구속되므로, 누가 형성권을 가지는지는 당사자의 약정 또는 법률규정에 의해 정해진다(제543조 1항 등).

2) 공유물의 처분, 변경

① 공유자는 다른 공유자의 동의 없이 공유물을 처분하거나 변경하지 못한다.

② 공유자 1인의 처분행위는 무효이다. 다만 그 처분은 그 공유자 지분의 범위 내에서는 유효하므로 지분의 범위를 넘는 부분만 무효로 된다. (대판 93다1596)

1994.12.2 선고 93다1596 소유권이전등기말소

【판시사항】

[1] 다른 공유자의 동의 없이 그 공유물의 특정부분을 처분하여 소유권이전등기를 마친 경우, 처분공유자의 공유지분 범위 내에서는 실체관계에 부합하는 유효한 등기인지 여부

【판결요지】

[1] 공유자 중 1인이 다른 공유자의 동의 없이 그 공유 토지의 특정부분을 매도하여 타인 명의로 소유권이전등기가 마쳐졌다면, 그 매도 부분 토지에 관한 소유권이전등기는 처분공유자의 공유지분 범위 내에서는 실체관계에 부합하는 유효한 등기라고 보아야 한다.

3) 공유물의 관리, 보존

① 공유물의 관리행위는 공유자의 지분의 과반수로 결정한다. (민법 제265조)
공유물 관리라 함은 처분이나 변경에 이르지 않을 정도로 공유물을 이용, 개량하는 행위를 말한다. (대판 2000다33638)

2001.11.27 선고 2000다33638 건물철거 등·소유권이전등기

【판시사항】

[1] 과반수 공유지분권자가 그 공유물의 특정 부분을 배타적으로 사용·수익할 것을 정하는 것이 공유물의 관리방법으로서 적법한지 여부(적극)

[2] 공유토지의 소수지분권자가 나머지 과반수 지분을 시효취득하여 소유권이전등기를 경료 받을 지위에 있는 점유자에 대하여 점유배제를 청구할 수 있는지 여부(소극)

【재판요지】

[1] 공유자 사이에 공유물을 사용·수익할 구체적인 방법을 정하는 것은 공유물의 관리에 관한 사항으로서 공유자의 지분의 과반수로써 결정하여야 할 것이고, 과반수의 지분을 가진 공유자는 다른 공유자와 사이에 미리 공유물의 관리방법에 관한 협의가 없었다 하더라도 공유물의 관리에 관한 사항을 단독으로 결정할 수 있으므로, 과반수의 지분을 가진 공유자가 그 공유물의 특정 부분을 배타적으로 사용·수익하기로 정하는 것은 공유물의 관리방법으로서 적법하며, 다만 그 사용·수익의 내용이 공유물의 기존의 모습에 본질적 변화를 일으켜 '관리' 아닌 '처분'이나 '변경'의 정도에 이르는 것이어서는 안 될 것이고, 예컨대 다수지분권자라 하여 나대지에 새로이 건물을 건축한다든지 하는 것은 '관리'의 범위를 넘는 것이 될 것이다.

② 공유물의 보존행위는 공유자 각자가 단독으로 할 수 있다. (민법 제265조)

공유물 보존이란 물건이 멸실, 훼손되는 것을 방지하고 그 현상을 유지하기 위하여 하는 행위로서, 다른 공유자에게도 이익이 되고 또 긴급을 요하는 경우가 많기 때문이다.

4 공유물의 분할

1) 공유물분할의 자유

① 특별한 사정이 없는 한 각 공유자는 공유물의 분할을 청구하여 기존의 공유관계를 폐지하고 각 공유자간에 공유물을 분배하는 법률관계를 실현하는 일방적인 권리를 가진다.

② 공유물 분할청구의 자유와 지분처분의 자유는 공유의 본질을 이루며, 이점에서 합유 및 총유와 다르다.

③ 건물을 구분소유하는 경우의 공용부분은 구분소유자들의 공유이지만 분할은 인정되지 않는다.

2) 분할의 방법

① 협의에 의한 분할

공유물의 분할은 우선 협의에 의하여 정한다.

공유물분할 협의에는 공유자 전원이 참석하여야 하며, 그 분할절차에서 공유자 일부가 제외된 분할의 협의는 효력이 없다.

② 재판에 의한 분할

분할방법에 관하여 협의가 성립되지 아니한 때에는 공유자는 법원에 그 분할을 청구 할 수 있다. (민법 제269조 1항)

재판에 의하여 공유물을 분할하는 경우에는 <u>현물로 분할하는 것이 원칙이지만, 현물로 분할할 수 없거나 현물로 분할하게 되면 현저히 그 가액이 감소될 염려가 있는 때에는 비로소 그 물건의 경매를 명할 수 있다.</u> (민법 제269조 2항)
공유물 분할의 소는 형성의 소로서 그 판결의 확정으로 등기없이 물권변동의 효력이 생긴다.

5 공유지분의 경매

1) 공유자 우선매수신청

① 공유자는 매각기일까지 매수신청의 보증을 제공하고 최고매수신고가격과 같은 가격으로 채무자의 지분을 우선매수하겠다는 신고를 할 수 있는데, 이 경우 법원은 최고가매수신고가 있더라도 그 공유자에게 매각을 허가하여야 한다. (민사집행법 제140조) 이를 공유자 우선매수신청이라고 한다.

② 공유자는 공유물 전체를 이용, 관리하는데 있어서 다른 공유자와 협의를 하여야하고, 그 밖에 다른 공유자와 인적인 유대관계를 유지 할 필요가 있다는 점 등을 고려하여 공유지분의 매각에 있어 새로운 사람이 공유자로 되는 것보다 기존의 공유자에게 우선권을 부여하여 그 공유지분을 매수할 수 있는 기회를 준다는 데에 입법취지가 있다

2) 우선매수권의 행사

① 우선매수권을 행사할 수 있는 시한

공유자의 우선매수신고는 집행관이 매각을 종결한다는 고지를 하기 전까지 할 수 있다. (민사집행규칙 제76조 1항) 따라서 공유자는 집행관이 최고가매수신 고인의 성명과 가격을 호창하고 경매의 종결을 선언하기 전까지는 우선매수신고를 하고 즉시 보증을 재공하면 적법한 우선매수권의 행사로 될 수 있다.

2000.1.28 선고 99마5871 낙찰허가결정

【판시사항】

공유자의 우선매수신고시한인 민사소송법 제650조 제1항 소정의'경매기일까지'의 의미(=집행관의 경매 종결 선언 시까지) 및 입찰절차에의 준용여부(적극)

【재판요지】

민사소송법 제650조 제1항은 공유자는 경매기일까지 보증을 제공하고 최고매수신고가격과 동일한 가격으로 채무자의 지분을 우선매수 할 것을 신고할 수 있다고 규정하고, 같은 조 제2항은 제1항의 경우에 법원은 최고가매수신고에 불구하고 그 공유자에게 경락을 허가하여야 한다고 규정하고 있는데, 여기서 '경매기일까지'라 함은 집행관이 경매기일을 종결시키기 전까지를 의미하는 것으로서 공유자는 집행관이 최고가매수신고인의 성명과 가격을 호창하고 경매의 종결을 선언하기 전까지는 우선매수신고를 할 수 있다 할 것이고, 공유자의 우선매수권을 규정한 위 민사소송법 규정은 같은 법 제663조 제2항에 의하여 입찰의 경우에도 준용된다 할 것인바, 위와 같은 공유자의 우선매수권은 일단 최고가매수신고인이 결정된 후에 공유자에게 그 가격으로 경락 내지 낙찰을 받을 수 있는 기회를 부여하는 제도이고, 경매와 입찰은 최고가매수인을 결정하는 방법에 불과한 점을 고려하면 입찰의 경우에도 공유자의 우선매수신고 시기는 집행관이 입찰의 종결을 선언하기 전까지이면 되지 경매와 달리 입찰마감시각까지로 제한할 것은 아니다.

② 매각기일 전의 우선매수권 행사

공유자의 우선매수권 행사는 매각종결의 고지전인 한 그 신고시기에 제한이 없으므로, 공유자는 매각기일 전에 미리 최고가매수신고가격과 같은 가격으로 우선매수권을 행사하겠다는 신고를 함으로써 우선매수권을 행사할 수 있다. 미리 우선매수권을 행사하였다고 하여도 매각기일 종결의 고지 전까지 보증을 제공하지 않으면 우선매수권의 효력은 발생하지 않는다.

공유자가 입찰기일 이전에 공유자 우선매수신고서를 제출하는 방식으로 우선매수신고를 한 경우에도 반드시 이와 동시에 입찰보증금을 집행관에게 제공하여야만 적법한 우선매수신고를 한 것으로 볼 것은 아니고, 최고가입찰자와 그 입찰가격을 호창하고 입찰의 종결선언을 하기 전에 최고가입찰자의 입찰가격으로 매수할 의사가 있는지 여부를 확인하여 즉시 입찰보증금을 제공 또는 추가 제공하도록 하는 등으로 그 최고입찰가격으로 매수할 기회를 주어야 한다.

2002.6.17 선고 2002마234 부동산낙찰허가결정

【판시사항】

[1] 입찰에 있어 공유자의 우선매수신고 및 보증의 제공의 시한(=집행관의입찰 종결선언 전)

[2] 공유자가 입찰기일 전에 우선매수신고서만을 제출하거나 최고가입찰자가제공한 입찰보증금에 미달하는 금액의 보증금을 제공한 경우, 입찰기일에 집행관은 최고가매수신고를 확인한 다음 공유자의 출석 여부를 확인하고 공유자에게 최고가매

수신고가격으로 매수할 것인지를 물어 보증금을 납부 할 기회를 주어야 하는지 여부(적극)

[3] 입찰기일 전에 공유자우선매수신고서를 제출한 공유자가 입찰기일에 입찰에 참가하여 입찰표를 제출한 경우, 우선매수권을 포기한 것으로 볼 수 있는지 여부(소극)

【재판요지】

[1] [2] 공유자가 입찰기일 이전에 집행법원 또는 집행관에게 공유자우선매수신고서를 제출하는 방식으로 우선매수신고를 한 경우에도 반드시 이와 동시에 입찰보증금(최고가입찰자가 제공하게 될 입찰보증금 이상의 금액)을 집행관에게 제공하여야만 적법한 우선매수신고를 한 것으로 볼 것은 아니고, 우선매수신고서만을 제출하거나 최고가입찰자가 제공한 입찰보증금에 미달하는 금액의 보증금을 제공한 경우에도 입찰기일에 입찰법정에서 집행관은 최고가입찰자와 그 입찰가격을 호창하고 입찰의 종결선언을 하기 전에 그 우선매수신고자의 출석 여부를 확인한 다음, 최고가입찰자의 입찰가격으로 매수할 의사가 있는지 여부를 확인하여 즉시 입찰보증금을 제공 또는 추가 제공하도록 하는 등으로 그 최고입찰가격으로 매수할 기회를 주어야 한다.

[3] 입찰기일 전에 공유자우선매수신고서를 제출한 공유자가 입찰기일에 입찰에 참가하여 입찰표를 제출하였다고 하여 그 사실만으로 우선매수권을 포기한 것으로 볼 수도 없다.

3) 우선매수권의 인정여부가 문제되는 경우

① 입찰에 참여한 공유자

공유자가 입찰기일에 입찰에 참가하여 입찰표를 제출하였다고 하여 그 사실만으로

우선매수권을 포기한 것으로 볼 수도 없다. (대판2002마234)

따라서 입찰에 참여한 공유자가 최고가매수인보다 낮은 가격으로 매수신고한 경우에는 최고가매수인 가격으로 우선매수 하겠다고 주장하는 것도 가능하다.

그러나 입찰에 참여한 공유자가 최고가매수인이 된 경우에는, 우선매수를 주장하는 것은 허용될 수 없다.

② 공유물의 재판상분할의 경우

공유물분할의 합의가 성립되지 않는 경우 각 공유자는 법원에 공유물의 분할을 청구할 수 있는데 대법원은 공유물분할판결에 기하여 공유물 전부를 경매에 붙여 그 매득금을 분배하기 위한 환가의 경우에는 공유자도 매수신청인은 될 수 있으나 우선매수를 주장 할 수 없다고 한다. (대판 91마239)

1991.12.16 선고 91마239 부동산경락허가결정

【판시사항】

[1] 경매목적물인 대지와 그 지상건물이 상호 이용상의 견련성이 있다고 보아 일괄경매한 집행법원의 조치가 정당하다고 한 사례

[2] [3] [4] [5] 공유물분할판결에 기하여 경매에 의하여 매득금을 분배하기 위한 환가의 경우, 민사소송법 제649조, 제650조 규정의 적용 여부(소극)

【결정요지】

[1] 경매목적물이 대지와 그 지상건물로서 상호 이용상의 견련성이 있어, 이를 분할경매하여 소유자를 달리하게 되면 대지와 건물 간의 상호이용 관계에 있어서 제한을 받게 될 뿐만 아니라 부동산의 경제적 가치를 감소시킬 것이므로 이를 동일한 매수인에게 귀속시키는 것이 타당하다고 보여져 집행법원이 이를 일괄경매한 조치가 정당하다고 한 사례.

[2] [3] [4] [5] 공유물분할판결에 기하여 공유물 전부를 경매에 붙여 그 매득금을 분배하기 위한 환가의 경우에는 공유물의 지분경매에 있어 다른 공유자에 대한 경매신청통지와 다른 공유자의 우선매수권을 규정한 민사소송법 제649조, 제650조는 적용이 없다.

③ 일괄매각의 경우

여러 개의 부동산을 일괄매각하기로 결정한 경우, 집행법원이 일괄매각결정을 유지하는 이상 매각대상 부동산 중 일부에 대한 공유자는 특별한 사정이 없는 한 매각대상 부동산 전체에 대하여 공유자의 우선매수권을 행사할 수 없다

2006.3.13 선고 2005마1078 매각허가결정에 대한이의

【판시사항】

[1] 집행법원이 여러 개의 부동산을 일괄매각하기로 결정한 경우, 매각대상부동산 중 일부에 대한 공유자가 매각대상 부동산 전체에 대하여 공유자의 우선매수권을 행사할 수 있는지 여부(한정 소극)

[2] 매수신고인의 우선매수신고 자체가 부적법하므로 민사집행법 제129조제1항의 매각허가결정에 대한 즉시항고를 할 수 없다고 한 사례

【재판요지】

[1] 집행법원이 여러 개의 부동산을 일괄매각하기로 결정한 경우, 집행법원이 일괄매각결정을 유지하는 이상 매각대상 부동산 중 일부에 대한 공유자는 특별한 사정이 없는 한 매각대상 부동산 전체에 대하여 공유자의 우선매수권을 행사할 수 없다고 봄이 상당하다.

[2] 매수신고인의 우선매수신고 자체가 부적법하므로 민사집행법 제129조 제1항의 매각허가결정에 대한 즉시항고를 할 수 없다고 한 사례.

6 지분경매에 대한 대책

1) 지분경매의 위험 인식

① 공유자가 다수인 경우 통지의 어려움으로 인하여 경매절차가 지연될 수도 있으며, 공유자가 의도적으로 경매절차를 지연시킬 수도 있다.

② 공유자의 우선매수권 행사로 인하여 최고가매수인이 되더라도 차순위로 되어 헛고생을 하는 경우가 있다.
하지만 이 경우 틈새가 되어 수익을 창출할 수 있는 좋은 기회도 되는 것이다.

③ 낙찰 후 공유물분할소송에서 소송의 당사자가 공유자 전원이 되는 필요적 공동소송이기 때문에 만약 공유자가 너무 많으면 소송이 장기화될 위험이 있다.

④ 공유지분은 은행대출이 여의치 않아 목돈이 장기간 묶이게 되는 단점도 있다.

⑤ 건물의 지분경매는 공유물분할소송을 통해서도 건물을 쪼개서 현물을 나누어 가지기가 불가능함으로 결국은 경매를 통해 환가하여 대금을 나누어 가져야 하는데, 그때까지 상당한 기간이 소요된다.

⑥ 또한 건물의 지분경매에 있어서 건물에 소유자가 거주하지 않고 임차인이 거주하며, 임차인이 대항력이 있는 경우 낙찰자가 임차인의 보증금 전액을 인수 할 수도 있다. 즉, <u>낙찰자의 지분이 1/2이라고 임차인의 보증금을 반만 인수하는 것이 아니라 경우에 따라서는 전액을 다 인수할 수도 있다는 것이다.</u>
법 이론적으로 보증금반환채무가 불가분채무라서 그러니만큼 유의하여야한다.

2) 지분경매에 참여할 수 있는 경우

① 공유자 우선매수신고를 하지 않을 가능성이 있는 물건이면 입찰에 참가한다.

일괄경매인 경우 설사 공유자매수신고를 했다하더라도 우선매수가 인정되지 않을 수도 있으니 입찰에 적극 참여한다. (대판 2005마1078)

등기부등본상 공유자의 지분에 저당권이나, 가압류가 기재되어 있거나, 특히 카드 연체로 인한 소액의 가압류가 있다면 공유자의 자력이 없기 때문에 우선매수청구 권을 행사 할 수 없다고 보면 된다.

경매신청법원은 서울이고 공유자의 주소는 부산인 경우처럼 경매신청법원과 공유 자의 주소가 엄청 멀다면 이 또한 공유자우선매수가 없다고 보고 입찰에 임한다.

공유자의 등기원인이 '상속' 이나 '증여' 인 경우 적극 입찰에 응한다.

상속이나 증여를 받은 공유자는 통상 힘들지 않게 재산을 물려받음으로 인해서 재 산을 지키겠다는 의지가 약하며, 상속권자들 서로의 관계가 돈독하거나, 자력이 있 다면 통상 경매진행이 취소 될 것이다.

따라서 경매절차가 계속 진행되고 있다면 공유자는 경매절차를 통해 현금청산을 원하 것이고 공유자 우선매수신청을 하지 않을 것이다.

2006.3.13 선고 2005마1078 매각허가결정에대한이의

【판시사항】

[1] 집행법원이 여러 개의 부동산을 일괄매각하기로 결정한 경우, 매각대상부동산 중 일부에 대한 공유자가 매각대상 부동산 전체에 대하여 공유자의우선매수권을 행 사할 수 있는지 여부(한정 소극)

[2] 매수신고인의 우선매수신고 자체가 부적법하므로 민사집행법 제129조제1항의 매
　　각허가결정에 대한 즉시항고를 할 수 없다고 한 사례

【재판요지】
[1] 집행법원이 <u>여러 개의 부동산을 일괄매각하기로 결정한 경우, 집행법원이 일괄매
　　각결정을 유지하는 이상 매각대상 부동산 중 일부에 대한 공유자는 특별한 사정
　　이 없는 한 매각대상 부동산 전체에 대하여 공유자의 우선매수권을 행사할 수 없
　　다고 봄이 상당하다.</u>
[2] 매수신고인의 우선매수신고 자체가 부적법하므로 민사집행법 제129조 제1항의 매
　　각허가결정에 대한 즉시항고를 할 수 없다고 한 사례.

② 공유자 우선매수신고를 하였으나 행사를 하지 않은 경우 해당법원 경매계에 문의
하여 입찰에 참여한다.

<u>많은 법원의 경우 우선매수신고를 하고 행사를 하지 않은 경우 다음 기일에 우선매
수신청권을 인정치 않고 있기</u> 때문이며, 우선매수권을 악용하여 저가로 낙찰 받고
자 하는 것을 막고자 많은 법원에서 이와 같은 방식을 특별매각조건으로 제한하고
있으니 꼭 <u>해당법원 경매계에 문의를 하여 입찰토록 한다.</u>
법원문건 접수내역을 살펴 공유자 우선매수신청을 언제 하였는지와 경매진행 관계
를 살피면 위와 같은 우선매수권의 행사를 할 수 없음을 알 수 있을 것이다.

7 지분경매의 접근

지분물건에 대한 입찰 시 투자자 입장에서 체크해야 할 부분은 낙찰 후 나머지 공유지분을 저가로 매수하던지, 아니면 낙찰 받은 나의 지분을 고가로 매도 할 수 있는 경우에 입찰에 응해야 함은 너무도 당연한 것이다.

① 또한 공유물분할소송을 거쳐 지분대로 분할하여 어엿한 단독소유의 토지를 만들 수도 있다. 하지만 대부분의 경우 공유자간의 이해가 첨예하여 합의에 의한 분할이 불가능하고, 공유물분할소송을 진행하게 되는데 진행 중에는 판사의 중재로 한번쯤은 조정기일이 잡히는 만큼 다른 공유자와 토지의 효용가치를 높일 수 있는 방법을 의논 해 볼 수도 있고 자력이 있는 공유자라면 적정 수익을 얹어서 매도 할 수도 있다.

② 공유물분할소송에서 조정이 않되는 경우 경매를 통한 매각대금으로 대금분할을 하게 되는데 이때 지분을 저가로 낙찰 받았고 공유의 물건이 가치있는 물건이라면 경매로 진행되어도 매각대금 분할 시 충분한 수익이 창출 될 것이다.
하지만 이러한 경우라면 대부분의 경우 나머지 공유자끼리 협의하여 낙찰받은 지분을 매입하려 할 것이며 이때 적정수익으로 매도하면 될 것이다.

③ 지분의 물건은 대부분 권리 행사의 어려움 등으로 인해 저가로 낙찰 받을 수 있는데 저가로 낙찰 받아 공유물분할소송을 통해 나머지 공유자를 압박하는 방법으로 위와 같은 수익을 창출 할 수 있으나 소송에 대한 기간(약 6개월 정도) 소요는 감안하여야 한다.
하지만 소송자체는 그리 어렵지 않고 나 홀로 소송을 통해서도 충분히 가능하며 비용 또한 생각만큼 많이 들지 않는다.

🏠 실전사례

지분 상가

남부5계 2010-9457 상세정보

경 매 구 분	강제(기일)	채 권 자	신용보증기금	경 매 일 시	대납물건
용 도	상가	채무/소유자	정승규/정승규외1	다 음 예 정	종결(대납)
감 정 가	400,000,000	청 구 액	100,000,000	경매개시일	10.05.10
최 저 가	204,800,000 (51%)	토지총면적	12.6 ㎡ (3.81평)	배당종기일	10.07.23
입찰보증금	20% (40,960,000)	건물총면적	49.46 ㎡ (14.96평)	조 회 수	금일1 공고후47 누적374
주 의 사 항	· 지분매각 · 특별매각조건, 매수보증금은 최저매각가격의 10분의 2를 납부하여야 함.				

  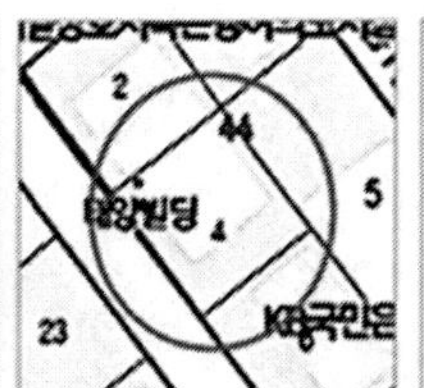 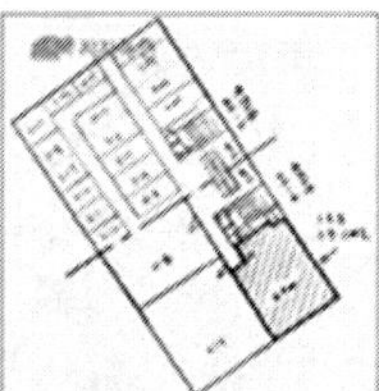

■ 물건사진 4
■ 지번·위치 1
■ 구 조 도 1

우편번호및주소/감정서	물건번호/면 적 (㎡)	감정가/최저가/과정	임차조사	등기권리
150-010 서울 영등포구 여의도동 44-4 ,-2 1동 2층 220호 ●감정평가서정리 - "타임노래클럽" - 철콘조라면조지붕 - 사무실및점포 - 지하철5호선여의도역 남동측인근위치 - 주위업무시설,근린시 설등혼재한상가밀업 무지대로통행인구않 은편임 - 여러차량출입용이,대 중교통사정편리 - 인근버스(정)및지하 철5호선여의도역소재 - 2필일단의가로장방형 토지 - 남서측12m도로접합 - 도시지역 - 중심미관지구 - 대공방어협조구역 (77-257m) - 과밀억제권역(세부사 항서울시청도시계획 과문의) - 한강폐기물매립시설 설치제한지역(맑은환 경과문의) - 44-2학교환경위생정 화구역(세부사항남부 교육청에반드시확인 요망)	물건번호: 단독물건 대지 12.602/860 　(3.81평) 　860(7.62/260) 　(토지 1/2 정승규 지분) 건물 49.46/98.92 　(14.96평) 유흥주점 　(건물 1/2 정승규 지분) 10층-81.09.21보존 ●보증금확인바랍니 다	감정가 400,000,000 · 대지 120,000,000 　(30%) 　(평당 31,496,063) · 건물 280,000,000 　(70%) 　(평당 18,716,578) 최저가 204,800,000 　(51.2%) ●경매진행과정 　400,000,000 ① 유찰 2011-02-28 20%↓ 320,000,000 ② 유찰 2011-04-04 20%↓ 256,000,000 ③ 유찰 2011-05-09 20%↓ 204,800,000 ④ 낙찰 2011-06-13 227,000,000 　(56.8%) - 응찰 : 1명 - 낙찰자:이승호 허가 2011-06-20 대납 2011-08-23	●법원임차조사 이성후 사업 2007.04.18 　배당 2010.05.25 　(보) 45,000,000 　(월) 2,900,000 점포/전부 점유 2007.2.28- 조사서상전입: 2008.10.2 4500만/319만 •관리사무소장 백선기 대 답(02-780-0849). 보존등 기 당시 현황표시와 현재 현황이 다른데 타임노래 클럽이 들어 있는 부분으 로 알고 있다 함(소유자 가 동일하고 관리사무소 에서 가지고 있는 도면표 시 상의 위치로 보아). 임 차인이 노래방으로 사용 하고 있음 총보증금:45,000,000 총월세금:2,900,000	소유권정승규외1 2004.06.04 전소유자:이강선 강 제신용보증기금 안양 2010.05.10 •청구액:100,000,000원 압 류영등포구 2010.12.06 열람일자 : 2010.02.10

지분 토지

서부7계 2010-13301 상세정보

과거사건	서부3계 2005-2253				
경매구분	임의(기일)	채 권 자	강동농협	낙찰일시	11.06.14 (종결:11.08.29)
용 도	대지	채무/소유자	김진수/김진수외3	낙찰가격	281,500,000
감 정 가	705,900,000	청 구 액	155,076,979	경매개시일	10.08.25
최 저 가	231,310,000 (33%)	토지총면적	195 ㎡ (58.99평)	배당종기일	10.11.11
입찰보증금	10% (23,131,000)	건물총면적	0 ㎡ (0평)	조 회 수	금일1 공고후192 누적925
주의사항		· 지분매각 · 법정지상권 · 입찰외 · 본건 지상에 타인소유 다세대 3층 주택, 동측 일부지상에 판넬지붕 단층건물이 존재하고, 다세대주택 건부지로 이용중인 토지만 매각, 지상건물을 위하여 이 사건 토지의 대지 부분에 법정지상권이 성립할 여지 있음.			

   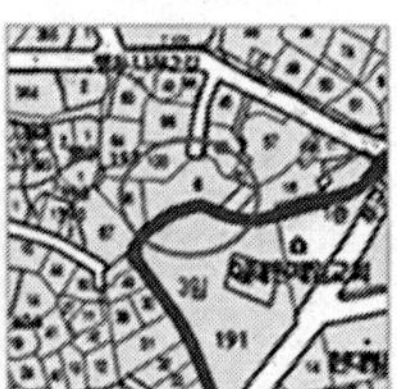

- 물건사진 13
- 지번·위치 2
- 구 조 도 0

우편번호및주소/감정서	물건번호/면 적 (㎡)	감정가/최저가/과정	임차조사	등기권리

140-200
서울 용산구 이태원동 193-6
 	
●감정평가서정리
- 이태원초등교동측인근
- 주변학교,단독주택및 소규모공동주택등소재
- 차량접근가능
- 버스(정)인근소재,일반대중교통수단보통
- 부정형토지
- 북측일부약4m도로접함
- 최고고도지구(3층12m 이하)
- 대공방어협조구역(위탁고도:77-257m)
- 과밀억제권역
- 상대정화구역(자세한 사항서울시중부교육청별도확인)
 	
- 1종일반주거지역
 	
2010.09.07 자연감정
 	
표준공시지가 : 2,330,000
감정지가 : 3,620,000
	물건번호: 단독물건
	
	대지 195/393
	(58.99평)
	(토지 김진수 지분)
	· 입찰외 제시외3층다세대주택,동측일부지상건물소재
	
	현장보고서 열람
		감정가 705,900,000
		· 토지 705,900,000
		(100%)
		(평당 11,966,435)
		
		최저가 231,310,000
		(32.8%)
		
		●경매진행과정
		    705,900,000
		① 유찰 2010-12-21
		20%↓ 564,720,000
		② 유찰 2011-01-25
		20%↓ 451,776,000
		③ 유찰 2011-03-02
		20%↓ 361,421,000
		④ 유찰 2011-04-05
		20%↓ 289,137,000
		⑤ 유찰 2011-05-09
		20%↓ 231,310,000
		⑥ 낙찰 2011-06-14
		    281,500,000
		(39.9%)
		- 응찰 : 4명
		- 낙찰자:박양범
		
		허가 2011-06-21
		
		종결 2011-08-29
			●법원임차조사
			
			*대지상에 이건 소유자와 소유자가 다른 지하1층 지상3층의 다세대주택(3세대) 1동이 소재 하므로 동 제시외 다세대 주택 건물에 대한 점유관계등은 조사 하지 아니함
				저당권 임은정
				2007.06.25
				250,000,000
				저당권 정덕자
				2007.11.22
				150,000,000
				압 류 서울시용산구
				2008.12.16
				임 의 강동농협
				2010.08.25
				+청구액:155,076,979원
				
				등기부채권총액
				400,000,000원
				
				열람일자 : 2010.09.20

여주4계 2010-15689[3] 상세정보

병합/중복	중복:2011-660(하나은행), 2011-1557(서울원예농협)				
경 매 구 분	강제(기일)	채 권 자	양석우	낙 찰 일 시	11.04.25 (종결:11.06.13)
용 도	임야	채무/소유자	김도훈외6	낙 찰 가 격	375,500,000
감 정 가	586,384,860	청 구 액	159,000,000	경매개시일	10.12.14
최 저 가	375,286,000 (64%)	토지총면적	10941.86 ㎡ (3309.91평)	배당종기일	11.03.14
입찰보증금	10% (37,528,600)	건물총면적	0 ㎡ (0평)	조 회 수	금일1 공고후60 누적170
주 의 사 항	· 지분매각 · 2011.02.28 공유자 이주연 공유자우선매수신고서 제출 (본 물건번호에 적용여부 확인요망)				

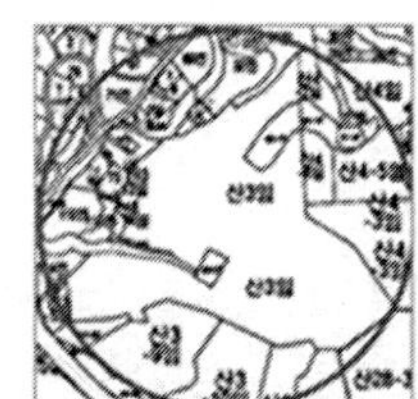

- 물건사진 1
- 지번·위치 1
- 구 조 도 0

우편번호및주소/감정서	물건번호/면 적 (㎡)	감정가/최저가/과정	임차조사	등기권리

476-893
경기 양평군 개군면 구미리 113-5
 	
●감정평가서정리
- 후미개마을남동측인근
- 주위마을주변주택,음식업소,농경지,임야등혼재
- 인근차량접근가능
- 대중교통사정보통
- 북서하향완금경사의 부정형토지,자연림
- 남서측인근4-5m도로 개설
- 자연보전권역
- 배출시설설치제한지역
- 한강폐기물매립시설 설치제한지역
- 한강수변구역
- 수질보전특별대책지역1권역
- 계획관리지역
- 지분자별위치확인불 가능함
 	
- 보전관리지역
 	
2010.12.24 조양감정
 	
표준공시지가: 7,000
감정지가: 51,000
	물건번호: 3 번
	(총물건수 3건)
	
	3)임
	야 10941.86/31202
	(3309.91평)
	(39668/509031 김경원,
	59502/509031 김도훈, 39668/509031 김예리,
	39668/509031 김지원 지분)
	제시외사과나무약 350주, 복숭아나무 약350주, 소나무약 70주770주소재 분묘확인안되나재 확인바람
	입목포함
		감정가 586,384,860
		· 토지 558,034,860
		(95.17%)
		(평당 168,595)
		
		· 수목 28,350,000
		(4.83%)
		
		최저가 375,286,000
		(64.0%)
		
		●경매진행과정
		            586,384,860
		① 유찰 2011-02-28
		20%↓ 469,108,000
		② 유찰 2011-03-28
		20%↓ 375,286,000
		③ 낙찰 2011-04-25
		
		            375,500,000
		(64%)
		- 응찰 : 1명
		- 낙찰자:홍건돌
		
		허가 2011-05-02
		납부 2011-05-31
		
		종결 2011-06-13
			●법원임차조사	저당권 하나은행
				테헤란로
				2007.12.03
				120,000,000
				저당권 개군농협
				2010.07.29
				390,000,000
				저당권 홍권돌
				2010.11.15
				1,200,000,000
				가압류 외환은행
				대치동
				2010.12.09
				361,444,057
				가처분 양석우
				2010.12.13
				2010 카합 677 수
				원지법 여주지원
				홍권돌저당가처
				내역보기
				강 제 양석우
				2010.12.14
				·청구액:159,000,000원
				저당권 양평군산림조합
				2010.12.15
				280,000,000
				가압류 서울보증보험
				경인신용지원
				2011.01.04
				2,795,156,250
				임 의 하나은행
				여신관리부
				2011.01.18
				
				등기부채권총액
				5,146,600,307원

CHAPTER 5

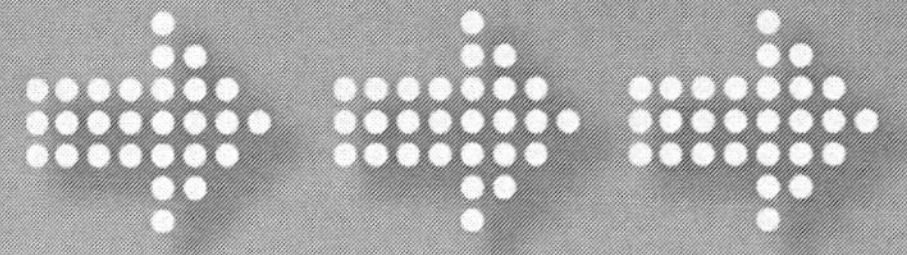

법정지상권

1. 지상권의 의의

지상권이란 타인의 토지에서 건물, 기타 공작물이나 수목을 소유하기 위하여 그 토지를 사용 할 수 있는 권리(민법 제279조)

1) 지상권은 타인의 토지에 대한 권리이다.

2) 지상권은 건물 기타 공작물이나 수목을 소유하기 위한 권리이다.

① 공작물이란 건물을 비롯하여 도로, 연못, 가교, 각종의 탑(광고탑), 전주, 기념비, 담 등의 지상의 공작물뿐 아니라 지하철, 터널, 우물, 지하호 등의 지하공작물도 포함한 지상 및 지하에 인공적으로 설치된 모든 건축물 내지 설비를 말한다,

② 수목이라 함은 식림의 대상이 되는 식물을 말하며, 경작의 대상이 되는 식물은 포함되지 않는다고 하는 것이 일반적인 견해이다.

3) 지상권은 이와 같은 목적을 위하여 타인의 토지를 사용하는 권리로서 이것을 용익물권이라 한다.

지상권이 미치는 토지의 범위는 공작물 또는 수목의 부지뿐만 아니라 그들이 소유하는 목적을 달성하는데 필요한 범위에서 주위의 공지도 포함하는 것이 원칙이다. 지상권은 토지사용권이므로 토지를 점유할 수 있는 권리를 포함하며, 토지의 소유자가 토지를 사용하는 것과 마찬가지로 상린관계의 규정이 준용된다.

4) 지상권은 용익물권이다, 즉 토지소유자에 대한 권리가 아니라 직접 그 객체
   인 토지를 지배하는 권리이다.

   토지소유자가 변경되더라도 지상권은 그대로 유지되며 지상권의 양도나 전대를 하는
   데도 소유자의 동의가 필요 없으며 양도성과 상속성을 가진다.

5) 토지의 사용대가인 지료의 지급은 지상권의 요소가 아니다. 임차권과는 달
   리 무상의 지상권도 있을 수 있다.

   토지의 금융권 대출 시 금융권에서는 통상 저당권과 지상권을 동시에 설정하는데 그
   때의 지상권은 용익목적의 지상권이 아니고 저당권을 보호하기 위한 지상권이기때문에
   지료는 '없음'으로 무상의 지상권을 설정한다.

6) 지상권과 임차권의 차이

① <u>지상권은 배타성을 가지고 토지를 지배할 수 있는 물권인데 반하여, 임차권은 임대
   인에 대하여 토지를 사용 수익하게 할 것을 청구할 수 있는 채권</u>이다.
   이점이 양자의 본질적인 차이점이다.

② 지상권은 물권으로서 제3자에 대하여 대항할 수 있으나 임차권은 채권이므로 그러
   한 대항력을 가지지 못하는 것이 보통이다.
   (다만, 등기된 임차권이나 주, 상임대차보호법 등에 의하여 대항력을 취득한 임차인
   은 예외적으로 제3자에게 대항 할 수 있다.)

③ 토지소유권이 양도되면 새로운 소유자는 지상권에 대하여 구속되지만 임차권에의

하여서는 구속되지 않는다, 따라서 임차인에 대하여 양수인은 토지인도를 청구 할 수 있다.

④ 지상권은 양도성이 있으며 자유로이 양도, 임대. 또는 담보로 제공할 수 있으나 임차권은 임대인의 동의 없이 양도 또는 전대 할 수 없다.

⑤ 존속기간에 대해서는 지상권은 최장기의 제한은 없고 최단기의 제한이 있으며, 임차권은 최장기 제한을 받아 20년을 넘지 못한다. (민법 제651조)
기간을 약정하지 않은 경우에 지상권은 토지의 사용목적에 따라 민법 제280조의 규정에 의한 최단존속기간을 그 존속기간으로 하게 되나 임대차에 있어서는 각 당사자가 언제든지 계약해지의 통보를 할 수 있다.

⑥ 지상권은 2년 이상의 지료가 연체된 때에 그 소멸청구를 할 수 있으나 임차권에 있어서는 2기 이상의 차임을 연체할 경우 계약을 해지 할 수 있다.

2 지상권의 종류

지상권은 일반 설정계약에 의한 지상권과 토지의 상하의 일부, 즉 층을 구분하여 그 일부를 객체로 하는 구분지상권, 특히 법률규정에 의하여 인정되고 있는 법정지상권, 관습법에 의하여 성립되는 분묘기지권과 관습법상의 법정지상권 등이 있다. 이들 중 구분지상권과 관습법상지상권을 특수지상권이라고도 한다.

1) 설정행위(계약관계)에 의한 지상권

지상권설정계약 + 지상권등기 = 지상권성립

지상권은 토지소유자와 그 토지를 이용하고자 하는 자와의 사이에 지상권을 설정해서 즉, 설정계약을 통해서 성립하는 일반의 지상권을 말한다.

2) 법정지상권

① 지상권은 법률행위와 설정계약에 의하여 성립하는 것이 원칙이지만, 저당권 실행에 따른 경매로 토지, 건물의 소유자가 다르게 된 경우 민법 제366조의 법률 규정에 의하여 당연히 지상권의 성립을 인정하고 있는데 이때 성립하는 지상권을 법정지상권이라 한다.

② 이것은 토지와 건물을 각각 별개의 부동산으로 취급하고 있는 우리나라 법제의 특수성에 기인한다고 볼 수 있고, 아직 경제적 효용가치가 있는 건물이 철거되는 등 불합리를 시정하고 건물의 가치를 계속 유지하는 것이 사회, 경제적으로 바람직하다는 점 등을 감안하여 그 결함을 시정하기 위한 법적 보완 장치로 법정지상권 제도를 두게 된 것이다.

3) 관습법상 법정지상권

① 판례는 다음 네 가지의 법정지상권 외에도 일정한 요건 하에 관습법상 당연히 법정지상권이 성립됨을 인정하고 있는데 이것을 관습법상의 법정지상권이라 한다.

② 우리의 민법은 일정한 조건하에서 민법에서 규정하고 있는 요건을 갖추지 않았다고 하더라도 토지와 건물이 같은 소유자에게 속하였다가 그 건물이나 토지가 매각되

거나, 그 외의 원인으로 인하여 양자의 소유자가 다르게 될 때에는 특히 그 건물을 철거한다는 조건이 없는 이상 당연히 건물소유자는 토지소유자에 대하여 소위 관습에 의한 법정지상권을 취득하게 됨을 인정하고 있다.

③ 즉 토지와 건물이 동일인에게 속하였다가 그 중 어느 하나가 매매, 상속, 증여, 대물변제, 강제경매, 공매 등 기타의 일정 원인에 의하여 각각 소유자를 달리하게 된 때에는 그 건물을 철거한다는 특약이 없는 한, 건물소유자가 당연히 취득하게 되는 법정지상권을 관습법상 법정지상권이라 한다.

④ 성립요건

· 토지와 건물이 동일인의 소유에 속하고 있어야 한다.
토지와 건물이 각각 소유자를 달리하고 있는 때에는 법정지상권은 성립할 여지가 없다. 타인 소유의 토지 위에 건축한 건물, 즉 대지 소유자의 승낙을 얻어 지은 건물을 매수하거나 취득한 자는 법정지상권을 취득할 수 없다.

· 토지 건물 중의 하나가 매매 기타의 원인으로 처분되어 토지와 건물의 소유자가 다르게 되어야 한다.
소유자가 다르게 되는 원인으로는 매매, 상속, 증여, 대물변제, 국세징수법에 의한 공매, 강제경매 등을 판례는 예로 들고 있다.

> **TIP**
> 저당권의 실행인 임의경매는 관습법상 법정지상권의 발생사유가 아니고 민법 제366조에 의한 법정지상권이 발생된다.

· 당사자 사이에 건물을 철거한다는 특약이 없어야 한다.

4) 구분지상권 (계약관계)

일정공간의 지하 또는 지상의 공간을 상하의 범위를 정하여 건물 기타 공작물을 소유하기 위한 공중권 및 지중권 또는 지하권이라고 할 수 있고 이 구분지상권 역시 등기를 할 수 있다. (민법 제289조의2)

① 보통의 지상권의 객체가 되는 것은 토지의 상하이다.
그러나 구분지상권은 토지의 상, 하 어떤 층만을 객체로 한다는 점에서 다르다. 보통지상권이 1필의 토지의 일부에 설정할 수 있듯이 구분지상권도 1필의 토지 가운데서 일부의 어떤 층만을 설정하는 것이 가능하다.

② 구분지상권은 공작물을 소유하기 위해서만 설정할 수 있고, 수목을 소유하기 위해서는 설정할 수 없다.
구분지상권의 설정 목적이 되는 공작물로서는 건물, 터널, 도로, 지하철, 고가도로, 송전선로, 교량, 각종의 탑 등을 들 수 있다.

③ 구분지상권은 타인의 토지의 상하를 사용하기 위한 물권이다.

④ 구분지상권의 필요성
토지의 평면적 이용차원을 넘어서 과학과 기술의 발달에 따라 공중 및 지하공간을 활용할 필요성이 대두되었고, 토지이용의 입체화 및 토지의 최유효이용 차원에서 구분지상권의 설정이 필요하게 되었다.

⑤ 보통의 지상권은 토지의 상하전체를 객체로 함에 따라 지상 또는 지하의 일부분이 필요한 경우에 까지 보통의 지상권을 설정하게 되면 필요 이상으로 토지 이용을 제한하게 되어 비경제적이라는 비난을 면하기 어려운 실정이므로 공중이나 지중의 일부에만 한정적으로 토지소유이용권을 제한하여 지상권의 목적을 달성할 수 있으므

로 이러한 구분지상권 제도를 두게 된 것이다.

⑥ 구분지상권의 설정

일반지상권과 마찬가지로 당사자 사이의 설정계약과 물권적 합의에 의하여 설정등기를 함으로써 취득한다.

구분지상권의 객체는 어떤 층에 한정되므로 층의 한계, 즉 상하의 범위를 반드시 정해서 등기하여야한다. (지상 또는 지하○○미터~○○미터까지 등)

⑦ 구분 지상권의 효력

민법 제280조 내지 제289조 및 제1항의 규정은 제289조의 2의 규정에 의한 구분지상권에 관하여 이를 준용한다고 규정하여 일반지상권과 마찬가지의 효력을 인정하고 있다. 다만, 수목을 소유하기 위한 구분지상권의 설정은 허용되지 않는다.

구분지상권자는 설정행위에서 정하여지는 범위 내에서 토지를 사용할 권리를 갖고 구분지상권이 미치지 않는 그 외의 부분은 토지소유자가 사용권을 갖게 된다. 특약으로 구분지상권의 행사를 위하여 토지소유자의 사용권을 제한할 수도 있다. 그 제한사항을 등기하면 제3자에게도 대항할 수 있다.

구분지상권이 미치지 못하는 토지부분에 대하여는 토지소유자 또는 용익권자가 사용권을 갖는다. 상호관계는 상린관계의 규정이 준용된다고 보면 될 것이다.
구분지상권에 기하여 토지에 부속된 공작물은 토지에 부합하지 않는다.
따라서 소유권은 구분지상권자가 보유하게 된다.
이 또한 일반지상권의 효력과 다르다고 볼 수 있다.

3 지상권의 취득

1) 법률행위에 의한 지상권의 취득(설정계약에 의한 지상권 취득)

지상권의 취득은 토지소유자와 그 토지를 이용하고자 하는 자와의 사이에 지상권을 설정해서 즉, 설정계약을 통해서 성립하는 것이 원칙이다.

지상권은 설정계약에 포함되어 행하여지는 물권적 합의와 등기에 의하여 성립하고 취득된다. 설정계약 이외의 법률행위에 의한 취득으로는 유언과 지상권의 양도 등에 의한 취득이다.

이것도 물권변동의 일반원칙에 따라 등기를 하는 때에 지상권이 취득되고 양도된다.

2) 법률행위에 의하지 않는 취득(법률의 규정에 의한 지상권취득)

상속, 판결, 경매, 공용징수, 취득시효 등과 같이 법률의 규정에 의하여 지상권이 취득될 수 있다.

① 법정지상권

법률의 규정에 의하여 당연히 지상권의 성립이 인정되는 경우를 말한다.

이것은 토지와 건물을 각각 별개의 부동산으로 취급하고 있는 우리나라 법제의 특수성에 기인하는 결함을 시정하기 위한 제도이며, 이를 법정지상권이라 한다. 현행법이 규정하고 있는 법정지상권이 성립하는 경우는 민법 제305조 제366조의 규정에 의한 법정지상권이 인정되며,

② 토지와 그 지상의 건물이 동일 소유자에게 속하는 경우에 그 토지 또는 건물에만

가등기담보, 양도담보권 또는 매도담보권이 설정된 후 이들 담보권의 실행(귀속청산)으로 토지와 건물의 소유자가 다르게 된 때(가등기 담보법 제10조)에도 건물의 소유자에게 법정지상권이 인정된다. (민법 제10조)

③ 토지와 입목이 동일인에 속하고 있는 경우에 경매 기타 사유로 토지와 입목이 각각 다른 소유자에게 속하게 된 때(입목에 관한 법률 제5조) (민법 제6조)에도 입목의 소유자에게 법정지상권이 인정된다.

④ 관습법상의 법정지상권(판례의 의하여 인정되고 있는 지상권)
관습법상의 법정지상권은 민법에 특별한 규정은 없으나, 일정한 경우에는 이른바 관습법상의 지상권이라는 것이 성립함을 인정하는 판례가 확립되어 있다. 관습법상의 지상권에는 두 가지가 있는데 하나는 분묘기지권이라고 하는 것이고, 다른 하나는 관습법상의 법정지상권이다.

4 지상권의 존속기간

지상권의 존속기간은 당사자가 설정행위에서 임의로 정할 수 있다. 민법은 최단기간에 관하여는 제한을 두고 있으나 최장기간에 관하여는 제한이 없다.

1) 설정행위로 기간을 정하는 경우 - 최단기간 (민법 제280조)

① 계약으로 지상권의 존속기간을 정하는 경우에는 그 기간은 다음 연한보다 단축하지 못한다.
  1. 석조, 석회조, 연와조 또는 이와 유사한 견고한 건물이나 수목의 소유를 목적으로 하는 때에는 30년

2. 전호이외의 건물의 소유를 목적으로 하는 때에는 15년

3. 건물이외의 공작물의 소유를 목적으로 하는 때에는 5년

② 전항의 기간보다 단축한 기간을 정한 때에는 전항의 기간까지 연장한다.

2) 설정 행위로 기간을 정하지 않은 경우

계약으로 존속기간을 정하지 않은 때에는 그 기간은 다음과 같다.
지상물의 종류와 구조에 따라 민법 제280조에 정한 최단기의 존속기간을 그 지상권의
존속기간으로 한다.(민법 제281조).

3) 계약의 갱신과 존속기간

지상권의 존속기간이 만료된 경우에 법률에 특별한 규정이 없다 라도 당사자가 계약으
로써 이전계약을 갱신할 수 있음은 계약자유의 원칙상 당연한 것이다. 그리고 지상권자
는 일정한 요건 하에 일방적으로 계약의 갱신을 청구할 수 있다. 그 요건을 보면

① 지상권이 존속기간의 만료로 소멸한 경우에 건물 기타 공작물이나 수목이 현존하
고 있어야 한다.

② 지상권갱신계약 청구가 있는 경우 지상권설정자가 그에 응하여 갱신계약을 맺음으
로써 갱신의 효력이 발생한다. 갱신청구가 있는 경우 지상권설정자는 갱신을 거절
할 수 있으나 지상권자는 상당한 가액으로 지상물의 매수를 청구할 수 있다. (민법
제283조 제2항)
결국 지상권설정자는 갱신청구에 응하든지 그렇지 않으면 지상물을 매수하든지 양

자택일을 하여야 하며 갱신청구에 구속될 수밖에 없다.

③ 지상권자의 갱신청구권이 생기는 것은 지상권이 소멸한 때이다.

갱신청구를 할 수 있는 기간에 대하여 아무 규정이 없으나 지상권의 존속기간 만료 후 지제 없이 행사하여야 한다고 보는 견해가 유력하다.

갱신청구권을 행사하지 않을 경우 갱신청구권은 불행사로 소멸하게 되고 매수청구권도 소멸하게 된다. (민법 제283조)

5 지상권의 효력

1) 지상권자의 토지사용권

지상권자는 설정행위로 정하여진 목적의 범위 내에서 토지를 사용하는 권리를 가진다. 부동산등기법에서 지상권의 목적은 등기하여야 한다고 규정하고 있으므로 토지사용권은 지상권의 목적에 의하여 제한을 받는다. (민법 136조)

① 토지사용권은 등기된 목적과 범위를 넘어서 사용할 수 없고 토지소유자는 소유권이 그 한도에서 제한되므로 스스로 사용할 수 없음은 물론이며, 지상권자의 토지사용을 방해해서는 안되는 소극적인 인용 의무가 있다.

② 상린관계 규정의 준용

지상권은 토지를 이용하는 권리이므로 인접하는 토지와의 이용의 조절을 꾀하는 상린관계의 규정이 당연히 준용된다.(민법 제290조).

③ 지상권자의 점유권과 물권적 청구권

지상권은 토지를 사용하는 권리이므로 토지를 점유할 권리를 가진다.

또 지상권의 내용이 실현이 방해된 때에는 반환청구권, 방해제거청구권, 방해예방
청구권 등 물권적 청구권이 생기며 이 세가지 청구권은 소유권과 다를 바 없다.

2) 지상권자의 처분권능

① 지상권자는 지상권을 양도하거나 지상권의 존속기간 내에서 토지를 임대할 수 있다.

② 지상권자는 지상권을 담보로 저당권을 설정할 수 있다.

③ 지상물을 양도한 경우에 지상권도 이전되는지에 관하여 학설상의 대립이 있으나,
다수설은 지상물을 양도하는 때에 반대의 의사표시가 없는 한 지상권도 당연히 이
전된다고 한다.

3) 지료의 지급의무

① 지료의 지급이 지상권의 성립요건은 아니다. 다만, 당사자가 계약에 의하여 지료를
지급하는 것으로 약정한 때에만 지료지급의무가 발생한다.
지료채권은 토지소유권에 속하고 지료채무는 지상권에 속한다고 한다.
지료액 또는 지급시기 등의 지료에 관한 약정은 이를 등기하여야만 제3자에 대항할
수 있다.

② 지상권의 이전이 있으면 그에 따라서 장래의 지료채무도 이전되나, 지료의 등기가
없으면 토지소유자는 새로운 지상권자에 대하여 지료채권을 가지고 대항하지 못한

다. 등기가 있으면 새로운 지상권자에게 승계되며, 2년 이상의 지료를 지급하지 않으면 지상권 설정자는 지상권의 소멸을 청구할 수 있고, 신,구 지상권자의 체납기간은 통산한다.

③ 토지소유권이 이전된 경우 지료의 등기가 없더라도 양수인은 구 소유자가 지상권자로부터 징수하고 있었던 지료를 청구할 수 있다. 지료를 증액하지 않는다는 특약이 있는 경우, 이를 등기하지 않으면 양수인에게 대항하지 못한다.

4) 미등기 건물에 대한 집행과 지상권

① 법 제81조 제2호의 규정에 따라 미등기 건물에 대한 집행이 이루어질 수 있도록 함으로써 건물의 지상권 성립과 관련하여 세심한 주의가 필요하다.
따라서 새로운 권리분석 항목이 하나 더 늘어난 셈이며 지상권의 성립과 소멸, 지료의 발생 여부, 법정지상권의 성립 여부 등 매각절차와 관련되거나 또는 절차 외부적 요인까지 검토과정이 필요하다 할 것이다.

② 규칙 제45조에서는 미지급지료 등에 관하여 건물에 대한 경매개시결정이 있는 때에 그 건물의 소유를 목적으로 하는 지상권 또는 임차권에 관하여 채무자가 지료나 차임을 지급하지 아니하는 때에는, 압류채권자는 법원의 허가를 받아 채무자를 대신하여 미지급된 지료 또는 차임을 변제할 수 있다고 규정하고, 이때 지급한 지료 또는 차임은 집행비용으로 한다 하여 최선순위로 매각대금에서 배당을 받을 수 있도록 하고 있다.

③ 지료증감 청구권
지료액은 원칙적으로 당사자의 합의에 의하여 정하여진다. 그러나 경제사정의 변동이나 조세 기타 부담의 증감, 지가의 등으로 지료액이 상당하지 않을 경우 민법은 양당사자에게 지료의 증감청구권을 인정하고 있다.

지료증감청구권은 형성권이라고 하는데 학설은 일치하고 있다. (민법 제286조)

④ 지료체납의 효과

지상권자가 2년 이상의 지료를 지급하지 아니한 때에는 지상권설정자는 지상권의 소멸을 청구할 수 있다.

6 지상권의 소멸

1) 지상권은 물권 일반의 소멸사유인 토지의 멸실, 존속기간의 만료, 혼동, 소멸시효, 지상권에 우선하는 저당권 실행 등으로 인한 경매, 토지수용 등으로 소멸한다. 또 일정한 원인이 있을 경우에도 소멸한다.

① 지상권설정자의 소멸 청구

지상권자의 책임있는 사유로 체납된 지료액이 2년분 이상일 때 지상권설정자는 소멸청구를 할 수 있다. (민법 제287조)

② 지상권의 포기

지료를 지급하지 않는 무상의 지상권은 기간에 관한 약정의 유무를 떠나서 지상권자가 언제든지 자유로이 지상권을 포기할 수 있다.

포기에 의하여 토지소유자에게 손해가 생긴 때에는 그 손해를 배상하여야 하며, 지상권이 저당권의 목적인 때에는 저당권자의 동의 없이 포기하지 못한다(지상권의 포기는 포기의 의사표시와 말소등기를 한 때에 효력이 발생함).

③ 약정소멸 사유

당사자가 소멸사유를 약정할 수 있으나 지상권자에게 불리한 약정은 효력이 없다 (강행규정).

2) 지상권 소멸의 효과

① 지상물 수거권

지상권이 소멸하면 지상권자는 건물 기타 공작물이나 수목을 수거하고 토지를 원상회복하여 토지소유자에게 반환하여야 한다. (민법제258조)

② 지상권설정자의 지상물 매수청구권

지상권자가 지상의 공작물이나 수목을 수거하게 되면 그 가치가 감소될 뿐만 아니라 사회·경제적으로 불리한 결과를 초래하게 되므로 토지소유자가 상당한 가액을 제공하여 지상물의 매수를 청구할 수 있고 지상권자는 정당한 이유 없이 이를 거절할 수 없다.

③ 유익비 상환청구권

지상권자가 유익비를 지출한 경우에는 지상권의 소멸 시에 토지소유자의 선택에 따라서 지상권자가 그 토지에 관하여 지출한 금액이나 현존하는 증가액을 상환케 할 수 있다.

이 경우에 법원은 토지소유자의 청구에 의하여 상당한 상환기간을 허여할 수 있다.(민법 제626조의 임차인의 유익비상환청구권을 유추적용). 임대차에서 인정하고 있는 필요비의 상환청구는 인정되지 않는다고 하는 것이 통설이다.

7 법정지상권의 개념

   법정지상권은 일정한 요건을 갖춘 경우에 건물의 소유자에게 비록 남의 땅이라 할지라도 그 땅을 사용 할 수 있는 권리를 부여한 경우를 지칭하는 것으로, 그 효력은 지상권과 동일하지만 지상권등기 없이도 효력이 인정된다는 점에서 다르다.

1) 성립요건

① 저당권 설정 당시에 건물이 존재할 것

건물은 저당권 설정 당시에 실제로 존재하고 있으면 되고 등기부상의 보존등기까지 되어있을 필요는 없으며, 미등기건물도 법정지상권이 성립될 수 있다.

또한 건물이 멸실, 철거 후에 재축, 신축하는 경우에도 법정지상권은 성립한다.

건물이 없는 토지에 저당권이 설정된 후 저당권설정자가 그 위에 건물을 건축하였다가 담보권의 실행을 위한 경매로 인하여 그 토지와 지상 건물의 소유자를 달리하였을 경우에는 민법 제366조의 법정지상권 뿐만 아니라 관습법상 법정지상권도 인정되지 아니한다. (대판 95마1262)

1995.12.11 선고 95마1262 부동산임의경매신청기각결정

【판시사항】

[1] 토지에 대한 저당권자가 민법 제365조에 의하여 그 지상의 미등기건물에 대한 일괄경매를 신청할 경우에 첨부하여야 할 미등기건물에 관한 증명 서류

[2] 나대지에 저당권이 설정된 후 저당권설정자가 그 위에 건물을 건축하고 경매로 인하여 그 토지와 건물의 소유자가 달라진 경우, 법정지상권의 성립 여부

【재판요지】

[1] 등기부에 채무자의 소유로 등기되지 아니한 부동산에 대하여 경매신청을 할 때에는 즉시 채무자의 명의로 등기할 수 있음을 증명할 서류를 첨부하여야 하고(민사소송법 제602조 제1항 제2호, 제728조), 미등기건물의 소유권보존등기는 가옥대장등본에 의하여 자기 또는 피상속인이 가옥대장에 소유자로서 등록되어 있는 것을 증명하는 자나 판결 또는 기타 시·구·읍·면의 장의 서면에 의하여 자기의 소유권을 증명하는 자 및 수용으로 인하여 소유권을 취득하였음을 증명하는 자만이 이를 신청할 수 있는 것이므로(부동산등기법 제131조), 토지에 대한 저당권자가 민법 제365조에 의하여 그 지상의 미등기건물에 대하여 토지와 함께 경매를 청구하는 경우에는 지상 건물이 채무자 또는 저당권설정자의 소유 임을 증명하는 서류로서 부동산등기법 제131조 소정의 서면을 첨부하여야 한다.

[2] 건물 없는 토지에 저당권이 설정된 후 저당권설정자가 그 위에 건물을 건축하였다가 담보권의 실행을 위한 경매절차에서 경매로 인하여 그 토지와 지상 건물이 소유자를 달리하였을 경우에는, 민법 제366조의 법정지상권이 인정되지 아니할 뿐만 아니라 관습상의 법정지상권도 인정되지 아니한다.

② 저당권이 설정될 당시에 토지와 건물의 소유자가 동일하여야 한다.

저당권설정 당시에 소유자가 동일하면 그 후에 토지와 건물이 다른 소유자에게 속하여도 무방하다.

③ 토지와 건물이 어느 한쪽에 저당권이 설정되거나 양자위에 저당권이 설정되어야 하며 경매로 인하여 소유자가 달라질 것.

판례는 민법 제366조의 경매는 담보권실행경매만을 의미하고, 통상의 강제경매는 관습상법정지상권으로 인정될 뿐으로 본다.

2) 법정지상권과 건물의 개념

① 판례는 건물의 개념을 "최소한의 기둥과 주벽 그리고 지붕공사가 끝나 사회 통념상 독립된 부동산으로 취급될 수 있을 만큼의 건축에 이른 경우"로 정의하여, 이러한 경우에는 비록 짓다 만 채로 방치되어도 건물로 인정한다.
더 나아가 건물이 미등기인지, 무허가인지도 전혀 고려 대상이 아니다.

② 또한 "토지에 저당권이 설정될 당시 그 지상건물이 독립된 부동산으로서 취급 될 수 있을 만큼은 아니더라도, 외형상 건축물의 규모나 종류를 예측할 수 있을 만큼 건축이 진전된 경우"에는 그 건물을 위하여 법정지상권이 성립한다고 판시

2004.2.13 선고 2003다29043 지장물 철거

【판시사항】

[1] 토지에 관한 저당권설정 당시 토지 소유자에 의하여 그 지상에 건물이 건축 중이었던 경우 법정지상권이 인정되기 위한 건물의 요건
[2] 건물의 등기부상 소유명의를 타인에게 신탁한 토지소유자가 민법제366조 소정의 법정지상권을 취득할 수 있는지 여부(소극)

【재판요지】

[1] 민법 제366조의 법정지상권은 저당권설정 당시 동일인의 소유에 속하던 토지와 건물이 경매로 인하여 양자의 소유자가 다르게 된 때에 건물의 소유자를 위하여 발생하는 것으로서, 토지에 관하여 저당권이 설정될 당시 토지 소유자에 의하여 그 지상에 건물을 건축 중이었던 경우 그것이 사회 관념상 독립된 건물로 볼 수 있는 정도에 이르지 않았다 하더라도 건물의 규모, 종류가 외형상 예상할 수 있는 정도까지 건축이 진전되어 있었고, 그 후 경매절차에서 매수인이 매각대금을 다 낸 때까지 최소한의 기둥과 지붕 그리고 주벽이 이루어지는 등 독립된 부동산

<u>으로서 건물의 요건을 갖추어야 법정지상권의 성립이 인정된다.</u>

[2] 건물의 등기부상 소유명의를 타인에게 신탁한 경우에 신탁자는 제3자에게 그 건물이 자기의 소유임을 주장할 수 없고, 따라서 그 건물과 부지인 토지가 동일인의 소유임을 전제로 한 법정지상권을 취득할 수 없다.

③ 판단대상이 되는 건물이 구분소유의 대상이 되는 독립된 건물로 이루어진 집합건물이라면 <u>구분소유 대상건물을 하나의 독립된 건물로 보아 그 구분건물을 대상으로 건물의 개념을 적용</u>하고자 한다.

2003.5.30 선고 2002다21592 지상권설정등기절차이행·임료 등

【판시사항】

[1] 독립된 부동산으로서의 건물의 요건

[2] <u>신축중인 건물의 지상층 부분이 골조공사만 진행되었을 뿐이라고 하더라도 지하층 부분만으로도 독립된 건물로서의 요건을 갖추었다</u>고 본 사례

【재판요지】

[1] 독립된 부동산으로서의 건물이라고 하기 위하여는 최소한의 기둥과 지붕 그리고 주벽이 이루어지면 된다.

[2] 신축 건물이 경락대금 납부 당시 이미 지하 1층부터 지하 3층까지 기둥, 주벽 및 천장 슬라브 공사가 완료된 상태이었을 뿐만 아니라 지하 1층의 일부 점포가 일반에 분양되기까지 하였다면, 비록 <u>토지가 경락될 당시 신축 건물의 지상층 부분이 골조공사만 이루어진 채 벽이나 지붕 등이 설치된 바가 없다 하더라도, 지하층 부분만으로도 구분소유권의 대상이 될 수 있는 구조</u>라는 점에서 신축 건물은 경락 당시 미완성 상태이기는 하지만 독립된 건물로서의 요건을 갖추었다고 본 사례.

3) 저당권자의 건축동의 시 법정지상권

① 판례는 일반인들이 건축 동의에 대한 확인을 하기가 쉽지 않고, 더 나아가 건물 소
유자와 근저당권자의 공모를 통한 동의의 조작을 막을 수 없다는 것을 구체적으로
거론하고, 외부에 공시되지 않고 공시 할 방법도 없는, <u>동의라는 당사자의 내심의
의사는 고려 할 필요도 없이 저당권 설정 당시의 건물의 부존재라는 정황만으로 법
정지상권을 부인하고 있다.</u>

2003.9.5 선고 2003다26051 건물 등 철거 등

【판시사항】

지상건물이 없는 토지에 관하여 근저당권 설정 당시 근저당권자가 건물의건축에 동
의한 경우 민법 제366조의 법정지상권의 성립 여부(소극)

【재판요지】

민법 제366조의 법정지상권은 저당권 설정 당시부터 저당권의 목적되는 토지 위에
건물이 존재할 경우에 한하여 인정되며, <u>토지에 관하여 저당권이 설정될 당시 그 지
상에 토지소유자에 의한 건물의 건축이 개시되기 이전이었다면, 건물이 없는 토지에
관하여 저당권이 설정될 당시 근저당권자가 토지소유자에 의한 건물의 건축에 동의
하였다고 하더라도 그러한 사정은 주관적 사항이고 공시할 수도 없는 것이어서 토지
를 낙찰 받는 제3자로서는 알 수 없는 것이므로 그와 같은 사정을 들어 법정지상권
의 성립을 인정한다면 토지 소유권을 취득하려는 제3자의 법적 안정성을 해하는 등
법률관계가 매우 불명확하게 되므로 법정지상권이 성립되지 않는다.</u>

---

4) 토지상의 건물을 개축하거나 신축한 경우

① 판례는 "민법 제366조 소정의 법정지상권이 성립하려면 저당권 설정 당시 저당권의 목적이 되는 토지위에 건물이 존재하여야 하는데, 저당권 설정 당시의 건물을 그 후 개축, 증축한 경우는 물론이고 그 건물이 멸실되거나 철거된 후 재건축, 신축 한 경우에도 법정지상권이 성립하며, 이 경우 신 건물과 구 건물사이에 동일성이 있거나 소유자가 동일할 것을 요하는 것은 아니라 할 것이지만, 그 법정지상권의 내용인 존속기간, 범위 등은 구 건물을 기준으로 하여야 할 것이다" 라고 판시

1997.1.21 선고 96다40080 건물철거 등

【판시사항】

[1] 매수인의 의사에 따라 건물만이 매도된 경우에도 관습상의 법정지상권이 인정되는지 여부(적극)

[2] 민법 제280조 제1항 제1호 소정의 견고한 건물인지 여부의 판단 기준

[3] 법정지상권 성립 후 건물이 증·개축되거나 신축된 경우, 법정지상권의 효력이 미치는지 여부(적극) 및 그 인정 범위

【재판요지】

[1] 토지 또는 건물이 동일한 소유자에게 속하였다가 그 건물 또는 토지가 매매 기타의 원인으로 인하여 양자의 소유자가 다르게 된 때에 그 건물을 철거한다는 조건이 없는 이상 건물소유자는 토지소유자에 대하여 그 건물을 위한 관습상의 법정지상권을 취득하는 것이고, 자기의 의사에 의하여 건물만의소유권을 취득하였다고 하여 관습상의 법정지상권을 취득할 수 없는 것은 아니다.

[2] 민법 제280조 제1항 제1호가 정하는 견고한 건물인지의 여부는 그 건물이 갖고 있는 물리적, 화학적 외력, 화재에 대한 저항력 및 건물해체의 난이도 등을 종합하여 판단하여야 한다.

[3] 민법 제366조 소정의 법정지상권이나 관습상의 법정지상권이 성립한 후에 건물을 개축 또는 증축하는 경우는 물론 건물이 멸실되거나 철거된 후에 신축하는 경우에도 법정지상권은 성립하나, 다만 그 법정지상권의 범위는 구 건물을 기준으로 하여 그 유지 또는 사용을 위하여 일반적으로 필요한 범위내의 대지 부분에 한정된다.

② 경매에서 대지만 나온 경우 그 대지상의 있는 현재의 건물이 건평도 넓고 번쩍번쩍한 빌딩이라 해도 저당권 설정 당시 존재했던 구 건물이 작고 허름한 무허가 주택에 불과했다면 법정지상권의 성립범위는 구 건물을 기준으로 하는 만큼, 적정가로 낙찰을 받는다면 낙찰자가 유리한 카드를 쥐고 건물주와 협상에서 고수익을 올릴 수도 있을 것이다.

5) 법정지상권과 유치권

① 법정지상권 성립여부와 유치권의 성립여부는 한꺼번에 검토가 가능한데, 즉 법정지상권이 성립되지 않아 철거될 운명에 놓여있는 건물에는 유치권도 성립되지 않는다. 법정지상권이 성립되지 않으면, 건물의 존재 자체가 토지소유자에게는 불법이여서 위 불법건물을 점유하는 유치권자들의 점유 또한 불법점유가 된다.
당연히 불법점유로는 유치권을 주장 할 수 없다.

② 이와 같은 물건의 해법은 건물소유자를 상대로 건물철거 및 토지인도소송을 제기하고 토지 인도 시 까지 지료를 병합해 청구하며, 유치권자들에게는 건물에서 퇴거하라는 청구를 한다.
여기서 유치권은 쟁점이 아니며 법정지상권의 성부만을 심리하게 된다.

따라서 소송 중에 원만한 협상을 이끌어 낸다면 토지와 그 위 지상물을 헐값에 취득하여 고수익을 창출 할 수 있을 것이다.

8 법정지상권 등에 대한 대책

1) 법정지상권의 조사

법정지상권 성립여지가 있는 물건을 응찰 시는 <u>은행대출 담당자와 면담하여 저당권 설정 당시 건물의 존재 여부를 직접 알아내거나, 건축물대장을 열람하거나 구청을 방문하여 건축허가 및 착공과 관련된 사항들을 확인해보고 저당권설정일자와 비교해야 한다.</u>

물론 <u>저당권 뒤에 지상권이 담보 목적으로 함께 설정된 경우는 거의 저당권 설정 당시에 건물이 존재하지 않았다고 봐도 무방하다.</u>
건물을 축조하기 위해서는 순서상 지상권자의 동의를 받아야 하기 때문이다.

2) 철거대상 건물이 있는 토지를 낙찰 받는 경우

지상건물을 위하여 법정지상권이 인정되지 않는 경우 토지 소유자는 그 지상건물의 철거를 청구할 수 있으나, 건물을 철거하는 대신 보다 유리한 조건으로 그 건물을 매수할 수도 있고, 반대로 토지를 건물소유자에게 고가로 매도할 수도 있으므로, 이러한 토지를 취득하는 것이 수익률을 높일 수 있는 기회가 될 수 있다.

3) 법정지상권의 부담이 있는 토지를 낙찰 받으려는 경우

　법정지상권이 성립되는 경우에는 지상건물의 소유자에게 지료를 청구할 수 있는데 판례에 의하면 지료를 년7%로 하되 건축이 불가능하다는 공법상 제한을 그 토지가격의 30%를 감가사유로 본 사례가 있다. (대판 88다카18504)
또한 기간이 장기인 점을 고려한다면 지료를 수취하기위한 투자는 현명한 투자로 볼 수 없다.

　따라서 지상건축물의 소유자가 지료를 지급할 수 없을 정도의 자력이 없는 경우와 현재 거주하지 않고 있는 공가, 폐가 등의 있는 경우 등을 조사하여 법정지상권의 부담을 털어 낼 수 있다면 오히려 큰 수익을 올릴 수 있을 것이다.

　법정지상권은 위험하다. 하지만 위험할수록 이에 비례하여 수익도 커질 수 있다.
무지한 자에게는 위험으로, 이를 제대로 인지하고 대책까지 마련한 지혜로운자에게는 훌륭한 투자기회임은 틀림없다.

🏠 법정지상권 관련 판례

1999.9.3 선고 99다24874 지료

【판시사항】

[1] 지상권 설정 시 지료에 관한 약정이 없는 경우, 지료의 지급을 청구할 수 있는지 여부(소극)

[2] 지상권에 있어서 유상인 지료에 관한 약정을 제3자에게 대항하기 위하여는 이를 등기하여야 하는지 여부(적극) 및 지료에 관하여 등기되지 않은 경우에는 지료증액청구권도 발생하지 않는지 여부(적극)

【재판요지】

[1] 지상권에 있어서 지료의 지급은 그의 요소가 아니어서 지료에 관한 유상 약정이 없는 이상 지료의 지급을 구할 수 없다.

[2] 지상권에 있어서 유상인 지료에 관하여 지료액 또는 그 지급시기 등의 약정은 이를 등기하여야만 그 뒤에 토지소유권 또는 지상권을 양수한 사람 등 제3자에게 대항할 수 있고, 지료에 관하여 등기되지 않은 경우에는 무상의 지상권으로서 지료증액청구권도 발생할 수 없다.

【판시사항】

[1] 법정지상권에 관한 지료가 결정되지 않은 경우, 지료 지급이 2년 이상 연체되었다는 이유로 지상권소멸청구를 할 수 있는지 여부(소극) 및 지료에 관한 당사자 사이의 약정 혹은 법원의 결정이 제3자에게도 효력이 미치기 위한요건

[2] 토지의 양수인이 지상권자의 지료 지급이 2년 이상 연체되었음을 이유로지상권소멸청구를 함에 있어서 종전 소유자에 대한 연체기간의 합산을 주장할 수 있는지 여부(소극)

【재판요지】

[1] 법정지상권의 경우 당사자 사이에 지료에 관한 협의가 있었다거나 법원에 의하여 지료가 결정되었다는 아무런 입증이 없다면, 법정지상권자가 지료를 지급하지 않았다고 하더라도 지료 지급을 지체한 것으로는 볼 수 없으므로 법정지상권자가 2년 이상의 지료를 지급하지 아니하였음을 이유로 하는 토지소유자의 지상권소멸청구는 이유가 없고, 지료액 또는 그 지급시기 등 지료에 관한 약정은 이를 등기하여야만 제3자에게 대항할 수 있는 것이고, 법원에 의한 지료의 결정은 당사자의 지료결정청구에 의하여 형식적 형성소송인 지료결정판결로 이루어져야 제3자에게도 그 효력이 미친다.

[2] 민법 제287조가 토지소유자에게 지상권소멸청구권을 부여하고 있는 이유는 지상권은 성질상 그 존속기간 동안은 당연히 존속하는 것을 원칙으로 하는 것이나, 지상권자가 2년 이상의 지료를 연체하는 때에는 토지소유자로 하여금 지상권의 소멸을 청구할 수 있도록 함으로써 토지소유자의 이익을 보호하려는 취지에서 나온 것이라고 할 것이므로, 지상권자가 그 권리의 목적이 된 토지의 특정한 소유자에 대하여 2년분 이상의 지료를 지불하지 아니한 경우에 그 특정의 소유자는 선택에 따라 지상권의 소멸을 청구할 수 있으나, 지상권자의 지료 지급 연체가 토지소유권의 양도 전후에 걸쳐 이루어진 경우 토지양수인에 대한 연체기간이 2년이 되지 않는다면 양수인은 지상권소멸청구를 할 수 없다.

1999.11.23 선고 99다52602 부당이득금 등

【판시사항】

토지에 저당권을 설정할 당시 그 지상에 건물이 존재하였고 그 양자가동일인의 소유였다가 그 후 저당권의 실행으로 토지가 낙찰되기 전에 건물이제3자에게 양도된 경우, 건물을 양수한 제3자가 법정지상권을 취득하는지 여부(적극)

【재판요지】

토지에 저당권을 설정할 당시 토지의 지상에 건물이 존재하고 있었고 그 양자가 동일 소유자에게 속하였다가 그 후 저당권의 실행으로 토지가 낙찰되기 전에 건물이 제3자에게 양도된 경우, 민법 제366조 소정의 법정지상권을 인정하는 법의 취지가 저당물의 경매로 인하여 토지와 그 지상 건물이 각 다른 사람의 소유에 속하게 된 경우에 건물이 철거되는 것과 같은 사회경제적 손실을 방지하려는 공익상 이유에 근거하는 점, 저당권자로서는 저당권설정 당시에 법정지상권의 부담을 예상하였을 것이고 또 저당권설정자는 저당권설정 당시의 담보가치가 저당권이 실행될 때에도 최소한 그대로 유지되어 있으면 될 것이므로 위와 같은 경우 법정지상권을 인정하더라도 저당권자 또는 저당권설정자에게는 불측의 손해가 생기지 않는 반면, 법정지상권을 인정하지 않는다면 건물을 양수한 제3자는 건물을 철거하여야 하는 손해를 입게 되는 점 등에 비추어 위와 같은 경우 건물을 양수한 제3자는 민법 제366조 소정의 법정지상권을 취득한다.

【판시사항】

[1] 상가아파트 건물의 1층 옥상 위에 일정 층수까지 건물을 추가로 신축하기 위한 공간을 사용할 수 있는 내용의 구분지상권을 가진 자가 건물 1층위에 2·3층에 해당하는 건물을 준공하여 이를 분양하면서 수분양자에게 2·3층 건물의 존립 및 사용·수익에 필요한 구분지상권도 일체로서 양도한 것으로 본 사례

[2] 지상권의 존속기간을 영구로 약정할 수 있는지 여부(적극)

【재판요지】

[1] 상가아파트 건물의 1층 옥상 위에 일정 층수까지 건물을 추가로 신축하기 위한 공간을 사용할 수 있는 내용의 구분지상권을 가진 자가 건물 1층 위에 2·3층에 해당하는 건물을 준공하여 이를 분양하면서 수분양자에게 2·3층 건물의 존립 및 사용·수익에 필요한 구분지상권도 일체로서 양도한 것으로 본 사례.

[2] 민법상 지상권의 존속기간은 최단기만이 규정되어 있을 뿐 최장기에 관하여는 아무런 제한이 없으며, 존속기간이 영구(永久)인 지상권을 인정할 실제의 필요성도 있고, 이러한 지상권을 인정한다고 하더라도 지상권의 제한이 없는 토지의 소유권을 회복할 방법이 있을 뿐만 아니라, 특히 구분지상권의 경우에는 존속기간이 영구라고 할지라도 대지의 소유권을 전면적으로 제한하지 아니한다는 점 등에 비추어 보면, 지상권의 존속기간을 영구로 약정하는 것도 허용된다.

1993.6.29 선고 93다10781 지료금

【판시사항】

[1] 관습상의 법정지상권도 2년분 이상의 지료를 연체할 경우 민법 제287조에 따른 지상권소멸청구의 의사표시에 의하여 소멸하는지 여부(적극)

[2] 토지소유자가 지상권자의 지료연체를 이유로 지상권소멸청구를 하여 지상권이 소멸된 경우 지상물매수청구권의 인정 가부(소극)

【판결요지】

[1] 관습상의 법정지상권에 대하여는 다른 특별한 사정이 없는 한 민법의 지상권에 관한 규정을 준용하여야 할 것이므로 지상권자가 2년분 이상의 지료를 지급하지 아니하였다면 관습상의 법정지상권도 민법 제287조에 따른 지상권소멸청구의 의사표시에 의하여 소멸한다.

[2] 민법 제283조 제2항 소정의 지상물매수청구권은 지상권이 존속기간의 만료로 인하여 소멸하는 때에 지상권자에게 갱신청구권이 있어 그 갱신청구를 하였으나 지상권설정자가 계약갱신을 원하지 아니할 경우 행사할 수 있는 권리이므로, 지상권자의 지료연체를 이유로 토지소유자가 그 지상권소멸청구를 하여 이에 터잡아 지상권이 소멸된 경우에는 매수청구권이 인정되지 않는다.

1979.8.28 선고 79다1087 건물철거 등

[1] 경매에 의하여 이전된 지상권의 대항력

【판결요지】

[1] 건물 소유를 위하여 법정지상권을 취득한 자로부터 경매에 의하여 그 건물의 소유권을 이전받은 경락인은 위 지상권도 당연히 이전받았다 할 것이고 이는 그에 대한 등기가 없어도 그 후에 담보 토지를 전득한 자에 대하여 유효하다.

【판시사항】

[1] 타인의 토지 위에 권한 없이 건물을 소유하고 있는 자가 반환할 차임 상당액의 부당이득을 산정함에 있어, 그 건물이 존재하는 사정을 참작할 것인지 여부

[2] 법정지상권자가 지급할 지료를 산정함에 있어, 그 건물이 건립되어 있어 토지 소유권이 제한받는 사정을 참작하여야 하는지 여부

[3] 법정지상권이 있는 건물의 양수인이 대지의 점거사용으로 얻은 실질적 이득을 대지 소유자에게 부당이득으로 반환해야 하는지 여부

【판결요지】

[1] 타인 소유의 토지 위에 소재하는 건물의 소유자가 법률상 원인 없이 토지를 점유함으로 인하여 토지의 소유자에게 반환하여야 할 토지의 차임에 상당하는 부당이득 금액을 산정하는 경우에, 특별한 사정이 없는 한 토지 위에 건물이 소재함으로써 토지의 사용권이 제한을 받는 사정은 참작할 필요가 없다.

[2] 법정지상권자가 지급할 지료를 정함에 있어서 법정지상권 설정 당시의 제반 사정을 참작하여야 하나, 법정지상권이 설정된 건물이 건립되어 있음으로 인하여 토지의 소유권이 제한을 받는 사정은 참작·평가하여서는 안된다.

[3] 법정지상권이 있는 건물의 양수인으로서 장차 법정지상권을 취득할 지위에 있어 대지소유자의 건물철거나 대지인도 청구를 거부할 수 있는 지위에 있는 자라고 할지라도, 그 대지의 점거사용으로 얻은 실질적 이득은 이로 인하여 대지 소유자에게 손해를 끼치는 한에 있어서는 부당이득으로서 이를 대지소유자에게 반환할 의무가 있다.

⌂ 실전분석

남부10계 2010-27233 상세정보

과거사건	남부5계 2008-12337				

경매구분	임의(기일)	채 권 자	이병태	낙 찰 일 시	11.06.21 (종결:11.09.01)
용 도	대지	채무/소유자	김영수	낙 찰 가 격	292,100,000
감 정 가	450,224,000	청 구 액	25,000,000	경매개시일	10.12.14
최 저 가	288,143,000 (64%)	토지총면적	152 ㎡ (45.98평)	배당종기일	11.02.25
입찰보증금	10% (28,814,300)	건물총면적	0 ㎡ (0평)	조 회 수	금일1 공고후104 누적326

주 의 사 항	·법정지상권 ·본건 대지위에 매각대상 아닌 제시외 건물인 벽돌조 슬래브지붕 3층 건물 연면적 약 150.96㎡가 소재함 ·매각대상 아닌 지상건물을 위하여 이 사건 토지의 대지부분에 법정지상권이 성립할 여지가 있음

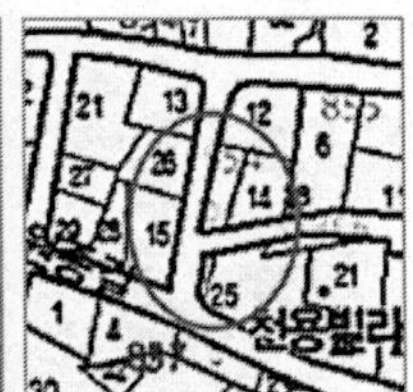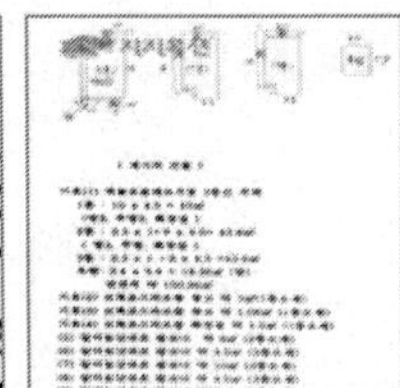

■ 물건사진 3
■ 지번·위치 2
■ 구 조 도 1

우편번호및주소/감정서	물건번호/면 적 (㎡)	감정가/최저가/과정	임차조사	등기권리

150-070
서울 영등포구 대림동
854-20
 	
●감정평가서정리
- 대동초등교동측인근
- 주위단독주택,다세대
  및다가구주택등형성
  된주택지대
- 차량접근가능
- 버스(정)및지하철2,7
  호선대림역인근소재
- 대중교통사정보통
- 부정형등고평탄지
- 남측4m내외도로접함,
  북측3m사도접함
- 도시지역
- 대공방어협조구역(위
  탁고도:77-257m)
- 과밀억제권역(세부사
  항:서울시청도시계획
  과문의)
- 학교환경위생정화구
  역(세부사항:남부교
  육청에반드시확인요
  망)
	물건번호: 단독물건
	
	대지 152
	(45.98평)
		감정가 450,224,000
		·토지 450,224,000
		     (100%)
		(평당 9,791,736)
		
		최저가 288,143,000
		     (64.0%)
		
		●경매진행과정
		    450,224,000
		① 유찰 2011-04-12
		
		20%↓ 360,179,000
		② 유찰 2011-05-17
		
		20%↓ 288,143,000
		③ 낙찰 2011-06-21
		
		    292,100,000
		    (64.9%)
		
		- 응찰 : 1명
		- 낙찰자:
		  초원유한회사
		
		  허가 2011-06-28
		
		  종결 2011-09-01
			●법원임차조사
			김귀남 전입 2002.04.24
			  주거
			  조사서상
			
			*동소 지상에는 3층주택
			이 소재하며 토지에대한
			경매신청이라 하는 취지
			를 부기한 경매현황조사
			및 배당요구신청 안내문
			을 각 출입문에 부착해
			둠. 임대차 관계 미상.
				저당권 한형수
				  2005.12.01
				  32,500,000
				이 전 이병태
				  2006.09.08
				  한형수(05.12.01)
				임 의 이병태
				  2010.12.14
				*청구액:25,000,000원
				
				  등기부채권총액
				  32,500,000원
				
				열람일자 : 2011.01.11

북부9계 2010-4325 상세정보

병합/중복	중복:2010-5861(신우신협)				
경매구분	임의(기일)	채 권 자	신우신협	낙찰일시	11.07.25
용 도	대지	채무/소유자	설성호/강창희	낙찰가격	606,000,000
감 정 가	991,440,000	청 구 액	296,519,219	경매개시일	10.03.10
최 저 가	406,094,000 (41%)	토지총면적	486 ㎡ (147.01평)	배당종기일	10.06.07
입찰보증금	10% (40,609,400)	건물총면적	0 ㎡ (0평)	조 회 수	금일1 공고후169 누적592

주 의 사 항	·법정지상권 ·입찰외 ·감정평가서 - 본 건 토지는 토지거래계약에관한허가구역. · - 본 건 토지가 소재하는 이 지역은 상계뉴타운(3차)지역이며 ·재개발촉진지구로서 현재로서는 일체의 건축행위가 제한되 ·는 지역임. · - 동 지상에는 낡은 고옥 건물(절, 주택용이며 미등기임)이 ·소재함(법정지상권 불명)

■ 물건사진 11
■ 지번·위치 2
■ 구 조 도 0

우편번호및주소/감정서	물건번호/면 적 (㎡)	감정가/최저가/과정	임차조사	등기권리
139-200 서울 노원구 상계동 6-38 ●감정평가서정리 - 당고개역북동측인근(양지마을내)소재 - 부근기존마을주택지대,향후상계뉴타운(3차)예정지 - 차량접근가능하나일반공도및대중교통은직접연결안됨 - 당고개길2차선대로이면지로서10정도도보거리로지하철당고개역및대중교통편이용할수있는등시내로의접근가로망무난 - 교통편현재불편 - 부정형남향경사지의중간부분 - 미등기고옥(절,주택용)(뉴타운재개발사업시행으로향후철거될것임)건부지로이용되나건물현상으로보아거의나지화할것으로보임 - 북측제외한3면으로1-3m불규칙한마을길접함 - 도시지역,근린공원	물건번호: 단독물건 대지 486 (147.01평) 입찰외제시외주택소재 현장보고서 열람 GO	감정가 991,440,000 ·토지 991,440,000 (100%) (평당 6,744,031) 최저가 406,094,000 (41.0%) ●경매진행과정 991,440,000 ① 유찰 2011-03-14 20%↓ 793,152,000 ② 유찰 2011-04-18 20%↓ 634,522,000 ③ 유찰 2011-05-16 20%↓ 507,618,000 ④ 유찰 2011-06-20 20%↓ 406,094,000 ⑤ 낙찰 2011-07-25 606,000,000 (61.1%) - 응찰 : 4명 - 낙찰자:김경배 허가 2011-08-01	●법원임차조사 이동섭 전입 2007.05.14 확정 2007.05.15 배당 2010.03.24 (보) 30,000,000 주거/방2 점유 2007.5.21~2009.5.21 신광승 전입 (보) 10,000,000 창고/방1(뒷쪽방) 조사서상 미발견 이재철 전입 2007.05.14 주거 조사서상 *소유자는 거주하지 않는다고 함. 단층기와지붕 주택이 존재함. 전입세대 열람 내역에는 임차인 이동섭의 자 이재철 전입일자가 2007년5월14일자로 표기되어 있음. -------------------- 총보증금:40,000,000	소유권 강창희 2007.03.06 전소유자:이동수 저당권 신우신협 2007.03.06 312,000,000 지상권 신우신협 2007.03.06 30년 저당권 김영훈외1 2007.12.26 300,000,000 가처분 이태경 2008.01.28 2008 카합 84 서울 북부지법 내역보기 저당권 임성연 2008.06.25 100,000,000 압 류 노원구 2009.11.11 임 의 신우신협 2010.03.10 *청구액:296,519,219원 임 의 신우신협 2010.03.29 등기부채권총액 712,000,000원 열람일자 : 2011.02.23

부천1계 2010-8360 상세정보

경매구분	강제(기일)	채 권 자	김호호	낙찰일시	11.02.10 (종결:11.03.15)
용 도	근린주택	채무/소유자	이순자	낙찰가격	141,000,000
감 정 가	257,966,400	청 구 액	36,420,000	경매개시일	10.07.20
최 저 가	126,403,000 (49%)	토지총면적	0 ㎡ (0평)	배당종기일	10.10.11
입찰보증금	10% (12,640,300)	건물총면적	366.06 ㎡ (110.73평)	조 회 수	금일1 공고후199 누적521
주 의 사 항		· 유치권 · 법정지상권 · 건물만입찰 · 서금명 : 집행관작성의 미등기건물현황보고서에 의하면, 1층은 공실의 점포로 임차인 서금명이 유치권을 주장하며 점유하고 있고, 2층은 김진우(주식회사 제이앤씨에셋)가 채무자와 채무관계로 점유하고 있음 토지를 제외한 건물만의 경매로 채무자(건물소유자)가 이미 법정지상권을 취득하였는지 여부는 불분명함 2011.1.5. 서금명으로부터 금 31,615,419원 유치권신고가 있으나, 그 성립여부는 불분명함 2011.01.05 유치권자 서금명 유치권신고 제출			

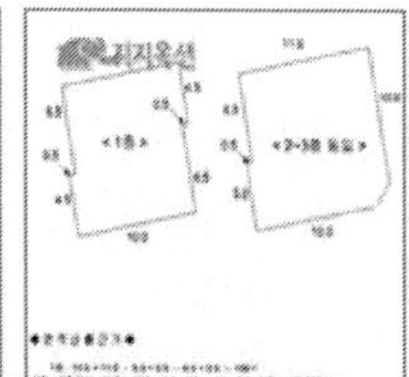

■ 물건사진 2
■ 지번·위치 1
■ 구 조 도 1

우편번호및주소/감정서	물건번호/면 적 (㎡)	감정가/최저가/과정	임차조사	등기권리
420-030 경기 부천시 원미구 상동 611-7 ●감정평가서정리 - 건물만입찰 - 철콘조아스팔트싱글지붕 - 상동고교남서측인근 - 난방설비 - 미등기건물에대한직권보존등기 2010.08.09 온누리감정	물건번호: 단독물건 건물 · 1층 116.6 　(35.27평) · 2층 124.73 　(37.73평) · 3층 124.73 　(37.73평)	감정가　257,966,400 · 건물　257,966,400 　　　　　(100%) (평당 2,329,688) 최저가　126,403,000 　　　　　(49.0%) ●경매진행과정 　　　257,966,400 ① 유찰　2010-12-23 30%↓　180,576,000 ② 유찰　2011-01-06 30%↓　126,403,000 ③ 낙찰　2011-02-10 　　　141,000,000 　　　　(54.7%) - 응찰 : 3명 - 낙찰자:김호식 - 2위응찰액: 　139,900,000 허가　2011-02-17 납부기한　2011-03-15 종결　2011-03-15	●법원임차조사 서금명 전입 2010.04.15 　　　확정 2010.04.15 　　　배당 2010.09.27 　　(보)　31,600,000 주거/3층전체 점유 2010.4.15- 2011.4.15 오은미 전입 2010.06.07 　　　주거/3층 　　　조사서상 (주)제 이엔씨 전입 2009.05.18 에셋 　　(보)　10,000,000 사무실/2층전체 점유 2009.5.10- 2011.5.9 김진우 조사서상 *서금명 : 집행관작성의 미등기건물현황보고서에 의하면, 1층은 공실의 점 포로 임차인 서금명이 유 치권을 주장하며 점유하 고 있고, 2층은 김진우(주	소유권 이순자 　　　　2010.07.23 강　제 김호호 　　　　2010.07.23 열람일자 : 2010.08.09 **건물등기임

실전! 부동산 경매 완전정복 II

CHAPTER

6

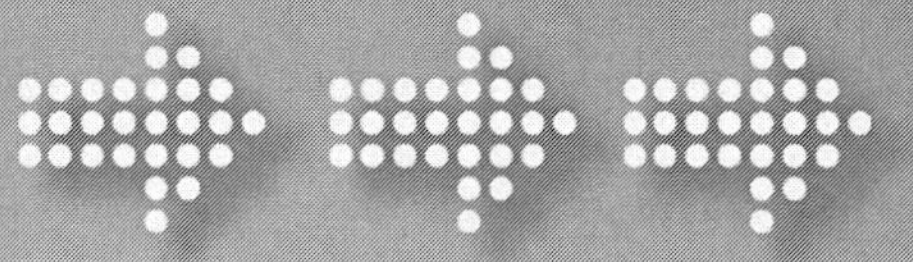

유치권

1 유치권의 의의

유치권은 타인의 물건 또는 유가증권을 점유한 자가 그 물건이나 유가증권에 관하여 생긴 채권을 가지는 경우에 그 채권의 변제를 받을 때까지 그 물건 또는 유가증권을 유치할 수 있는 권리를 말한다.(민법 제320조)

예컨대 타인의 자동차를 수리한 자동차수리업자가 자동차에 관한 수리비의 지급을 받을 때까지 자동차의 인도를 거절하거나(동산유치권), 건물의 신축공사를 한 건축업자가 공사대금을 다 받을 때까지 그 신축건물의 인도를 거절하는 것 (부동산유치권)과 같은 권리를 말한다.

■ 동시이행의 항변권과 유치권의 차이점

① 동시이행의 항변권은 채권계약인 쌍무계약의 효력으로서 상대방의 청구에 대한 항변을 그 내용으로 하나, 유치권은 물권으로서 목적물을 직접 지배하는 내용을 가진다.

② 동시이행의 항변권은 계약의 상대방에 대해서만 행사할 수 있지만, 유치권은 누구에게 대하여서든지 이를 행사할 수 있다.

③ 동시이행의 항변권에 의하여 거절할 수 있는 급부에는 제한이 없지만, 유치권에 의하여 거절할 수 있는 급부는 목적물의 인도에 한한다.

④ 동시이행의 항변권에 의하여 보호되는 채권은 원칙적으로 동일한 쌍무계약에 의하여 발생한 것에 한하나, 유치권자의 채권은 그 발생원인의 여하를 묻지 않는다.

⑤ 동시이행의 항변권은 당사자의 일방만이 선 이행을 강요당하는 것을 피하는 것을
목적으로 하나 유치권은 오로지 유치권자의 채권담보를 목적으로 한다.

⑥ 유치권은 채권이 변제되지 않는 한 소멸하지 않는 것이므로 동시이행의 항변권이 존
재하는 경우에 유치권도 병존할 수 있다.
이 경우에 상대방은 선 이행의무를 부담하는 것이 되고 유치권의 행사에 의하여 동
시이행항변권의 존재를 무의미하게 만든다.

2 유치권의 법률적 성질

민법은 유치권을 단순한 인도거절권으로 구성하고 있지 않으며, 목적물을 점유할 수
있는 독립된 물권으로 구성하고 있다.

1) 물 권

목적물의 소유권이 누구에게 속하든 그 권리를 주장할 수 있다. 따라서 채권의 완전한
변제를 받을 때까지 채무자뿐만 아니라 목적물의 양수인이나 경락인 등에 대하여서도
권리를 주장하고 목적물의 인도를 거절 할 수 있다.

2) 법정담보물권

일정한 요건이 존재하는 경우에 법률상 당연히 생기는 법정담보물권으로, 당사자의 약
정에 의하여 발생하는 저당권, 질권 등의 약정담보물권과 다르다.

예) 상속, 경매, 국가수용, 회사합병 등 (법률규정에 의해 효력발생)

3) 담보물권

목적물을 유치하여 반환을 거부함으로써 심리적 압박에 의하여 채무자의 변제를 간접적으로 강제하는 것을 주된 목적으로 한다는 점에서, 목적물의 교환가치를 직접 목적으로 하는 전형적인 담보물권과 다르다.

① 부종성

유치권의 부종성은 담보물권 중에서도 가장 강하며, 채권이 발생하지 않거나 또는 소멸하는 때에는 유치권도 성립하지 않거나 소멸한다.

즉 채권이 소멸하면 담보물권도 소멸하고 채권이 없으면 담보물권도 성립되지 않는다.

② 수반성

유치권은 특정의 채권을 담보하는 것이므로, 그 채권의 이전이 있으면(채권의 이전이 있으면 목적물의 점유도 이전되어야 함) 유치권도 당연히 이전한다.

③ 불가분성

유치권자는 채권 전부의 변제를 받을 때까지 유치권 전부에 대하여 그 권리를 행사할 수 있다(불가분성을 유치권에 관하여 규정하고, 이를 다른 담보물권에 준용하고 있음)

④ 물상대위성은 없다

유치권을 목적물을 유치할 수 있는 것을 본체로 하고, 그 목적물의 교환가치를 목적으로 하는 것이 아니기 때문이다. 따라서 경매권은 있어도 우선변제권은 없으나 파산법은 유치권에 관하여 별제권 즉 파산재단에 속하는 특정재산에서 다른 채권자에 우선하여 변제를 받을 권리를 인정한다.

유치권자가 동산경매를 신청한 경우 매각대금 또는 목적물로부터 우선변제를 받을 수도 있고, 부동산의 경우는 매수인이 그 부담을 인수하게 함으로써 채권변제를 받게 된다.

3 유치권의 성립요건

1) 타인의 물건 또는 유가증권

유치권의 목적물은 물건(동산, 부동산) 또는 유가증권이며, 점유에 의하여 공시되므로 등기를 필요로 하지 않는다.
또한 '타인의 물건'이어야 하고, 자기물건에 대한 유치권은 인정되지 않는다.
따라서 수급인의 재료와 노력으로 건축한 건물은 수급인의 소유라 할 것이므로, 수급인은 유치권을 가질 수 없다. (대판 91다2414)

2) 채권과 목적물과의 견련관계

채권이 유치권의 목적물에 '관하여 생긴 것'이어야 한다.

① 견련관계가 인정되는 경우
공사대금 채권 : 주택건물의 신축공사를 한 수급인이 그 건물을 점유하고 있고 또

그 건물에 관하여 생긴 공사금 채권이 있다면, 수급인은 그 채권을 변제받을 때까지 건물을 유치할 권리가 있다고 할 것이고, 이러한 유치권은 수급인이 점유를 상실하거나 피담보채무가 변제되는 등 특단의 사정이 없는 한 소멸되지 않는다. (대판 95다16202, 95다16219)

비용상환청구권 : 임차인의 필요비, 유익비상환청구권

▶ 필요비 : 목적물을 통상 사용하는데 적합한 상태로 보존하고 관리하는데 지출한 비용을 말한다.

　　예) 보존비, 수리비, 조세, 공과금, 태풍으로 인한 주택의 수리비 등

▶ 유익비 : 목적물의 개량이나 객관적 가치를 증가시키기 위하여 지출한 비용을 말한다. 따라서 인테리어 비용, 간판설치비는 유익비라 할 수 없다. (대판 94다20389)

　　예) 도시가스를 설치한 경우, 이중창을 설치한 경우, 방이나 부엌을 증축한 경우, 담장을 축조한 비용, 건물 입구의 진입로나 건물내 바닥을 콘크리트 등으로 포장한 경우 등

1994.9.30. 선고 94다20389, 20396 손해배상(기), 건물명도(반소)

【판시사항】

가. 임차인이 지출한 간판설치비가 유익비 인지의 여부나. 임차인이 임차목적물을 반환할 때에는 일체 비용을 부담하여 원상복구를 하기로 약정한 경우, 임차인의 유익비상환청구권을 포기하기로 한 특약이라고 볼 것 인지의 여부 다. 임대차계약 종료 후 임차인이 동시이행의 항변권을 행사하여 임차목적물을 계속 점유한 경우 불법점유로 인한 손해배상책임이 발생하는지 여부

【판결요지】

가. 민법 제626조 제2항에서 임대인의 상환의무를 규정하고 있는 유익비란 임차인이

임차물의 객관적 가치를 증가시키기 위하여 투입한 비용을 말하는 것으므로, 임차인이 임차건물부분에서 간이음식점을 경영하기 위하여 부착시킨 시설물에 불과한 간판은 건물부분의 객관적 가치를 증가시키기 위한 것이라고 보기 어려울 뿐만 아니라, 그로 인한 가액의 증가가 현존하는 것도 아니어서 그 간판설치비를 유익비라 할 수 없다.

② 견련관계가 부정되는 경우

임차보증금반환청구권 : 건물의 임대차에 있어서 임대인에게 지급한 임차보증금반환청구권이나 임대인이 건물시설을 아니하기 때문에 임차인에게 건물을 임차 목적대로 사용 못한 것을 이유로 하는 손해배상청구권은 모두 그 건물에 관하여 생긴 채권이라 할 수 없다. (대판 75다1305)

권리금반환청구권 : 임대인과 임차인 사이에 건물명도 시 권리금을 반환하기로 하는 약정이 있었다 하더라도, 그와 같은 권리금반환청구권은 건물에 관하여 생긴 채권이라 할 수 없으므로 그와 같은 채권을 가지고 건물에 대한 유치권을 행사할 수 없다. (대판 93다62119)

부속물매수청구권 : 임차인의 부속물매수청구권은 그가 건물 기타 공작물을 임대차 한 경우에 생기는 것(민법 제646조)이고, 보증금반환청구권은 민법 제320조(유치권의 내용)에서 말하는 그 물건에 관하여 생긴 채권이 아니기 때문에 토지임차인은 임차지상에 해 놓은 시설물에 대한 매수청구권과 보증금반환청구권으로서 임대인에게 임차물인 토지에 대한 유치권을 주장할 수 없다. (대판 77다115)

3) 유치권자가 목적물을 점유하여야 한다.

① 점유의 계속

유치권은 점유를 그 성립 및 존속요건으로 하므로, 계속 점유하여야 하고, 유치권자가 점유를 상실하면 유치권도 소멸한다. 점유는 반드시 직접점유이어야 하는 것은 아니며 간접점유라 하더라도 무방하다. (대판 2002마3516)

② 적법한 점유

채무자 소유의 건물 등 부동산에 강제경매개시결정의 기입등기가 경료되어 압류의 효력이 발생한 이후에 채무자가 위 부동산에 관한 공사대금 채권자에게 그 점유를 이전함으로써 그로 하여금 유치권을 취득하게 한 경우, 그와 같은 점유의 이전은 목적물의 교환가치를 감소시킬 우려가 있는 처분행위에 해당하여 민사집행법 제92조 제1항, 제83조 제4항에 따른 압류의 처분금지효에 저촉되므로 점유자로서는 위 유치권을 내세워 그 부동산에 관한 경매절차의 매수인에게 대항할 수 없다. (대판 2005다22688)

> **TIP**
>
> 예컨대 임대차계약의 해지 후에 건물을 계속 점유하던 자가 그 건물에 비용을 지출 하더라도 유치권은 성립하지 않으며, 법정지상권이 성립되지 않는 경우 (토지소유자는 위와 같은 건물점유자에게 그 철거를 구할 수 있고) 또한 건물의 공사업자는 토지소유자에게 유치권을 주장 할 수 없다.

4)채권이 변제기에 있어야 한다.

① 채권의 변제기가 도래하고 있지 않는 동안은 유치권은 발생하지 않는다.

② 변제기의 도래는 다른 담보물권에서는 그 실행을 위한 요건인데 대하여 유치권은 이를 성립요건으로 한다는 점에서 차이가 있다.

5) 당사자 사이 유치권을 배제하는 특약이 없어야 한다.

① 당사자의 특약으로 유치권을 배척할 수 있다

② 건물의 임차인이 임대차관계 종료 시에는 건물을 원상으로 복구하여 임대인에게 명도하기로 약정한 것은 건물에 지출한 각종 유익비 또는 필요비의 상환청구권을 미리 포기하기로 한 취지의 특약이라고 볼 수 있어 임차인은 유치권을 주장을 할 수 없다. (대판 73다2010), (대판 80다1174)

1980.7.22. 선고 80다1174 가옥명도

【판시사항】

유치권의 포기로 볼 수 있다고 한 사례

【판결요지】

피고의 아버지인 소외인이 회사에 대한 채권을 확보하기 위하여 회사 소유의 부동산을 피고로 하여금 점유 사용하게 하고 있다가 아무 조건없이 위 부동산을 명도해 주기로 약정하였다면 이는 유치권자가 유치권을 포기한 것이라고 할 것이므로 그 약정된 명도 기일 이후의 점유는 위 소외인으로서도 적법한 권원없는 점유이다.

4 유치권의 효력

1) 목적물의 유치

① 유치권자는 그 채권의 변제를 받을 때까지 목적물을 유치할 수 있다.

유치한다는 것은 목적물의 점유를 계속하고 인도를 거절하는 것이다.

> **TIP**
>
> 대항력 있는 임대차의 경우 계약해지 전 또는 기간만료 전에는 임차인으로서의 권리행사를 할 수 있고(유치권의 발생 원인이 아님), 계약해지 후 또는 기간만료 후에는 유치권과 유사한 권리를 행사하여 보증금의 전액을 변제받을 때까지 목적물을 점유 사용할 수 있다.
>
> 다만, 배당요구로 임대차계약이 해지되어 종료된 다음에도 계속 임대부분 전부를 사용, 수익하고 있어 그로 인한 실질적 이익을 얻고 있다면 그 임대부분의 적정한 임료 상당액 중 임대차관계가 존속되는 것으로 보는 배당받지 못한 금액에 해당하는 부분을 제외한 나머지 보증금에 해당하는 부분에 대하여는 부당이득을 얻고 있다고 할 것이어서 이를 반환하여야 한다(임차보증금이 1억원인데 8천만원을 배당받고 2천만원을 배당받지 못하였다면, 실질적으로 2천만원으로 1억원짜리 주택 전부를 사용 수익하는 결과가 되어 8천만원의 부당이득을 얻고 있는 셈임).

② 유치권은 물권이기 때문에 유치권자는 비단 채무자에 대하여서 뿐만 아니라 그밖의 모든 사람에 대하여서도 대항 할 수 있다.

경매의 경우에 부동산 유치권을 가지고 매수인에게 대항할 수 있음을 명문의 규정이 있다(민사집행법 제91조 제5항). 즉, 일반채권자에 의한 부동산의 강제경매나 임의경매의 경우에 "매수인은 유치권자에게 그 유치권으로 담보하는 채권을 변제할 책임이 있다" 고 규정하고 있다.

③ 공사대금 채권과 관련하여 아무 공사업자나 유치권자로 인정되는 것은 아니다. 판례에 의하면 경매개시결정 후에 발생한 공사대금 채권에 관하여는 유치권으로 인정되지 않는다. 즉, 경매개시결정 전에 발생한 유치권이어야 하며, 그 금액을 세금계산

서 기타 공신력 있는 서류에 의해 입증해야 한다.

④ 민법 제321조는 "유치권자는 채권 전부의 변제를 받을 때까지 유치물 전부에 대하여 그 권리를 행사할 수 있다"고 규정하고 있으므로, 유치물은 그 각 부분으로써 피담보채권의 전부를 담보하며, 이와 같은 유치권의 불가분성은 그 목적물이 분할 가능하거나 수개의 물건인 경우에도 적용된다.

> **TIP**
>
> 따라서 다세대주택의 창호 등의 공사를 완성한 하수급인이 공사대금채권 잔액을 변제받기 위하여 위 다세대주택 중 한 세대를 점유하여 유치권을 행사하는 경우, 그 유치권은 위 한 세대에 대하여 시행한 공사대금만이 아니라 다세대주택 전체에 대하여 시행한 공사대금채권의 잔액 전부를 피담보채권으로 하여 성립한다. (대판 2005다16942)

2) 유치권자의 경매신청권

민법 제322조 제1항의 유치권에 의한 경매는 유치권자로 하여금 그 물건을 채무변제시까지 무작정 보관하고 있어야 한다는 부담으로부터 벗어나게 하기위하여 인정되는 것이다. 이러한 경매는 유치물을 현금화하기 위한 경매로서, 형식적 경매의 일종이다.

① 유치권에 의한 경매가 진행 중인 목적물에 대하여 실질적 경매(강제경매 또는 담보권의 실행을 위한 경매)가 개시되는 경우에는 형식적 경매를 정지하고, 실질적 경매가 취소되면 형식적 경매를 다시 속행한다.(민집 제274조)

② 유치권자의 경매신청 시 낙찰대금은 유치 목적 부동산 소유자의 계산이나, 절차의 처리상 경매신청자인 유치권자에게 매각대금이 교부되고, 유치권자는 다시 그 낙찰대금을 소유자에게 반환해야 하나, 유치권자가 자신의 채권과 상계함으로써 사실상 우선변제권을 행사하는 것과 동일한 결과를 얻는다.

③ 유치권에 의한 경매도 목적부동산 위의 부담을 소멸시키는 것을 법정매각조건으로 하여 실시하고 우선채권자뿐만 아니라 일반채권자의 배당요구도 허용되며, 유치권자는 일반채권자와 동일한 순위로 배당을 받을 수 있다고 보아야 한다.

다만 집행법원은 부동산 위의 이해관계를 살펴 위와 같은 법정매각 조건과는 달리 매각조건 변경결정을 통하여 목적부동산 위의 부담을 소멸시키지 않고 매수인으로 하여금 인수하도록 정할 수 있다(대법원 2010마1059).

대법원 2011.6.15. 자 2010마1059 유치권신청에의한임의경매결정에대한즉시항고

【판시사항】

[1] 민법 제322조 제1항에 따른 유치권에 의한 경매가 목적부동산 위의 부담을 소멸시키는 것을 법정매각조건으로 하여 실시되는지 여부(적극)와 유치권자의 배당순위(=일반채권자와 동일한 순위) 및 집행법원이 매각조건 변경결정을 통해 목적부동산 위의 부담을 매수인이 인수하도록 정할 수 있는지 여부(적극)

[2] 유치권에 의한 경매에서 집행법원은 매각기일 공고나 매각물건명세서에 목적부동산 위의 부담이 소멸하지 않고 매수인이 이를 인수하게 된다는 취지를 기재하여야 하는지 여부(원칙적 소극)

[3]

【결정요지】

[1] 민사집행법 제91조 ……

고려하면, 유치권에 의한 경매도 강제경매나 담보권 실행을 위한 경매와 마찬가지로 목적부동산 위의 부담을 소멸시키는 것을 법정매각조건으로 하여 실시되고 우선채권자뿐만 아니라 일반채권자의 배당요구도 허용되며, 유치권자는 일반채권자와 동일한 순위로 배당을 받을 수 있다고 보아야 한다. 다만 집행법원은 부동산 위의 이해관계를 살펴 위와 같은 법정매각조건과는 달리 매각조건 변경결정을 통하여 목적부동산 위의 부담을 소멸시키지 않고 매수인으로 하여금 인수하도록 정할 수 있다.

[2] 유치권에 의한 경매가

집행법원으로서는 매각기일 공고나 매각물건명세서에 목적부동산 위의 부담이 소멸하지 않고 매수인이 이를 인수하게 된다는 취지를 기재할 필요 없다.

[3]

5 유치권자의 의무

1) 선관주의 의무

유치권자는 선량한 관리자의 주의로 유치물을 점유하여야 한다 (민법 제324조제1항). 따라서 유치권자는 채무자의 승낙 없이 유치물을 사용, 대여 또는 담보제공을 하지 못한다.

2) 주의의무 위반의 효과

유치권자가 위 의무를 위반한 때에는 채무자는 유치권의 소멸을 청구할 수 있다. (민법 제324조 제3항) 이 청구권은 형성권이며 채무자의 유치권자에 대한 일방적 의사표시로 유치권소멸의 효과가 생긴다. (대판 2002마3516)

2002. 11. 27. 자 2002마3516 부동산인도명령

【판시사항】

소유자의 동의 없이 유치권자로부터 유치권의 목적물을 임차한 자의 점유가 구 민사소송법 제647조 제1항 단서 소정의 '경락인에게 대항할 수 있는 권원'에 기한 것인지 여부(소극)

【결정요지】

유치권의 성립요건인 유치권자의 점유는 직접점유이든 간접점유이든 관계없지만, 유치권자는 채무자의 승낙이 없는 이상 그 목적물을 타에 임대할 수 있는 처분권한이

6 유치권의 소멸

1) 일반적 소멸사유

① 목적물의 멸실, 피담보채권의 소멸, 토지수용, 혼동, 포기 등으로 인하여 소멸된다.

② 그러나 목적물을 유치하고 있다고 해서 그것이 채권을 행사하고 있는 것은 아니므
로 유치권의 행사는 채권의 소멸시효의 진행에 영향을 미치지 않는다. (민법 제326
조) 따라서 유치권자가 채권소멸시효를 중단시키려면 별도로 민법 제168조 이하의
중단사유에 해당하는 행위를 하여야 한다.

> **TIP**
>
> 제168조 (소멸시효의 중단사유)
> 소멸시효는 다음 각 호의 사유로 인하여 중단된다.
> 1. 청구
> 2. 압류 또는 가압류, 가처분
> 3. 승인

2) 특유의 소멸사유

① 채무자의 소멸청구

유치권자의 의무위반으로 채무자가 유치권의 소멸청구가 있으면 유치권은 소멸한다.

② 담보의 제공

채무자는 상당한 담보를 제공하고 유치권의 소멸을 청구할 수 있다(민법 제327조). 채무자가 다른 담보를 제공함에도 불구하고 이를 거절하는 경우에는 그 승낙에 갈음하는 판결이 있어야 유치권이 소멸한다.

③ 점유의 상실

유치권은 점유의 상실로 인하여 소멸한다 (민법 제328조). 유치권의 점유는 간접점유이든 직접점유이든 무방하기 때문에 유치권자가 소유자의 승낙없이 유치물을 제3자에게 임대하거나 담보로 제공한 경우에도 채무자가 유치권의 소멸을 청구하지 않는 한 그것만으로 유치권이 소멸되지 않는다.

7 부동산 경매에서의 유치권

유치권은 경락인에게 인수되는 권리로서 피담보채권을 종국적으로 부담하여야 하기 때문에 해당금액만큼 경매낙찰가격의 저가 형성요인이 된다.

또한 채무자와 통모하여 유치권을 조작하고 등기되지 아니하는 권리로서 배당요구권자에 해당되지도 아니하고, 현황조사 시에도 나타나지 아니한 유치권자의 등장과 조작은 매수인에게 큰 위협이 되어 경매질서를 어지럽히는 대표적 요인이다. (형법 제315조 2년이하의 징역 또는 700만원 이하의 벌금)

1) 경매절차에서의 유치권

① 유치권자는 경매법원에 권리신고를 하여야 할 의무도 없고, 집행관의 현황조사 시에
도 현장에 점유자가 부재중인 경우가 많기 때문에 집행법원은 유치권자의 권리신고
가 없으면, 유치권의 존재여부 및 그 내용을 알 수 없다.

② 매각명세서상의 유치권의 기재는 실무상 실체적으로 유치권이 존재하는지 여부와
유치권자가 매각물건을 점유하고 있는지 여부와 상관없이 유치권자의 권리신고가
있으면 기재하게 된다.
이는 집행법원이 유치권의 존부를 실체적으로 확정 할 권한이 없기 때문이다.

2) 유치권에 대한 집행법원의 조치

① 매각허가 확정 전에 유치권자의 권리신고가 있는 경우
이 경우 인수 할 권리가 변동되어 '부동산에 대한 중대한 권리관계의 변동'이 생기는
경우에 해당되므로, 최고가매수인의 이의신청을 인정하여 매각을 허가하지 아니한
다. (민집 제123조 제1항)

2007.5.15. 자 2007마128 부동산임의경매

【판시사항】

부동산 임의경매절차에서 유치권이 존재하지 않는 것으로 알고 매수신청을 하여 최
고가매수신고인으로 정하여졌음에도 이후 매각결정기일까지 사이에 유치권의 신고
가 있고, 그 유치권이 성립할 여지가 없음이 명백하지 아니한 경우, 집행법원의 조치

【이유】

부동산 임의경매절차에서 매수신고인이 당해 부동산에 관하여 유치권이 존재하지 않는 것으로 알고 매수신청을 하여 이미 최고가매수신고인으로 정하여졌음에도 그 이후 매각결정기일까지 사이에 유치권의 신고가 있을 뿐만 아니라 그 유치권이 성립 될 여지가 없음이 명백하지 아니한 경우, 집행법원으로서는 장차 매수신고인이 인수 할 매각부동산에 관한 권리의 부담이 현저히 증가하여 민사집행법 제121조 제6호가 규정하는 이의 사유가 발생된 것으로 보아 이해관계인의 이의 또는 직권으로 매각을 허가하지 아니하는 결정을 하는 것이 상당하다.

② 매각허가 확정 후에 유치권자의 권리신고가 있는 경우

매각허가결정 확정 후 대금납부 이전에 유치권자의 권리신고가 있는 경우는, 매수 인은 매각허가결정의 취소신청(민집 제127조 제1항)을 할 수 있다.

이 경우 매수인은 보증금을 반환 받을 수 있으나 만약 대금을 납부 한 경우에 매수 인은 민법 제575조에 따른 담보책임을 물을 수 있을 따름이다.

③ 유치권자의 권리신고가 없이 경매절차가 종료된 경우

경매절차에서 유치권자의 권리신고가 없이 경매절차가 종료되었다 하더라도, 원래 의 유치권은 매수인에게 인수되는 권리이므로(민집 제91조 제5항), 유치권의 존재자 체가 부정되거나 소멸되는 것은 아니다.

따라서 유치권자는 매수인에게 그 권리를 주장하여 인도를 거부 할 수 있다.

8 유치권에 대한 대책

1) 허위 유치권이 범람하는 이유

① 채무자 등이 채무변제의 시간을 벌기 위하여 경매절차를 지연시키기 위한 수단으로 악용하기 위해서이다.

② 가장임차인 또는 대항력 없는 임차인이 명도에 즈음하여 유리한 협상조건으로 삼기 위해서이다.

③ 채권자 등이 유찰을 유도하여 저가로 낙찰받기 위해서이다.

2) 유치권 신고 시 대처방법

① 부동산현황조사서상 '부동산의 점유자와 점유권원'에 대해 조사한다.
소유자가 점유하고 있거나 배당신청을 한 임차인이 점유하고 있다고 기재되어 있다면 유치권이 성립될 개연성이 없다.

② 유치권권리신고서를 열람, 교부받아 유치권 신고자의 점유관계 사실을 실체적으로 파악한다.

③ 유치권의 피담보채권 유무에 대하여 공사업자가 제출된 도급계약서, 임차인이 제출한 임대차 계약서 등을 통하여 유치권의 배제특약, 소유권 귀속특약 등을 파악한다.

④ 유치권자의 건축관련 자격증, 사업자등록증, 법인등본 등을 통하여 채권과 견련관계를 파악한다.

⑤ 유치권자와 경매대상 소유자와의 관계를 파악하여 허위 유치권의 통모 여부를 파악한다.

⑥ 총공사대금, 유치권 신고금액, 감정평가액 간의 균형여부를 파악하여 허위유치권 여부를 파악한다.

⑦ 집행법원에 심문기일을 지정하여 심문기일에 유치권의 존부여부를 파악한다.

⑧ '유치권부존재확인의 소' 제기하여 존부여부를 파악한다.

⑨ 경매입찰방해죄, 사(공)문서위조 동 행사죄, 손해배상청구의 소제기

9 유치권 물건 공략 심층탐구

1) 유치권 물건 접근법

유치권의 관련된 물건에 대하여 우선적으로 다음 사항을 심층 조사한다.

① 타인 소유의 물건이 맞는지?

② 그 물건에 관하여 생긴 채권이 맞는지?

③ 피담보채권이 변제기에 있는지?

④ 유치권자가 목적물을 점유하고 있는지?

⑤ 점유가 불법행위로 인한 점유가 아닌지?

⑥ 유치권을 배제하는 특약은 없는지?

⑦ 유치권자가 보존에 필요한 사용의 정도를 넘어 채무자의 승낙없이 유치물을 사용하
   거나, 대여, 담보제공을 하고 있는지?

⑧ 피담보채권이 소멸시효를 완성한 것은 아닌지?
   유치권은 그것이 성립만 하면 누구에게나 물건의 인도를 거부할 수 있는 강력한 대
   세권이다. 따라서 법은 유치권이 강력한 권리인 만큼 그에 비례하여 유치권의 성립
   에 관하여 엄격한 요건을 요구하고 있다. 즉, 위 요건들 중에 어느 하나라도 결하면
   유치권을 인정하지 않겠다는 것이다. 그러다 보니 유치권이라고 주장하는 개별 물
   건들의 내용을 보면 위 요건들을 모두 갖춘 유치권은 그리 많지가 않게 된다.

⑨ 경매기입등기가 된 후에 부동산소유자가 공사대금채권자에게 그 점유를 자발적으
   로 이전함으로써 유치권을 취득하게 한 경우

⑩ 경매개시결정의 기입등기 후에 유치권을 취득한 경우

⑪ 경매절차가 개시될 가능성이 있음을 충분히 인식하고서도 그 부동산의 개조에 관
   한 공사를 시행한 경우

거기에다 판례는 위 요건의 ⑨, ⑩, ⑪의 경우에는 유치권이 성립하지 않는 것이 아니

라, 유치권 자체는 성립하나 그런 유치권으로서는 경락자에게는 대항할 수 없다는 취지이다. 즉 경매되는 물건에 대하여는 채권자나 낙찰자를 비롯하여 경매의 이해관계인을 보호하고 경매절차의 안정성을 확보해야 하는 경매라는 특수한 사정 때문에, 대법원은 "위 ⑨, ⑩, ⑪의 경우는 목적물의 교환가치를 감소시킬 우려나 공시주의를 기초로 하는 담보법질서를 교란시킬 위험이 있으므로 압류의 처분금지효에 저촉되거나 신의칙에 반한다."라는 취지의 입장에 선 것이다.

결국, 경매되는 물건으로서 위 ①내지 ⑪의 요건을 모조리 충족시킬 수 있는 유치권은 현실적으로 발생되기가 어려운 것이 사실이고, 그래서인지 경매실무에서도 경매되는 물건에서 주장되는 유치권은 대부분 가짜라는 말이 나오고 있는 것이다.

대체로 유치권자가 피담보채권(주로 공사대금)을 지급 요구하다가 채무자의 물건에 경매가 들어온 다음에 누군가의 조언을 받아 그때야 유치권의 성립에 필요한 점유를 시작하는 경우가 많다.

그런데 경매물건에서 유치권의 주장이 사실상 저지되어 버리는 데에 있어 위 ⑨, ⑩, ⑪의 기능이 상당한 역할을 하고 있고, 경매고수들은 앞의 ⑨, ⑩, ⑪을 유용한 도구로 활용하고 있는 것이다. 명가의 보검처럼.

2) 유치권과 관련된 파생 문제들

실전에 많이 등장하지는 않지만 유치권과 관련된 중요한 사항 몇 가지에 대해 한번 정리해 두는 것도 도움이 될 것이다.

1 유치권 배제특약이 있는 경우

유치권 배제특약이 있는 경우에는 당연히 유치권은 성립하지 않고 그럼에도 유치권 신고가 있을 경우, 위 <u>배제특약에 대한 증거만 명확하다면 인도명령을 통해 간단히 명도 받을 수 있다.</u>

이러한 유치권 배제특약은 보통 토지주가 토지를 담보로 건축자금을 대출받아 지상에 건축물을 축조할 때 발생하는데, 이때 은행은 혹시라도 중간에 건축주가 부도나서 토지와 건물이 일괄 경매에 들어갈 경우, 유치권자가 유치권을 행사하면 채권 회수에 어려움이 있을 것을 우려해 건축주 및 공사업자에게 그런 경우 유치권을 행사하지 않겠다는 확약서를 제출받고 대출해 준다. 그것이 바로 유치권 배제특약이다.

아니면, 건축이 거의 완료된 신축건물을 담보로 건축주가 대출을 받을 때 은행이 추후 공사업자가 유치권을 행사할 것을 우려해 사전에 유치권 포기 혹은 유치권 배제특약을 맺어두거나 또는 공사업자가 유치권을 주장하지 못하도록 '유치권자는 건축주로부터 공사대금을 전부 지급받았다'는 내용의 공사대금 완납증명서를 받아두기도 한다.

이런 경우 유치권 신고가 되어 있다면 발 빠르게 채권은행을 방문해 넌지시 물어보는 것도 정보 수집의 한 방법이 될 수 있다.

② 건물 전체에 유치권이 설정되어 있는 경우의 법률관계

물건 검색을 하다가 건물 전체가 각 호수별로 물건번호가 붙은 채 경매가 진행되는 경우를 종종 보았을 것이다. 보통은 상가건물에 이런 경우가 많지만, 빌라나 아파트의 경우에도 간혹 볼 수 있는 사례이다.

<u>이런 경우 유치권자가 건물 전체에 대한 공사비로 건물 전체에 대하여 유치권을 신고해 놓았는데, 그중 하나의 호수만 낙찰 받은 사람들은 과연 유치권 액수 전체에 대하여 인수해야 하는 것인가</u> 아니면 각 호수별로 면적에 따라 나누어진 비율만큼만 인수하는 것인가가 문제될 수 있고 실제 많은 이들이 이를 궁금해 한다.

<u>이런 경우 실제 유치권자와의 협상 시에는 전체금액이 아닌, n분의 1 금액이 협상한도</u>

액이 되어 협상이 진행되는 게 통상적이다. 문자 그대로 협상은 협상인데, 일부 호수의 낙찰자에게 전체금액을 떠안으라고 하면 협상 자체가 진행되지 않을 것이기 때문이다. 또한 실무상 이럴 때는 수인의 낙찰자가 공동으로 협상을 진행하는 만큼, 결론은 낙찰자가 n분의 1의 범위 내에서 인수한다고 생각하면 될 것 같다.

유치권 신고 된 물건에서 실패 없이 고수익을 얻을 수 있는 것이 전체 건물 중 일부에 소유자가 임차인을 들여 현재 임차인이 점유하고 있는 경우, 그 호수에 대해 유치권자의 점유가 있다고 볼 수 있는 것인가의 문제인데 즉, 임차인의 점유가 선행되었고 현재에도 임차인이 점유하고 있다면 유치권자의 점유는 존재하지 않아 그 호수에 대하여는 유치권이 성립하지 않는다고 볼 것이다. 결국 빌라나 상가 전체가 경매에 나온 경우, 건물 전체에 대하여 시공업자의 유치권이 있다고 해도 유치권이 성립하는지 여부는 각 호수별로 별도의 판단이 필요하다 할 것이므로, 이런 경우 전체 건물 중에서 임차인이 실제 거주하고 있는 호수만 선별해 응찰한다면 나름 좋은 틈새의 역할을 할 듯하다.
그런 경우에도 임차인의 점유가 유치권자의 간접점유는 아닌지, 임차인이 유치권자의 점유보조자에 불과한자는 아닌지 등을 현장조사를 통해 철저히 파악한 뒤 응찰하는 것이 바람직할 것임을 두말할 나위가 없겠다.

3 채권자의 유치권 배제의견서가 접수된 경우

물건 검색을 하다 보면 간혹 유치권 신고 후에 채권자의 유치권 배제의견서가 접수되는 경우가 있다. 이때 유치권은 허위이니 안심하고 응찰하라는 취지의 배제의견서를 접수해 적정가 낙찰을 유도하는 것이다.
다만, 유치권 배제의견서는 말 그대로 유치권이 허위라는 채권자의 의견일 뿐이므로, 아무런 구속력도 확정력도 없다. 이 배제의견서를 믿고 응찰했다가 유치권자를 상대로 한 명도소송에서 패소하였다 해도 채권자를 상대로 손해배상을 청구할 수는 없는 만큼, 결국 다른 사람들도 유치권이 허위라고 판단하고 있구나, 하는 정도의 비중만 두고, 현장조사는 직접 판단하여 꼼꼼하고 철저하게 진행할 필요가 있다.

결론적으로 유치권 배제의견서나 기타 부존재확인소송 진행 중이라는 공지가 있는 경우는 반드시 채권은행을 찾아가 관련서류를 검토하고, 전문가와 상의 후 응찰하되, 다만 유치권 부존재확인소송이 확정된 경우는 아무런 문제가 없으니 마음 놓고 응찰해도 괜찮다.

4 상당한 담보의 제공을 통한 유치권의 소멸청구

민법상 유치권의 소멸청구 사유에는 상당한 다른 담보를 제공한 경우도 있다. 상가를 낙찰 받아 영업을 하려고 마음먹었는데 유치권자와의 협상이나 소송의 진행이 지지부진한 경우에는 일단 다른 상당한 담보를 제공해 유치권 소멸청구를 하고, 상가를 인도받아 내부시설 공사를 진행하며 협상을 하는 것이 낙찰자에게는 심적으로나 시간적으로나 유리 할 것이므로, 이러한 상황에 직면하게 되면 다른 담보 제공으로 유치권 소멸을 청구하는 방법을 적극 활용해 보는 것도 좋을 듯하다.

다만, 판례상으로 낙찰자가 유치권자가 주장하는 금액만큼을 법원에 공탁하는 것만으로는 유치권 소멸청구를 행사할 수 없다고 판시하고 있으므로 주의하기 바란다. 한편 낙찰 받은 물건에 근저당을 설정해 주는 것은 상담한 담보의 제공이 될 수 있다고 판시하여 이 경우에는 유치권 소멸청구를 인정하고 있다.

5 유치권 양도, 양수와 유치권의 포기

물건 검색을 하다 보면 가끔 유치권이 양도되어 양수인이 유치권을 주장한다는 공지가 있는 물건이 있다. 유치권은 물권이므로 물권의 특징인 양도성이 당연히 있다. 따라서 유치권자는 언제든지 유치권을 타인에게 양도할 수 있다.

유치권 양도에 대한 판례의 입장은 유치권의 피담보채권 즉 공사대금채권이 점유와 함께 양도되어야만 유치권 양도의 효력이 있는 것이고 피담보채권만 양도되고 점유는 아직 양도인에게 남아 있거나 점유만 양도되고 피담보채권의 양도는 없는 경우에는 유치권 양도의 효력이 없다는 것이다.

유치권 양도에 대한 이런 법리를 유념해 물건을 검색하다가 유치권 양도에 대한 공지가 있는 물건이 나오면 한 번쯤 관심을 가지고 분석해 보길 바란다. 실제 판례의 사안처럼 양도가 무효인 경우가 있을 수 있다.

6 경매실무에서 가장 문제가 되는 것은 공사대금에 대한 유치권 권리신고이다.

① 건물의 신축과 관련한 모든 공사업자의 공사대금채권에 관하여 유치권을 주장할 수 있는가에 대하여 학설, 판례는 보이지 않는다.

② 건물을 시공한 공사업자가 아닌 건물의 신축과 관련하여 부분적 보조공사(전기배선, 도배, 도색, 샷시, 유리창, 문틈공사, 정화조, 정원수, 잔디 등 조경공사)를 한 공사업자는 독립된 건물을 신축한 수급인이 아니며, 공사부분은 신축건물에 부합하거나 종물이기 때문에 도급인에 대한 공사대금채권을 가지고 있을 뿐이므로 유치권의 인수문제는 생기지 않는다.

🏠 유치권 관련된 민법 조문

민법 제203조 (점유자의 상환청구권)

1. 점유자가 점유물을 반환할 때에는 회복자에 대하여 점유물을 보존하기 위하여 지출한 금액 기타 필요비의 상환을 청구할 수 있다. 그러나 점유자가 과실을 취득한 경우에는 통상의 필요비는 청구하지 못한다.

2. 점유자가 점유물을 개량하기 위하여 지출한 금액 기카 유익비에 관하여는 그 가액의 증가가 현존한 경우에 한하여 회복자의 선택에 좇아 그 지출금액이나 증가액의 상환을 청구할 수 있다.

3. 전항의 경우에 법원은 회복자의 청구에 의하여 상당한 상환기간을 허여(許與) 할 수 있다.

민법 제367조 (제3취득자의 비용상환청구권)

저당물의 제3취득자가 그 부동산의 보존, 개량을 위하여 필요비 또는 유익비를 지출한 때에는 제203조 제1항, 제2항의 규정에 의하여 저당물의 경매대가에서 우선상환을 받을 수 있다.

민법 제320조 (유치권의 내용)

1. 타인의 물건 또는 유가증권을 점유한 자는 그 물건이나 유가증권에 관하여 생긴 채권이 변제기에 있는 경우에는 변제를 받을 때까지 그 물건 또는 유가증권을 유치할 권리가 있다.

2. 전항의 규정은 그 점유가 불법행위로 인한 경우에 적용하지 아니한다.

민법 제321조 (유치권의 불가분성)

유치권자는 채권 전부의 변제를 받을 때까지 유치물 전부에 대하여 그 권리를 행사할 수 있다.

민법 제322조 (경매, 간이변제충당)

1. 유치권자는 채권의 변제를 받기 위하여 유치물을 경매할 수 있다.

2. 정당한 이유 있는 때에는 유치권자는 감정인의 평가에 의하여 유치물로 직접 변제에 충당할 것을 청구할 수 있다. 이 경우에 유치권자는 미리 채무자에게 통지하여야 한다.

민법 제323조 (과실수취권)

1. 유치권자는 유치물의 과실을 수취하여 다른 채권보다 먼저 그 채권의 변제에 충당할 수 있다. 그러나 과실이 금전이 아닌 때에는 경매하여야 한다.

2. 과실은 먼저 채권의 이자에 충당하고 그 잉여가 있으면 원본에 충당한다.

민법 제324조 (유치권자의 선관의무)

1. 유치권자는 선량한 관리자의 주의로 유치물을 점유하여야 한다.

2. 유치권자는 채무자의 승낙 없이 유치물의 사용, 대여 또는 담보제공을 하지 못한다. 그러나 유치물의 보전에 필요한 사용은 그러하지 아니하다.

3. 유치권자가 전2항의 규정에 위반한 때에는 채무자는 유치권의 소멸을 청구할 수 있다.

민법 제325조 (유치권자의 상환청구권)

1. 유치권자가 유치물에 관하여 필요비를 지출한 때에는 소유자에게 그 상환을 청구할 수 있다.

2. 유치권자가 유치물에 관하여 유익비를 지출한 때에는 그 가액의 증가가 현존한 경우에 한하여 소유자의 선책에 좋아 그 지출한 금액이나 증가액의 상환을 청구할 수 있다. 그러나 법원은 소유자의 청구에 의하여 상당한 상환기간을 허여할 수 있다.

민법 제326조 (피담보채권의 소멸시효)

유치권의 행사는 채권의 소멸시효의 진행에 영향을 미치지 아니한다.

민법 제327조 (타담보제공과 유치권소멸)

채무자는 상당한 담보를 제공하고 유치권의 소멸을 청구할 수 있다.

민법 제328조 (점유상실과 유치권소멸)

유치권은 점유의 상실로 인하여 소멸한다.

민법 제367조 (제삼취득자의 비용상환청구권)

저당물의 제삼취득자가 그 부동산의 보존, 개량을 위하여 필요비 또는 유익비를 지출한 때에는 제203조 제1항, 제2항의 규정에 의하여 저당물의 경매대가에서 우선상환을 받을 수 있다.

민법 제626조 (임차인의 상환청구권)

1. 임차인이 임차물의 보존에 관한 필요비를 지출한 때에는 임대인에 대하여 그 상환을 청구할 수 있다.
2. 임차인이 유익비를 지출한 경우에는 임대인은 임대차종료 시에 그 가액의 증가가 현존한 때에 한하여 임차인의 지출한 금액이나 그 증가액을 상환하여야 한다. 이 경우에 법원은 임대인의 청구에 의하여 상당한 상환기간을 허여할 수 있다.

실전분석

근린주택

안산5계 2006-11220 상세정보

경 매 구 분	임의(기일)	채 권 자	이정만	경 매 일 시	취하물건
용 도	근린주택	채무/소유자	김하나외1	다 음 예 정	종결(취하)
감 정 가	917,409,000	청 구 액	90,000,000	경매개시일	06.04.10
최 저 가	469,714,000 (51%)	토지총면적	267.1 ㎡ (80.8평)	배당종기일	06.07.20
입찰보증금	10% (46,971,400)	건물총면적	783.07 ㎡ (236.88평)	조 회 수	금일1 공고후544 누적1,458

주 의 사 항	·유치권 ·일괄매각, 제시외 건물 포함. 선정당사자 주식회사 가원석재산업으로부터 360,761,373원에 대하여 유치권신고 있으나 그 성립여부는 불분명함.

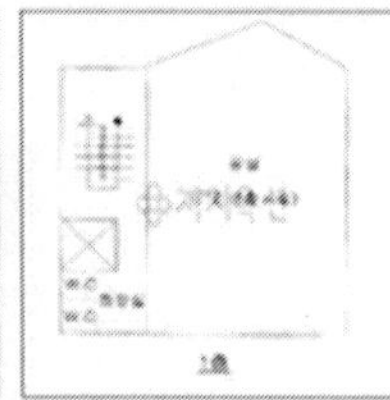

■ 물건사진 6
■ 지번·위치 4
■ 구 조 도 4

우편번호및주소/감정서	물건번호/면 적 (㎡)	감정가/최저가/과정	임차조사	등기권리

429-250
경기 시흥시 하중동
820-2
 	
●감정평가서정리
- 철콘조철근콘크리트
  평슬래브지붕
- 동아아파트서측인근
- 단독주택및주상복합
  지혼재
- 차량접근가능,대중교
  통사정보통
- 도시가스보일러난방
- 부정형등고평탄지
- 동측및북측8m각도로
  접합
- 1종지구단위계획구역
- 1종일반주거지역
- 도시계획시설도로접
  합
 	
06.04.17 자은감정
 	
표준공시지가 : 720,000
감정지가 : 1,100,000
	물건번호: 단독물건
	
	대지 267.1
	(80.8평)
	건물
	·1층근린시
	설 137.44
	(41.58평)
	현:공실
	·2층근린시
	설 137.44
	(41.58평)
	현:공실
	·3층주택 156.25
	(47.27평)
	3세대-방6
	·4층주택 144.85
	(43.82평)
	3세대-방6
	·5층주택 125.73
	(38.03평)
	1세대-방3
	·6층기계실 24.48
	(7.41평)
	제시외발코니 17.79
	(5.38평)
	·발코니 16.89
	(5.11평)
	·발코니 22.2
	(6.72평)
	06.01.12보존
		감정가 917,409,000
		·대지 293,810,000
		(32.03%)
		(평당 3,636,262)
		
		·건물 615,067,000
		(67.04%)
		(평당 2,596,534)
		·제시 8,532,000
		(0.93%)
		
		최저가 469,714,000
		(51.2%)
		
		●경매진행과정
		917,409,000
		① 유찰 2007-05-03
		
		20%↓ 733,927,000
		② 유찰 2007-05-31
		
		20%↓ 587,142,000
		③ 유찰 2007-06-28
		
		20%↓ 469,714,000
		④ 변경 2007-07-26
		
		취하 2007-08-10
			●법원임차조사
			황해현 전입 2006.02.14
			확정 2006.02.14
			배당 2006.04.26
			(보) 5,000,000
			(월) 400,000
			점유 2005.11.30-
			2년
			301호
			
			장은정 전입 2006.02.14
			확정 2006.01.27
			배당 2006.04.21
			(보) 33,000,000
			점유 2006.2.4-1
			년
			401호
			
			장명옥 전입 2005.12.14
			402호
			
			*조사된 임차인외 호수는
			폐문 부재중으로 출입문
			에 조사안내서를 부착하
			여 점유 관계서류 제출토
			록 하였으나 제시없음. 주
			민등록 열람한바 김하나,
			장명옥 전입되어 있음. 관
			할세무서에 등록사항 열
			람 및 제공 신청하였으나
			해당사항없음.
			┈┈┈┈┈┈┈
			총보증금:38,000,000
			총월세금:400,000
				가압류 이재춘
				2006.02.20
				250,000,000
				가압류 서울건협
				2006.03.08
				10,640,773
				가압류 가원석재
				산업
				2006.03.16
				350,120,600
				소유권 김하나외1
				2006.04.04
				전소유자:김광규
				임 의 이정만
				2006.04.12
				*청구액:90,000,000원
				
				등기부채권총액
				610,761,373원
				
				열람일자 : 2006.05.04
				*저당권확인바랍니다
				┈┈┈┈┈┈┈
				◆선정당사자
				(주)가원석재산업으로
				부터360,761,373원
				유치권신고있으나
				성립여부불분명

영월2계 2006-4661 상세정보

경 매 구 분	임의(기일)	채 권 자	신한은행	낙 찰 일 시	07.04.30 (종결:07.07.06)
용 도	다가구주택	채무/소유자	주옥화	낙 찰 가 격	155,000,000
감 정 가	315,334,425	청 구 액	198,170,301	경매개시일	06.07.03
최 저 가	129,161,000 (41%)	토지총면적	701 ㎡ (212.05평)	배당종기일	06.09.28
입찰보증금	10% (12,916,100)	건물총면적	240.9 ㎡ (72.87평)	조 회 수	금일1 공고후322 누적775
주 의 사 항	· 유치권				

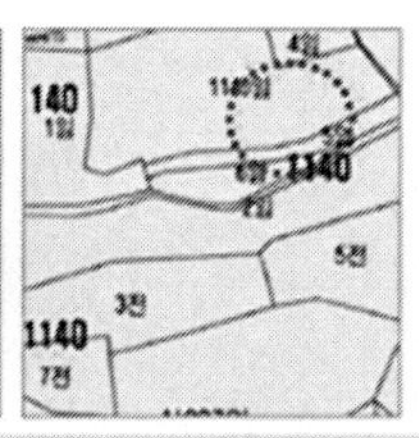
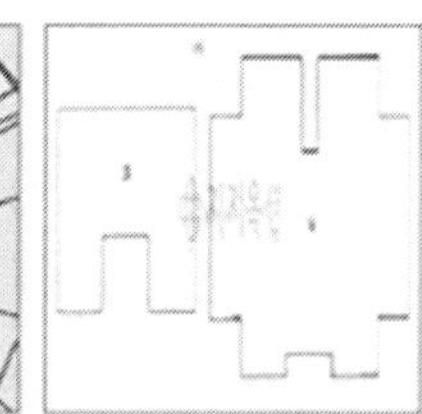

- 물건사진 2
- 지번·위치 3
- 구 조 도 1

우편번호및주소/감정서	물건번호/면 적 (㎡)	감정가/최저가/과정	임차조사	등기권리
232-923 강원 평창군 봉평면 무이리 1140-16 ●감정평가서정리 - 일반목구조너와지붕 - 펜션"S,4Capella" - 안흥동마을서측인근 - 펜션및농경지등형성된스키장(휘닉스파크리조트)주변지역 - 차량접근가능,대중교통사정불편 - 계단식부정형평지 - 남측도로,북측계단식도보용도로접함 - 관리지역 - 난방설비 06.07.21 고려감정 표준공시지가 : 50,000 감정지가 : 120,000	물건번호: 단독물건 대지 701 (212.05평) 건물 · 1층 119.25 (36.07평) 4가구 · 2층 78.975 (23.89평) 2가구 · 1층창고,복도 42.675 (12.91평) 04.02.11보존 2004.10.14증축 창고이용한2층과지붕사이다락층27포함	감정가 315,334,425 · 대지 84,120,000 (26.68%) (평당 396,699) · 건물 231,214,425 (73.32%) (평당 3,172,971) 최저가 129,161,000 (41.0%) ●경매진행과정 315,334,425 ① 유찰 2006-12-11 20%↓ 252,268,000 ② 유찰 2007-01-15 20%↓ 201,814,000 ③ 유찰 2007-02-21 20%↓ 161,451,000 ④ 유찰 2007-03-26 20%↓ 129,161,000 ⑤ 낙찰 2007-04-30 155,000,000 (49.2%) - 응찰 : 1명 - 낙찰자:이병선 허가 2007-05-07 종결 2007-07-06	●법원임차조사 *소유자점유 ●지지옥션세대조사 전입신고자 없음 동사무소확인:2006.12.26	저당권 조흥은행 테크노마 2004.02.18 260,000,000 저당권 이승기 2005.05.31 170,000,000 가압류 메이페어 하우스 2005.07.29 86,810,100 임 의 신한은행 2006.07.05 *청구액:198,170,301원 이 전 알앤비존 2006.07.19 이승기(05.05.31) 등기부채권총액 516,810,100원 열람일자 : 2006.11.27 ---------------------- ◆(주)메이페이하우스 금133,600,000원에 대한유치권신고있음 (2006.12.1자)

토지

성남2계 2010-8152[4] 상세정보

병합/중복	병합:2010-14355(신한은행), 2010-14362(신한은행), 2010-14379(신한은행)

경매구분	임의(기일)	채 권 자	신한은행	경매일시	대납물건
용 도	임야	채무/소유자	김일웅/조명자	다음예정	종결(대납)
감 정 가	396,520,000	청 구 액	130,000,000	경매개시일	10.04.22
최 저 가	253,773,000 (64%)	토지총면적	862 ㎡ (260.76평)	배당종기일	11.03.31
입찰보증금	20% (50,754,600)	건물총면적	0 ㎡ (0평)	조 회 수	금일3 공고후215 누적453

주 의 사 항	· 유치권 · 법정지상권 · 입찰외 · 1.지상에 매각외 건물소재(법정 지상권 성립여지 불분명) · 2.2010.8.20.김성만으로부터 150,000,000원의 유치권 신고가 있고, 2010.9.20.유오식,김성기로부터 160,000,000원의 유치권 신고가 있음(성립여부는 불분명) · 3.감정평가서와 현황조사서는 2010타경14362호 사건을 원용함

  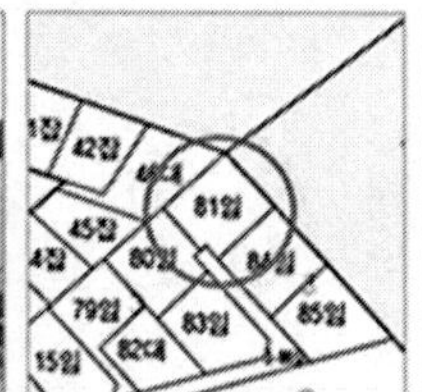 

■ 물 건 사 진 2
■ 지번·위치 3
■ 구 조 도 1

우편번호및주소/감정서	물건번호/면적 (㎡)	감정가/최저가/과정	임차조사	등기권리

464-050
경기 광주시 송정동 3-81
 	
●감정평가서정리
- 병합사건2010-14362
  감정평가서(청솔감정
  2010.08.05)
- 브라운스톤아파트단지북동측인근
- 부근전원주택지대로
  인근지방도변으로근
  린생활시설및아파트
  단지,창고등소재
- 차량접근가능,교통사정보통
- 버스(정)인근소재
- 자루형경사지
- 남동측6m도로(3-86번지)접함
 	
- 자연보전권역
- 배출시설설치제한지역
- 한강폐기물매립시설설치제한지역
- 한강수변구역
  (수변구역저축사할친수사업과친수사업팀별도확인요)
- 특별대책지역
  (1권역)
- 토지거래허가구역
	물건번호: 4 번
	(총물건수 5건)
	
	4)임야 862
	(260.76평)
	현:단독주택건부지
	입찰외제시외2007년건축신고완료후건축공사진행하여사용승인미필상태단독주택1동(2층),주차장1동소재법정지상권성립여지불분명
		감정가 396,520,000
		· 토지 396,520,000
		(100%)
		(평당 1,520,632)
		
		최저가 253,773,000
		(64.0%)
		
		●경매진행과정
		396,520,000
		① 유찰 2011-06-20
		20%↓ 317,216,000
		② 유찰 2011-07-18
		20%↓ 253,773,000
		③ 낙찰 2011-08-22
		380,000,000
		(95.8%)
		- 응찰 : 2명
		- 낙찰자:홍성철
		- 2위응찰액:
		  262,330,000
		허가 2011-08-29
		대납 2011-10-24
			●법원임차조사
			유오식 전입 2010.06.15
			  주거
			  조사서상
				지상권 신한은행
				  관양동
				  2007.04.06
				  30년
				저당권 신한은행
				  관양동
				  2007.04.06
				  188,500,000
				저당권 심재길
				  2009.05.07
				  130,000,000
				소유권 조명자
				  2009.05.07
				  전소유자:최성관
				저당권 최성일
				  2009.05.11
				  72,000,000
				가압류 김성안
				  2009.09.14
				  150,000,000
				압 류 광주시
				  2009.09.17
				임 의 신한은행
				  개인여신관리부
				  2010.07.26
				  *청구액:130,000,000원
				가압류 이일태
				  2010.10.27
				  12,799,000
				
				등기부채권총액
				553,299,000원

수원14계 2008-24127 상세정보

경 매 구 분	임의(기일)	채 권 자	곡선(새)	낙 찰 일 시	09.05.13 (종결:09.07.09)
용 도	근린주택	채무/소유자	공금선	낙 찰 가 격	1,158,800,000
감 정 가	1,796,497,000	청 구 액	639,237,750	경매개시일	08.05.22
최 저 가	919,806,000 (51%)	토지총면적	431.3 ㎡ (130.47평)	배당종기일	08.12.11
입찰보증금	10% (91,980,600)	건물총면적	1140.16 ㎡ (344.9평)	조 회 수	금일1 공고후789 누적1,903
주 의 사 항		· 유치권 · 일괄매각. 제시외건물포함. 2008.10.21.장수개발주식회사로부터 이 건물 신축공사대금의 유치권신고(410,000,000원)가 있으나, 그 점유 여부 및 유치권 성립 여부는 불분명함. · 2008.10.21 유치권자 장수개발(주) 유치권신고서 제출			

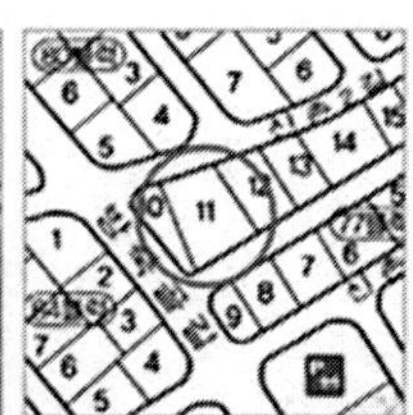
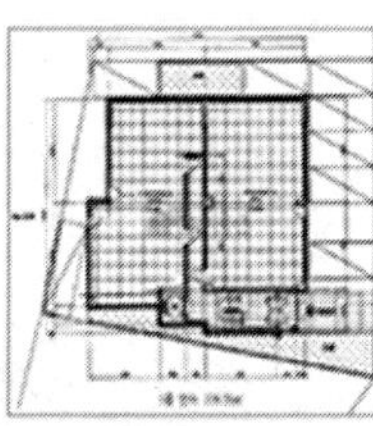

■ 물건사진 10
■ 지번·위치 3
■ 구 조 도 6

우편번호및주소/감정서	물건번호/면 적 (㎡)	감정가/최저가/과정	임차조사	등기권리
441-400 경기 수원시 권선구 곡반정동 590-7 ●감정평가서정리 - 철콘구조철근콘크리트지붕 - 안룡초등교북측인근 - 부근단독및다세대주택,일부소규모점포등혼재 - 인접도로이용해차량출입용이 - 버스(정)인근소재,일반대중교통사정양호 - 사다리형등고평탄지 - 북서측8m,남동측6m도로접함 - 도시지역 - 2종일반주거지역 - 소로2류,소로3류접함 - 비상활주로비행안전제3구역 - 전술항공작전기지비행안전제5구역 - 가스보일러의한난방설비 2008.05.24 서부감정 표준공시지가 : 1,000,000 감정지가 : 1,800,000	물건번호: 단독물건 대지 431.3 (130.47평) 건물 · 단독주택및근린생활시설 · 1층 226.05 (68.38평) 현:공실 · 2층 226.05 (68.38평) 현:공실 · 3층 222.42 (67.28평) 4가구(입주) · 4층 210.34 (63.63평) 4가구(입주) · 5층 168.26 (50.9평) 4가구(1가구입주,3가구미시공상태) · 옥탑기계실밎계단실 19.74 (5.97평) 제시외 · 발코니 7.1 (2.15평) · 발코니 7.1 (2.15평) · 발코니 14.6 (4.42평)	감정가 1,796,497,000 · 대지 776,340,000 (43.21%) (평당 5,950,333) · 건물 999,967,000 (55.66%) (평당 2,899,295) · 제시 20,190,000 (1.12%) 최저가 919,806,000 (51.2%) ●경매진행과정 1,796,497,000 ① 유찰 2009-02-06 20%↓ 1,437,198,000 ② 유찰 2009-03-10 20%↓ 1,149,758,000 ③ 유찰 2009-04-08 20%↓ 919,806,000 ④ 낙찰 2009-05-13 1,158,800,000 (64.5%) - 응찰 : 3명 - 낙찰자: 문은혜외2 - 2위응찰액: 1,048,777,700	●법원임차조사 이승회 전입 2007.11.19 확정 2007.11.19 배당 2008.05.30 (보) 72,000,000 301호 점유 07.11.19- 09.11.19 성미경 전입 2007.11.12 확정 2007.11.12 배당 2008.05.29 (보) 35,000,000 (월) 300,000 302호 점유 07.11.9- 08.11.9 엄영숙 전입 2007.11.05 확정 2007.10.31 배당 2008.05.27 (보) 70,000,000 303호 점유 07.10.30- 09.10.30 최은혜 전입 2007.11.02 확정 2007.11.02 배당 2008.06.02 (보) 70,000,000 401호 점유 07.11.2- 09.11.2	저당권 곡선(새) 2007.10.31 130,000,000 저당권 곡선(새) 2007.10.31 325,000,000 저당권 곡선(새) 2007.10.31 325,000,000 소유권 공금선 2007.11.21 전소유자:김기태 저당권 이종길 2007.12.14 225,000,000 가압류 허진아 2008.01.16 120,000,000 저당권 곽동원 2008.01.31 321,245,000 저당권 김기태 2008.01.31 423,950,000 압 류 수원권선구 2008.03.18 임 의 곡선(새) 2008.05.22 →청구액:639,237,750원 압 류 수원권선구청 2008.07.15 등기부채권총액

CHAPTER 7

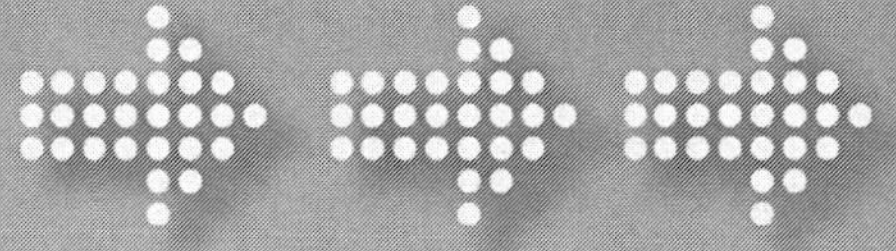

예고등기

1 예고등기 의의

예고등기는 현재 실행된 등기의 등기원인 (예컨대, 매매, 증여, 상속 등)의 무효 또는 취소가 소송으로 신청된 경우에 법원에서 이러한 소송이 제기되었다는 사실을 널리 알려 불의의 피해를 막기 위해서 하는 일종의 예비등기

예) 서류가 위조되어 부동산이 소유권이전 되었거나 저당권이 설정된 경우, 도박자금 대여로 부동산 소유권이 이전된 경우, 미성년자와의 매매계약에 의하여 소유권이 이전된 경우 등과 같이 등기원인 무효나 취소된 경우 원인 없는 등기는 말소하여야 한다.

이 경우 등기명의인이 이를 인정하고 협조하면 간단하나, 이에 협조하지 않는 경우 부득이 무효등기의 말소청구소송을 제기 할 수밖에 없는데, 이렇게 등기의 말소청구소송이 제기되면 법원이 이 사실을 등기소에 통지하여 그 등기부에 말소등기청구소송이 제기되었다는 사실을 등기하게 된다.

등기원인의 무효, 취소로 인한 등기의 말소, 회복의 소가 제기된 경우 제3자에게 경고하기 위하여 법원이 직권으로 등기소에 촉탁하여 행하여지는 등기, 바로 이것이 예고등기이다.

2 예고등기가 될 수 있는 청구원인

1 위조등기에 의한 등기처럼 등기원인의 부존재를 주장하는 경우

2 등기원인의 절대적 무효(103조 반사회질서 법률행위, 104조 불공정한 법률행위 등)를 주장하는 경우
선량한 미풍양속, 이중매매, 궁박, 경솔, 무경험으로 현저히 공정성을 잃은 경우

3 무능력을 이유로 취소 하는 경우

4 특별조치법에 의하여 경료 된 등기가 허위 또는 위조된 보증서나 확인서에 기한 것이라는 이유로 무효 주장하는 경우

3 예고등기에 관한 기재사항

예고등기는 부동산에 관한 권리관계를 공시하는 등기가 아니므로 매각물건명세서에 기재하여야 할 내용이 아니다. 이를 기재하지 않더라도 `매각물건명세서의 작성에 중대한 흠이 있는 때`(민사집행법 제121조 제5호)에 해당 한다고 볼 수 없으므로 매각불허가 사유에 해당하지 아니한다. (대판2001.3.14.99마4849)

2001. 3. 14. 자 99마4849 결정 낙찰불허가

【판시사항】

예고등기가 경매물건명세서에 기재하여야 하는 민사소송법 제617조의2 제3호 소정의 '등기된 부동산에 관한 권리로서 경락에 의하여 그 효력이 소멸되지 아니 하는 것'에 해당하는지 여부(소극)

【결정요지】

예고등기는 등기원인의 무효 또는 취소로 인한 등기의 말소 또는 회복의 소가 제기된 경우에 그 등기에 의하여 소의 제기가 있었음을 제3자에게 경고하여 계쟁부동산에 관하여 법률행위를 하고자 하는 선의의 제3자로 하여금 소송의 결과 발생할 수도 있는 불측의 손해를 방지하려는 목적에서 하는 것으로서 부동산에 관한 권리관계를 공시하는 등기가 아니므로, 예고등기를 경매물건명세서에 기재하여야 하는 민사소송법 제617조의2 제3호의 '등기된 부동산에 관한 권리로서 경락에 의하여 그 효력이 소멸되지 아니하는 것'에 해당한다고 볼 수 없다.

 예고등기의 효력 

1 예고등기를 한 (엄격하게는 예고등기의 원인이 되는 청구소송을 제기한) 사람이 이기는 경우에는 예고등기 후에 그 부동산에 관한 각종 행위 즉 매매, 물권의 설정, 임차권 등은 예고등기를 한 사람에게 대항 할 수 없다.

따라서 경매로 낙찰을 받더라도 소유권이 취소될 수 있다.

2 <u>예고등기를 한 사람이 지는 경우에는 아무런 물권변동이 생기지 않는다.</u>

이는 경매진행절차나 낙찰은 받더라도 소유권에 아무런 지장이 없다는 것이다.

3 예고 등기가 있더라도 그 부동산의 처분 등의 행위는 할 수 있다.

예고등기는 단지 경고의 효과를 가질 뿐, 처분금지의 효력이 있는 것은 아니다.

5 예고등기와 인수주의 

예고등기는 권리의 자체에 대한 다툼이므로 소제주의에 해당하지 않는다.

다만 본안 소송 (예고등기의 원인 소송)의 결과에 따라 경매 진행 결과가 추인되거나, 경매 자체가 무효가 된다.

1 경매 진행이 추인되는 경우는 부동산의 소유자 즉 피고가 본안소송에서 승소하는 경우에는 경매 진행은 그대로 인정되어 추인된다.

2 경매 진행이 무효가 되는 경우는 부동산의 소유자 즉 피고가 패소하면 경매자체가 무효가 된다.

이때 경락자는 판결에 의하여 소유권을 잃게 되고 납부한 낙찰대금은 배당받은 사람들에 대하여 부당이득 반환청구소송을 제기하여 회수 할 수 있다.

6 예고등기 폐지

그 동안 부동산 경매의 함정의 하나였던 예고등기 제도가 2011년 4월 12일 부동산등기법이 전면 개정되면서 6개월이 되는 2011년 10월 13일부터 폐지됐다.

하지만 이미 등기된 예고등기는 존속하므로 이러한 예고등기가 모두 사라지려면 앞으로도 몇 년은 더 있어야 하며 경매물건에도 예고등기 물건이 아직은 적지 않게 존재하고 있다

① 원인무효와 행위무능력에 의한 취소는 선의의 제3자에게도 효력을 미쳐 선의인 낙찰자(매수자)도 보호되지 못하기 때문에 원고가 승소를 하게 되면 이전받은 소유권이 무효. 취소되므로 이를 보호하고자 경고차원에서 예고등기를 했던 것인데,

② 이제 예고등기가 폐지되면 가처분제도로만 이러한 무효. 취소 소송에 대하여 판단하여야 하므로 이럴 경우 원고가 당연히 승소할 거라고 예상하여 처분금지가처분등기를 하지 않는 경우에는 오히려 예고등기조차 폐지되었으므로 경매참가자로서는 소유권이전등기 말소청구소송이 있는지 까지도 조사해야 하므로 어찌 보면 더욱 실체 파악이 어려워진 게 아닌가 하는 우려가 생긴다.

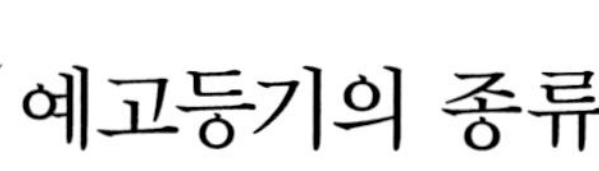

7 예고등기의 종류

1) 근저당말소예고등기

사례 1

순 위	일 자	권리내용	금 액	권리자
1	98.10.20	소유권이전		문＊＊
2	07.02.20	근 저 당	180,000,000	국민은행
3	07.03.30	근 저 당	50,000,000	오＊＊
4	08.10.30	오＊＊근저당말소예고등기		
5	08.12.20	임 의 경 매		국민은행

사례 2

순 위	일 자	권리내용	금 액	권리자
1	06.03.20	소유권이전		문＊＊
2	06.04.10	근 저 당	50,000,000	유＊＊
3	06.04.30	근 저 당	60,000,000	오＊＊
4	08.07.30	임 의 경 매		유＊＊
5	08.01.11	유＊＊근저당말소예고등기		

2) 근저당회복예고등기

순 위	일 자	권리내용	금 액	권리자
1	98.10.10	소유권이전		문＊＊
2	07.04.30	근저당권회복예고등기		오＊＊
3	07.08.30	가 압 류	50,000,000	국민은행
4	08.10.25	강 제 경 매		국민은행

• 등기회복의소를 확인하고서 사건이 "원고패" "조정성립"일 때는 이를 원인으로 한 예고
  등기말소 촉탁신청을 하여 근저당회복예고등기를 말소 할 수 있다

• 소송이 "진행 중" 이거나 "원고 승" 일 때는 매수신청에 신중을 기한다.

3) 가등기말소예고등기

순 위	일 자	권리내용	금 액	권리자
1	98.10.25	소유권이전		문＊＊
2	07.04.30	근 저 당	200,000,000	국민은행
3	07.08.30	가 등 기		오＊＊
4	08.10.25	오＊＊가등기말소예고등기		유＊＊
5	08.12.20	임 의 경 매		국민은행

• "원고승" 판결이 나면 가등기는 말소 할 수 있다.

• 선순위가등기는 말소되지 않으나 선순위가등기말소소송에서 원고승일 경우 선순위 가등기는 말소된다.

• 선순위가등기말소로 등기부상 권리순위의 변동이 생길 수 있으므로 선순위 말소예고등기 시 깊이 있는 분석 후 입찰을 한다.

4) 소유권말소예고등기

■ 원고 승

순 위	일 자	권리내용	금 액	권리자
1	06.07.25	소유권이전		김＊＊
2	06.07.25	근 저 당	300,000,000	＊＊은행
3	06.12.11	소유권이전		최＊＊
4	07.03.20	근 저 당	300,000,000	박＊＊
5	07.05.21	최＊＊소유권말소예고등기		
6	07.09.03	임의경매개시결정		＊＊은행
7	08.03.14	"원고승판결"		

- 대법원 등기선례 (3-746 92.10.14. 등기 제2171호)

소유권이전등기말소, 회복의 소를 제기하여 원고가 승소하였으나 그 판결에 따른 말소 또는 회복등기를 하기 이전에 그 말소 또는 회복의 대상이 되는 등기보다 먼저 이루어진 근저당권에 기한 경매로 소유권이전까지 마친 경우, 원고는 이제 그 판결에 따른 말소 또는 회복등기를 할 수 없을 것이므로 (원고는 이러한 등기를 실행할 필요가 없어서 이를 방치할 것 이어서 예고 등기는 그대로 존속하게 될 것이다) 이해관계인은 부동산등기법 제170조 제3항에 의거 소유권이전등기가 경료 된 등기부등본은 법원에 제출하면 법원은 등기소에 예고등기의 말소를 촉탁하게 될 것이다.

■ 소 취하

순 위	일 자	권리내용	금 액	권리자
1	96.09.04	소유권이전		박＊＊
2	98.12.02	박＊＊소유권말소예고등기		
3	00.06.02	가 압 류	94,280,000	신＊＊
4	00.06.07	가 압 류	112,000,000	왕＊＊
5	01.03.15	가 압 류	393,000,000	＊＊은행
6	03.10.18	강 제 경 매		＊＊은행
	01.02.02	"소취하"		

- 대법원등기선례(2-580. 89. 3. 7. 등기 제451호)

등기말소의 소가 제기되어 예고등기가 경료 되었으나 소가 취하되었다면 제1심 법원은 직권으로 촉탁서에 소의 취하서를 첨부하여 등기소에 말소를 촉탁하여야 하고 등기공무원은 위 촉탁서에 따라 예고등기를 말소하여야 한다.

■ 인락

순 위	일 자	권리내용	금 액	권리자
1	02.08.25	소유권이전		신＊＊
2	02.11.10	근 저 당	950,000,000	원＊＊
3	03.03.26	압 류		＊＊시
4	04.02.13	소유권말소예고등기		
5	04.08.02	임 의 경 매		
	04.06.29	"인락(원고승)"		원＊＊

• 대법원 등기선례 (4-595 1996.4.15.)

압류등기가 있는 부동산에 대하여 갑(압류등기 당시의 소유자) 명의의 소유권말소 승소판결을 받았으나 다른 판결에 의하여 위 압류등기가 유효하다고 인정되고 그 후 공매로 인하여 을 명의로 소유권 이전등기까지 마쳐진 경우 위 말소를 명한 판결에 의한 등기신청은 할 수 없을 것이므로 (당해 사건의 원고는 이러한 등기를 실행 할 수 없어 예고등기는 그대로 방치되어 존속하게 될 것임) 등기상 이해관계인은 부동산등기법 제170조 재3항에 의하여 압류의 유효를 인정한 판결등본 및 판결의 확정일자가 있는 확정증명을 법원에 제출하고 법원은 등기원인은 등기실행불능, 일자는 압류 판결 확정일자로 하여 예고등기말소촉탁을 할 것이다. (직권발동촉구의미의 예고등기말소신청서 제출)

🏠 임의경매의 근저당권말소예고등기 (사례)

■ 소 취하 간주

순 위	일 자	권리내용	금 액	권리자
1	06.03.30	소유권이전		민＊＊
2	06.04.11	근 저 당	70,000,000	김＊＊
3	06.04.28	근 저 당	70,000,000	송＊＊
4	06.06.19	가 압 류	200,000,000	(주)＊＊
5	06.07.13	임 의 경 매		김＊＊
6	06.12.12	김＊＊근저당권말소예고등기		
	07.02.15	변론준비기일		쌍불
	07.03.08	변론준비기일		쌍불

- 2007.03.08. "쌍불" (소송 당사자가 불참한 것), 쌍불2회
- "소송 진행에서 양 당사자가 법정에 출석하지 않고 다음 기일에도 불출석 하거나 기일 지정 신청을 하지 않으면 소 취하로 간주한다."

■ 조정성립

순 위	일 자	권리내용	금 액	권리자
1	96.05.28	소유권이전		윤＊＊
2	02.10.21	근 저 당	200,000,000	손＊＊
3	03.11.12	압 류		세무서
4	05.07.20	임의경매		손＊＊
5	05.09.30	압 류		시흥시
6	05.11.18	손＊＊근저당권말소예고등기		
	06.07.18	"조정성립"		

- 근저당말소예고등기 "조정성립"을 등기원인으로 말소

근저당권회복예고등기 (사례)

■ 원고 패

순 위	일 자	권리내용	금 액	권리자
1	94.08.12	소유권이전		이＊＊
2	95.07.03	근 저 당	30,000,000	윤＊＊
3	99.04.29	윤＊＊근저당권말소예고등기		
4	03.07.14	압 류		은평구
5	04.01.27	임의경매		윤＊＊
6	06.01.11	"원 고 승"		
7	06.02.01	윤 ＊＊항소		
8	06.06.27	주택임차권	20,000,000	유＊＊
9	06.06.29	"원고패"		
10	06.07.26	이 ＊＊상소		
11	06.10.12	심리불속행기각		

- 1996. 06. 13. "원고패" 로 사건종결
- 2007. 05. 23. 근저당권회복예고등기 말소

■ 소 취하

순 위	일 자	권리내용	금 액	권리자
1	04.09.16	공유자전원지분전부이전		조＊＊
2	07.05.02	근 저 당	756,000,000	＊＊저축은행
3	07.05.11	근 저 당	135,000,000	배＊＊
4	07.07.11	가 등 기		배＊＊
5	07.07.13	가 압 류	20,755,429	＊＊캐피탈
6	07.07.25	박＊＊근저당권회복예고등기		
7	07.08.16	임의경매		＊＊저축은행
8	08.06.08	"소취하"		

- 2008.05.09. 원고 "소 취하서"제출
- 2008.06.08. "소 취하" 종결
- 2008.06.13. 근저당권회복예고등기말소

🏠 소유권말소예고등기 (사례)

■ 원고 승

순 위	일 자	권리내용	금 액	권리자
1	06.07.25	소유권이전		김＊＊
2	06.07.25	근 저 당	300,000,000	＊＊은행
3	06.12.11	소유권이전		주＊＊
4	07.03.20	근 저 당	300,000,000	박＊＊
5	07.05.21	주＊＊소유권말소예고등기		
6	07.09.03	임의경매개시결정		＊＊은행
7	08.03.14	"원고승판결"		

- 2008.03.14. "원고 승" 판결로 말소가능
- 대법원등기선례(3-746. 92.10.14. 등기 제2171호)에 의거 소유권 말소예고등기말소

■ 강제조정 (원고는 사건청구를 포기한다)

순 위	일 자	권리내용	금 액	권리자
1	05.07.21	소유권이전		신＊＊
2	05.07.21	근 저 당	300,000,000	＊＊은행
3	05.12.19	가 압 류	32,300,000	＊＊보험
4	05.12.30	가 등 기		하＊＊
5	06.06.01	임의경매		＊＊은행
6	06.06.12	강제경매		＊＊보험
7	06.09.07	소유권이전		정＊＊
8	07.02.13	정＊＊소유권말소예고등기		
9	08.11.08	"강제조정"		

- 2008. 11. 08. "원고는 이 사건 청구를 포기한다" ("강제조정")
- 대법원등기선례(3-746. 92. 10. 14. 등기 제2171호)의거 말소 가능

■ 원고일부 승

순 위	일 자	권리내용	금 액	권리자
1	03.02.24	소유권보존		이＊＊
2	03.02.24	근 저 당	960,000,000	＊＊은행
3	03.12.09	소유권이전(증여)		서＊＊
4	04.03.12	서＊＊소유권말소예고등기		
5	04.09.15	임의경매개시결정		＊＊은행
6	05.11.22	"원고일부승"		
7	06.12.20	항소기각		

- 등기부상 예고등기는 이 사건 경매신청채권자의 근저당의 효력에 영향을 미치지 못함 (판결문)
- 원고일부 승
- "예고등기권자의 원인무효주장은 배척되었다" (원고패소 판결)
- 대법원 등기선례(3-746 92. 10. 14. 등기 제2171호)

■ 등기실행불능

순 위	일 자	권리내용	금 액	권리자
1	80.02.20	윤＊＊지분전부이전		구＊근
2	89.10.18	구＊근지분1120/1380근저당	11,000,000	＊＊금고
3	05.03.03	구＊근지분전부이전		구＊순,구＊식
4	05.06.27	구＊순, 구＊식지분560/1380중 일부가처분		구＊식
5	05.07.29	구＊순, 구＊식 소유권말고예고등기		이＊＊
6	06.04.08	"강제조정"		
7	07.04.13	구＊순, 구＊식 지분임의경매		＊＊금고
8	08.07.03	임의경매로 인한 지분전부이전		
9	08.07.14	등기실행불능으로 예고등기말소		

- 대법원등기선례(3-746 92. 10. 14 등기 제2171호)에 의거 말소가능

■ 직권발동촉구의미의 말소예고등기촉탁

순 위	일 자	권리내용	금 액	권리자
1	01.08.31	소유권보존		(주)＊＊
2	01.09.17	가 압 류	2,490,000,000	김＊＊
3	01.10.09	근 저 당	1,040,000,000	이＊＊
4	02.02.26	압 류		＊＊시
5	03.01.13	＊＊소유권보존말소예고등기		
6	03.07.01	임의경매		이＊＊
7	03.05.30	"인낙" 판결		

- 2003.05.30. "인낙"판결 (원고승 판결)

- 대법원등기선례(4-595. 1996. 4. 15.)근거 직권발동촉구의미 말소신청

- 등기원인 "등기실행불능" 으로 말소 (2005. 08. 29.)

■ 선순위 가처분 - 소유권말소예고등기

순 위	일 자	권리내용	금 액	권리자
1	96.09.04	소유권이전		박＊＊
2	96.09.19	가 처 분		구＊＊
3	98.12.02	구＊＊소유권말소예고등기		
4	00.05.31	가 압 류	58,000,000	홍＊＊
5	01.03.15	가 압 류	393,000,000	＊＊신용금고
6	03.10.18	강 제 경 매		＊＊신용금고
	02.02.14	소 취 하		
	05.10.22	가처분취소신청		
	06.02.17	가처분취소신청 "인용"		

- 2002.02.14 "소 취하"

- 사전 변경에 의한 가처분 취소신청(민집288조) - 말소

- 제소기간 도과 (2002. 07. 01 10년, 2005. 7. 27 5년, 이후 3년)

🏠 근저당말소예고등기 (사례)

■ 원고 패

순 위	일 자	권리내용	금 액	권리자
1	93.08.27	소유권이전		박＊＊
2	95.12.27	압　류		＊＊구청
3	97.05.30	근 저 당	600,000,000	전＊＊
4	99.10.21	박＊＊소유권, 근저당권말소예고등기		
5	00.11.23	"원 고 패"		
6	00.12.23	항　소		
7	01.07.21	항소기각		
	01.08.20	상　고		
	01.12.11	상고기각		
	06.01.10	강제경매		강＊＊

- 원고패소 확정판결로 2007. 04. 20. 예고등기 말소

■ 원고일부 승

순 위	일 자	권리내용	금 액	권리자
1	96.03.20	소유권이전		전,심,안
2	96.04.16	심＊＊지분전부이전		이＊＊
3	96.06.25	안＊＊,이＊＊지분전부이전		정＊＊
4	96.09.05	소유권이전		＊＊공사
5	96.09.16	소유권이전		권＊＊
6	96.09.16	근 저 당	374,750,000	＊＊공사
7	96.12.02	정,심,안소유권말소예고등기		
8	97.03.05	＊＊공사근저당권말고예고등기		
9	99.02.11	원고일부승(조정성립)		
10	05.07.21	임의경매개시결정		＊＊공사

- 2007. 07. 13. 소유권말소예고등기 말소

실전사례

사건내역

남부1계 2007-8300 상세정보

경 매 구 분	임의(기일)	채 권 자	우리은행	낙 찰 일 시	07.12.10 (종결:08.02.29)
용 도	주상복합(아파트)	채무/소유자	정매순	낙 찰 가 격	270,100,000
감 정 가	400,000,000	청 구 액	248,967,048	경매개시일	07.04.16
최 저 가	256,000,000 (64%)	토지총면적	42.53 m² (12.87평)	배당종기일	07.07.13
입찰보증금	10% (25,600,000)	건물총면적	144.57 m² (43.73평)	조 회 수	금일1 공고후274 누적535
주 의 사 항	· 예고등기				

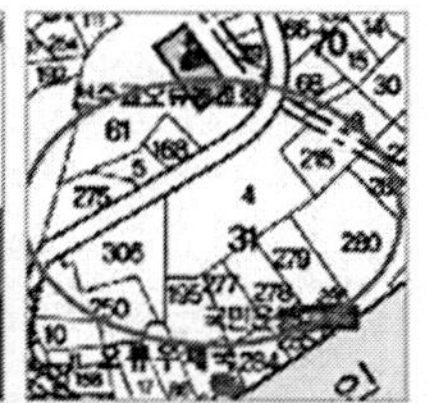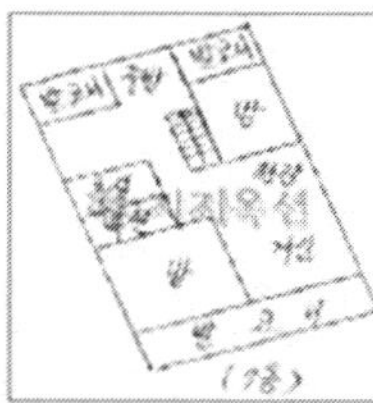

- 물건사진 8
- 지번·위치 3
- 구 조 도 3

우편번호및주소/감정서	물건번호/면 적 (m²)	감정가/최저가/과정	임차조사	등기권리
152-100 서울 구로구 오류동 31-4 , -306, -215 휘버스 7층 701호 ●감정평가서정리 - 오류초등학교남동측 인근위치 - 다세대주택,단독주택 등혼재 - 제반차량출입가능,대중교통사정보통 - 버스(정)인근소재 - 도시가스보일러개별 난방 - 일반상업지역 - 대공방어협조구역 - 진입표면구역 - 31-4, -306:도로접합 07.05.14 강림감정	물건번호: 단독물건 대지 42.53/1781 (12.87평) 건물 144.57 (43.73평) 7층:방2,욕실2,발코니3,8층:방2 12층-06.10.12보존 복층구조	감정가　400,000,000 · 대지　120,000,000 (30%) (평당 9,324,009) · 건물　280,000,000 (70%) (평당 6,402,927) 최저가　256,000,000 (64.0%) ●경매진행과정 　　400,000,000 ① 유찰　2007-10-01 20%↓　320,000,000 ② 유찰　2007-11-05 20%↓　256,000,000 ③ 낙찰　2007-12-10 　　270,100,000 (67.5%) - 응찰 : 5명 - 낙찰자:이순자 허가　2007-12-17	●법원임차조사 *소유자가 전부 점유하여 사용하는지 여부 임대차 미상.입주하지 아니하였음. ●지지옥션세대조사 ▩ 07.08.17 이성자 [동거인2명] 동사무소확인:2007.09.27	소유권 정매순 　　2006.10.12 저당권 우리은행 　　서울디지털 　　2006.10.12 　　280,800,000 임 의 우리은행 　　2007.04.20 *청구액:248,967,048원 가처분 이숙자 　　2007.04.20 예고등 중앙지법 기　　2007.05.03 2007가합33724 우리은행저당말소예등 등기부채권총액 　　280,800,000원 열람일자 : 2007.05.10

등기부등본

[집합건물] 서울특별시 구로구 오류동 31-4외 2필지 오류동계버스아파트 제7층 제701호　　　　고유번호 2543-2006-005755

순위번호	등 기 목 적	접 수	등 기 원 인	권 리 자 및 기 타 사 항
		제87706호		서울 구로구 오류동 31-4 경남연립 대표자 윤병돈 350110-1****** 서울 구로구 개봉동 70-77
2	소유권이전	2006년10월12일 제87730호	2005년12월10일 매매	소유자 정태순 580915-2****** 경기도 오산시 청학동 32-14 세산연립 102
3	(1)임의경매개시결정	2007년4월20일 제35715호	2007년4월16일 서울남부지방법원의 경매개시 결정(2007타경5300)	채권자 주식회사우리은행 110111-0023393 서울 중구 회현동1가 203 (여신관리센터)
3	(2)가처분	2007년4월20일 제35715호	2007년4월18일 서울남부지방법원의 가처분결정(2007카단516 5)	피보전권리 소유권이전등기말소청구권 채권자 이숙자 서울 양천구 신정동 1013-1 서일래오름아파트 103-502 금지사항 매매, 증여, 전세권, 저당권, 임차권의 설정 기타일체의 처분행위 금지

【 　　을　　　구　　 】	（ 소유권 이외의 권리에 관한 사항 ）			
순위번호	등 기 목 적	접 수	등 기 원 인	권 리 자 및 기 타 사 항
1	근저당권설정	2006년10월12일 제87737호	2006년10월12일 설정계약	채권최고액 금280,500,000원 채무자 정태순 경기도 오산시 청학동 32-14 세산연립 102 근저당권자 주식회사우리은행 110111-0023393 서울 중구 회현동1가 203 (서울디지털지점)

열람일시 : 2007년05월09일 오후 1시20분22초　　　　　　3/4

[집합건물] 서울특별시 구로구 오류동 31-4외 2필지 오류동계버스아파트 제7층 제701호　　　　고유번호 2543-2006-005755

순위번호	등 기 목 적	접 수	등 기 원 인	권 리 자 및 기 타 사 항
2	1번근저당권말소예고등기	2007년5월3일 제40029호	2007년4월23일 서울중앙지방법원에 소제기(2007가합33724)	

-- 이　하　여　백 --

권할등기소 서울남부지방법원 구로등기소

사건일반내용 　사건진행내용

>> 인쇄하기　>> 나의 사건 검색하기

사건번호 : 서울중앙지방법원 2007가합33724

기본내용　>> 청사배치

사건번호	2007가합33724	사건명	근저당권설정등기등
원고	정매순 외 1명	피 고	주식회사 우리은행
재판부	제16민사부(나)		
접수일	2007.04.23	종국결과	2008.07.10 원고패
원고소가	190,200,000	피고소가	
수리구분	제소	병합구분	없음
상소인		상소일	
상소각하일		보존여부	기록보존됨

송달료,보관금 종결에 따른 잔액조회　　>> 잔액조회

최근기일내용　>> 상세보기

일 자	시 각	기일구분	기일장소	결 과
2008.04.17	15:00	변론기일	민사법정 동관565	속행
2008.05.29	10:00	변론기일	민사법정 동관565	기일변경
2008.06.19	10:00	변론기일	민사법정 동관565	변론종결
2008.07.10	14:00	판결선고기일	민사법정 동관565	판결선고

최근 기일 순으로 일부만 보입니다. 반드시 상세보기로 확인하시기 바랍니다.

최근 제출서류 접수내용　>> 상세보기

일 자	내용
2008.07.14	피고 주식회사 우리은행 판결등본
2008.07.16	피고 주식회사 우리은행 판결등본
2008.07.28	원고1 정매순 판결등본
2008.08.19	피고 주식회사 우리은행 송달및확정증명

최근 제출서류 순으로 일부만 보입니다. 반드시 상세보기로 확인하시기 바랍니다.

관련사건내용

법 원	사건번호	결 과
서울중앙지방법원	2008카확2480	신청사건

당사자내용

구 분	이 름	종국결과	판결송달일
원고1	1. 정매순	2008.07.10 원고패	2008.07.23
원고2	2. 전순경	2008.07.10 원고패	2008.07.23
피고	1. 주식회사 우리은행 대표 이사 황영기	2008.07.10 원고패	2008.07.23

대리인내용

구 분	이 름
소송대리인(사임)	변호사 채인경
피고 소송대리인	법무법인 푸른 (담당변호사 : 곽훈)
원고들 소송대리인	법무법인 한반도 (담당변호사 : 이범성)

소송관계인내용

실전! 부동산 경매 완전정복 II

CHAPTER
8

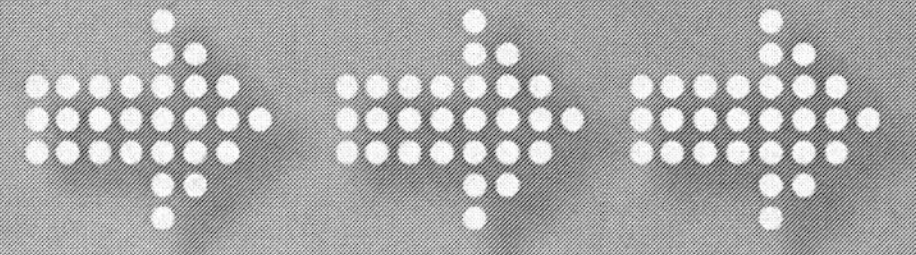

가등기와 가처분

1 가등기

1) 의의

가등기는 본등기의 순위보전을 위하여 하는 예비등기로서(부동산등기법 제3조) 매수한 부동산의 이중매매 또는 불측의 강제집행 등으로 발생되는 소유권이전 방해를 사전에 막아 원활하게 부동산의 소유권이전을 위함으로 많이 활용되고있다.

본등기를 하면 그 본등기의 순위는 가등기의 순위에 의한다(부동산등기법제6조2항.) 즉, 대항력의 순위가 가등기를 한 때로 소급하게 된다.

2) 가등기의 종류

① 청구권보전가등기

소유권이전청구권의 순위를 보전하기 위한 가등기로서 예를 들면 부동산 매매시에 매수인이 계약금 또는 중도금을 인도한 후에 매매의 예약으로 아직 소유권을 취득하지는 않았으나 매매예약자로서 권리를 확보할 필요가 있는 경우에 이용한다.

② 담보가등기

채권담보의 목적으로 이루어지는 가등기로서 채무자가 채권액을 변제하지 않는 경우에 채무자의 부동산을 채권자에게 소유권을 이전 시키게 된다.

경매실무에서는 말소기준권리로서 담보물건과 동일하게 취급하여 배당에 참여하고 말소 된다.

3) 가등기의 효력

① 가등기의 효력은 등기부상의 기재형식이 아니라 실질(순위보전의 목적인지 금전채권의 담보목적인자)에 의하여 결정되는데, 문제는 그 실질이 담보가등기인데도 불구하고 등기부상으로는 담보가등기의 형식이 아닌 대부분이 순위보전가등기의 형식으로 되어 있기 때문에 그 가등기가 담보가등기인지는 알 수가 없다는 것이다.

② 즉, 순위보전가등기가 "매매예약(등기원인)으로 인한 소유권이전청구권가등기(등기제목)"로, 담보가등기가 "대물반환예약(등기원인)으로 인한 소유권이전담보가등기(등기제목)"로(법이 예정하는 대로) 각 등기부에 각 기재되어 있으면 그것이 순위보전가등기인지 담보가등기인지를 쉽게 구분할 수 있을 것이다.

③ 그런데, 실제로는 담보가등기도 등기부상으로는 대부분이 순위보전가등기와 같이 "매매예약(등기원인)으로 인한 소유권이전청구권가등기"로 기재되어 있고, 법은 이에 대하여 순위보전가등기의 형식으로 등기부에 기재되어 있더라도 그 실질에 따라 그 가등기가 담보목적의 가등기이면 담보가등기로 인정된다는 것이다.

4) 경매에서의 가등기

① 법원은 가등기권리자에 대하여 그 가등기의 실질이 담보가등기인 때에는 그 내용(채권의 존부, 원인 및 액수를 포함)을, 담보가등기가 아닌 경우에도 그 내용을 법원에 각 신고할 것을 최고한다(가등기담보법 제16조 제1항).

② 위 최고의 결과(물론 다른 경위로 확인될 수도 있다) 그 가등기가 담보가등기인 경우에는 그 순위에 따라 저당권으로 보고 배당하고 그 가등기는 매각으로 소멸한다. (가등기담보법 제13조, 제15조) 즉, 그 가등기가 최선순위라도 말소되는 것이다.

③ 가등기가 순위보전가등기인 경우(권리신고가 되지 않아 담보가등기인지 순위보전가등기인지 알 수 없는 경우에도 순위보전가등기로 보아 같이 취급한다) 그 순위보전가등기가 소멸기준등기보다 늦은 경우에는 경매로 말소될 운명이기에 일반절차와 같이 경매를 진행한다.

④ 순위보전가등기가 소멸기준등기보다 빠른 경우(등기부상으로 최선순위)에는 그 가등기에 기한 본등기가 경료된 때에 가등기의 순위보전의 효력에 의하여 결국 문제가 발생(경매절차 중에는 그 절차를 속행할 수 없게 되고, 경매절차 후에는 경락인이 소유권을 상실)하게 되므로 경매법원은 경매개시결정등기를 마친 단계에서 경매절차를 사실상 중지하고 있다.

⑤ 그러나 이 경우의 경매절차의 중지는 경매법원이 반드시 지켜야 하는 직무상 의무는 아니므로, 법원이 낙찰인에게 그 부담이 인수될 수 있다는 취지를 입찰물건명세서에서 기재하고 경매절차를 진행한다. (대판 2003마1438 결정)

2003.10.6 선고 2003마1438 부동산낙찰허가결정

【판시사항】

부동산강제경매절차에서 선순위의 담보권이나 가압류가 없는 소유권이전등기청구권의 순위보전을 위한 가등기가 담보가등기인지 순위보전의가등기인지 밝혀질 때까지 경매절차를 중지하여야 하는 것인지 여부(소극)

【재판요지】

부동산의 강제경매절차에서 경매목적부동산이 낙찰된 때에도 소유권이전등기청구권의 순위보전을 위한 가등기는 그보다 선순위의 담보권이나 가압류가 없는 이상 담보

⑥ 담보가등기의 법률적 성격과 그 실상은 복잡하고 난해한 면이 많으나, 부동산 경매
에 있어 입찰자의 입장에서는 담보가등기가 저당권과 같다는 정도로만 알면 되고
그 법을 깊이 알아야 할 필요는 없을 것이다.

5) 청구권 보전가등기와 담보가등기의 구별

① 등기부상으로는 가등기가 소유권이전청구권 보전가등기인지 담보가등기인지 구별
할 수 있는 방법은 없다.
따라서 경매법원에서는 가등기의 종류를 구별하기 위해서 가등기권자에게 어떤가
등기인지 법원에 신고하라고 최고하게 된다.
이때 가등기권자가 청구권보전가등기라는 취지의 신고를 해오면 입찰기록에 기재하
고 경고하게 된다.

② 반면 담보가등기라는 취지의 신고를 하고 권리신고 및 채권계산서를 제출하게 되면
저당권으로 취급되어 배당에 참여하고 말소하게 된다.
만약에 법원의 최고에도 불구하고 가등기권자가 가등기의 종류를 신고하지 않는다
면 법원은 그 가등기가 청구권보전가등기라고 취급하는 것이 실무이다.

③ 하지만 "권리신고"를 배당신청으로 파악하면 큰 실수를 범하게 될 수 있다.

단순히 청구권보존가등기임을 밝히는 권리신고 일 수 있기 때문이며, "배당요구서" 또는 "채권계산서" 제출을 정확히 파악해야 한다.

6) 선순위 소유권이전청구권 보전가등기

1 등기원인 매매예약 (피보전권리 매매예약)

① 등기원인이 '매매예약'인 청구권 보전가등기는 당장 매매계약을 체결하지는 못하지만 장래에 매매계약을 체결할 것을 예약해 두고 다른 곳에 처분하는 것을 막기 위한 가등기로서 '매매예약완결권'이라는 권리를 갖게 된다.

② 이 '매매예약완결권'이라는 것은 소유자에게 매매를 원한다는 의사표시만으로 매매계약이 체결된 것으로 보는 권리, 즉 소유자의 동의없이 일방적으로 매매계약을 성립시킬 수 있는 형성권의 법적 성질을 가지고 있다.

또한 형성권은 소멸시효가 아닌 제척기간의 대상이 되는 권리로서 중단이나 정지 없이 일정한 기간이 경과되면 소멸하게 된다.

③ 아래의 판례에서 보는 것과 같이 '매매예약완결권'의 행사기간은 매매예약일로부터 10년이다.

따라서 말소되지 않는 선순위 청구권보전가등기라도 10년이 경과되면 가등기의 존재의 근거가 되는 '매매예약완결권'이 제척기간의 도과로 소멸되어 가등기도 말소가 되는 것이다(대법원 94다22682, 2000다26425).

④ 가등기의 예약완결권의 존속기간은 약정기간이 있으면 그에 의하고, 약정기간을 정하지 않은 때는 예약자(소유자)의 최고와 예약권리자(가등기권자)의 확답에 의

하여 결정된다(민법 제564조).

그러나 예약완결권의 행사기간을 약정했던 아니든, 예약완결권은 그 자체로 형성권이므로 10년간의 권리행사(제척기간)가 경과되면 소멸한다.

⑤ 따라서 최선순위의 가등기이더라도 그것이 등기된 지 10년이 지났으면, 원칙적으로 그 가등기는 사실상 경락자가 인수하지 않는 권리로 판단하고 경락을 받을수가 있다. 하지만 그런 가등기는 경매로 저절로 말소되는 것이 아니다.

경락자는 그 가등기권자를 상대로 소송을 통하여 그 가등기를 말소하여야 한다.

1995.11.10 선고 94다22682 토지소유권이전등기

【판시사항】

[1] 매매예약 완결권의 법적 성질 및 그 행사기간

[2] 매매예약 완결권의 행사시기에 관한 약정이 있는 경우, 그 제척기간의 기산점

【판결요지】

[1] 매매의 일방예약에서 예약자의 상대방이 매매예약 완결의 의사표시를 하여 매매의 효력을 생기게 하는 권리, 즉 매매예약의 완결권은 일종의 형성권으로서 당사자 사이에 그 행사기간을 약정한 때에는 그 기간 내에, 그러한 약정이 없는 때에는 그 예약이 성립한 때로부터 10년 내에 이를 행사하여야 하고, 그 기간을 지난 때에는 예약 완결권은 제척기간의 경과로 인하여 소멸한다.

[2] 제척기간은 권리자로 하여금 당해 권리를 신속하게 행사하도록 함으로써 법률관계를 조속히 확정시키려는 데 그 제도의 취지가 있는 것으로서, 소멸시효가 일정한 기간의 경과와 권리의 불행사라는 사정에 의하여 권리 소멸의 효과를 가져오는 것과는 달리 그 기간의 경과 자체만으로 곧 권리 소멸의 효과를 가져오게 하는 것이

<u>므로 그 기간 진행의 기산점은 특별한 사정이 없는 한 원칙적으로 권리가 발생한 때이고, 당사자 사이에 매매예약 완결권을 행사할 수 있는 시기를 특별히 약정한 경우에도 그 제척기간은 당초 권리의 발생일로부터 10년간의 기간이 경과되면 만료되는 것이지 그 기간을 넘어서 그 약정에 따라 권리를 행사할 수 있는 때로부터 10년이 되는 날까지로 연장된다고 볼 수 없다.</u>

2003.1.10 선고 2000다26425 소유권이전청구권가등기말소등기

【판시사항】

[1] 복수의 권리자가 소유권이전등기청구권을 보존하기 위하여 마쳐둔 가등기의 말소청구소송이 필수적 공동소송인지 여부(소극) [2] 매매예약완결권의 행사기간과 기산점 [3] 제척기간의 중단 여부(소극)

【재판요지】

[1] 복수의 권리자가 소유권이전청구권을 보존하기 위하여 가등기를 마쳐 둔 경우 특별한 사정이 없는 한 그 가등기의 말소청구소송은 권리관계의 합일적인 확정을 필요로 하는 필수적 공동소송이 아니라 통상의 공동소송이다. [2] 매매의 일방예약에서 예약자의 상대방이 매매예약 완결의 의사표시를 하여 매매의 효력을 생기게 하는 권리, 즉 <u>매매예약의 완결권은 일종의 형성권으로서 당사자 사이에 그 행사기간을 약정한 때에는 그 기간 내에, 그러한 약정이 없는 때에는 그 예약이 성립한 때로부터 10년 내에 이를 행사하여야 하고, 그 기간을 지난 때에는 예약 완결권은 제척기간의 경과로 인하여 소멸한다.</u> [3] <u>제척기간에 있어서는 소멸시효와 같이 기간의 중단이 있을 수 없다.</u>

2 등기원인이 매매계약 (피보전권리 소유권이전등기청구권)

① 등기원인이 '매매계약'인 경우에는 피보전권리가 소유권이전등기청구권으로 형성권이 아니고 소멸시효의 대상이 되는 권리로서 소멸시효의 중단이나 정지가 있을 수 있다 (대법원 90다카27570)

② 만약, 가등기권자가 부동산을 인도받아 점유하고 있은 경우에는 소유권이전등기청구권의 소멸시효가 진행하지 않기 때문에 아예 기간의 제한이 없을 것이다.
나아가 부동산의 매수인이 그 부동산을 인도받아 사용 수익하다가 그 부동산에 대한 보다 적극적인 권리행사의 일환으로 다른 사람에게 그 부동산을 처분하고 그 점유를 승계하여 준 경우에도 그가 그 부동산을 스스로 계속 사용 수익하고 있는 경우와 특별히 다를 바 없으므로 이전등기청구권의 소멸시효는 진행되지 않는다. (대법원 1999. 3. 18. 선고 98다32175 전원 합의체 판결).

③ 따라서 가등기권자가 목적물을 인도받아 사용하고 있다면 소멸시효가 진행되지 않아 소멸시킬 수 있는 기간이 가등기된 시점으로부터 11년이 될 수도 있고 20년도 될 수도 있으니 신중해야 할 것이다.

1991.3.12 선고 90다카27570 가등기말소등기 등

【판시사항】

[1] 토지를 매수한 후 소유권이전청구권보전을 위한 가등기를 경료하고 그 토지 상에 타인이 건물 등을 축조하여 점유 사용하는 것을 방지하기 위하여 지상권을 설정한 뒤 가등기에 기한 본등기청구권이 시효의 완성으로 소멸하면 위 지상권도 소멸되는지 여부(적극)

[2] 추완 항소에 대하여 직권으로 적법여부를 심리 판단할 것인지의 여부(적극) 03. 가등기에 기한 소유권이전등기청구권이 시효의 완성으로 소멸된 경우 그 가등기 이후에 부동산을 취득한 제3자가 그 소유권에 기한 방해배제청구로서 그 가등기 권자에 대하여 본등기청구권의 소멸시효를 주장하여 그 등기의 말소를 구할 수 있는지 여부(적극)

【판결요지】

[1] 토지를 매수하여 그 명의로 소유권이전청구권 보전을 위한 가등기를 경료하고 그 토지상에 타인이 건물 등을 축조하여 점유 사용하는 것을 방지하기 위하여 지상권을 설정하였다면 이는 위 가등기에 기한 본등기가 이루어질 경우 그 부동산의 실질적인 이용가치를 유지 확보할 목적으로 전 소유자에 의한 이용을 제한하기 위한 것이라고 봄이 상당하다고 할 것이고 그 가등기에 기한본등기 청구권이 시효의 완성으로 소멸하였다면 그 가등기와 함께 경료된 위지상권 또한 그 목적을 잃어 소멸되었다고 봄이 상당하다.

[2] 추완항소에 대하여는 직권으로 그 추완항소의 적법 여부에 대하여 심리 판단하여야 한다.

[3] 가등기에 기한 소유권이전등기청구권이 시효의 완성으로 소멸되었다면 그 가등기 이후에 그 부동산을 취득한 제3자는 그 소유권에 기한 방해배제청구로서 그 가등기권자에 대하여 본등기청구권의 소멸시효를 주장하여 그 등기의 말소를 구할 수 있다.

3 판결문 검색

① 선순위가등기 물건을 낙찰받고자 하는 입장에서는 가등기에 관한 본안 재판이

있었는지, 그 결과는 어떠했는지에 대한 조사를 철저히 할 필요가 있다.

이미 본안판결로 권리관계가 확정되었음에도 불구하고 등기부상에는 이런 본안 재판 결과가 반영되지 못한 경우가 적지 않기 때문이다.

② 하급심 판결검색은 현재로서는 **서초동에 있는 대법원 도서관 특별열람실** 1곳에서만 가능하며, 가등기권자, 소유자, 지번 등의 관련검색어로 관련 판결이 선고된 사실이 있는지 여부를 검색한다.

7) 쟁 점

1 대금납부까지의 쟁점

① 최선순위 청구권보전가등기가 경료되어 있는 부동산의 경우, 가등기의 성격상 순위보전의 효력 밖에 없기 때문에 그러한 부동산이라고 하더라도 압류등기를 하고 경매절차를 속행하는 데는 이론상으로 문제가 없다.

② 판례도 선순위가등기가 있다고 해서 반드시 경매를 중지하여야 하는 것은 아니라고 판단하고 있다.

③ 하지만, 추후 가등기에 기한 본등기가 경료되면 가등기의 순위보전 효력에 따라 가등기 후 이루어진 중간처분은 가등기권자와의 관계에서 유효하지 못할수 있기 때문에 선순위가등기가 있는 물건의 경매진행에는 어려움이 발생할 수밖에 없다.

④ 따라서 최고가 매수인이 발생하고 대금납부 이전이라면 집행법원은 매각절차를 속히 취소하여 매수인으로 하여금 대금납부의무를 면하게 할 필요가 있다. 그 때문에 선순위가등기가 있는 경우에는 경매개시결정등기를 마친 상태에서 매각절차를 중지하는 것이 경매실무로 보인다.

2 대금납부 이후의 쟁점

① 선순위가등기가 담보가등기일 경우에는 낙찰 이후 직권으로 가등기가 말소되지만, 순위보전가등기 경우에는 말소되지 않고 가등기의 정리문제가 과제로 남게 된다. 결국, 이렇게 말소되지 않은 가등기의 정리는 매수자가 가등기말소청구소송을 제기하는 등의 본안재판 결과에 따라 확정될 수 밖에 없다.

② 만약, 선순위 가등기된 부동산을 낙찰 받아 가등기에 기한 본등기 때문에 낙찰받은 부동산을 상실하게 되었다면, 민법 578조, 576조에 따라 채무자나 채권자를 상대로 대금의 반환을 청구할 수 있다.

③ 대금납부 후 배당 이전에 본등기가 경료 된 경우, 대금납부로 인해 매각절차가 이미 종결되었다는 점에서 매각절차 취소사유라고 할 수는 없지만, 배당이전이라면 매수인에 대한 신속한 대금을 반환하기 위해 민사집행법 96조 1항을 유추적용하는 방법으로 납부한 낙찰대금의 반환청구를 인정하고 있다.
하지만 본등기가 되지 않은 채 가등기만 존재하는 상태에서는 대금반환을 구할 수 없다.

8) 접근 방법

① 결국, 가등기에 기한 본등기가 경료되면서 낙찰받은 소유권을 상실하게 될 경우 해결은 낙찰대금을 반환 받는 방법이 되는데, 우선적인 반환책임이 있는 채무자는 대개의 경우 무자력인 경우가 많아 2차적인 책임이 있는 배당채권자의 자력이나 지위를 고려해서 낙찰에 임할 필요가 있다.

② 배당받게 될 채권자가 금융기관과 같이 향후 담보책임을 부담하기에 충분한 자력이 있는 경우에는 취득한 부동산을 상실하는 경우에도 낙찰대금 상당의 손해를

회복할 가능성이 크기 때문에 이 경우에는 선순위가등기가 있더라도 좀 더 과감하게 접근할 수 있을 것이다.

③ 하지만, 배당받게 될 사람이 자력이 불충분한 개인의 경우에는 매수를 결정함에 있어 훨씬 보수적일 필요가 있다.

🏠 관련조문

민법 제162조 (채권, 재산권의 소멸시효)

① 채권은 10년간 행사하지 아니하면 소멸시효가 완성한다.

② 채권 및 소유권 이외의 재산권은 20년간 행사하지 아니하면 소멸시효가 완성된다.

민법 제564조 (매매의 일방 예약)

① 매매의 일방 예약은 상대방이 매매를 완결할 의사를 표시하는 때에 매매의 효력이 생긴다.

② 전항의 의사표시의 기간을 정하지 아니한 때에는 예약자는 상당한 기간을 정하여 매매완결 어부의 확답을 상대방에게 최고할 수 있다.

③ 예약자가 전항의 기간 내에 확답을 받지 못한 때에는 예약은 그 효력을 잃는다.

2 가처분

1) 의의

가처분이란 금전채권(이는 가압류의 경우이다)이 아닌 특정의 물건이나 권리의 지급을 목적으로 하는 청구권을 보전하기 위하거나, 또는 쟁의(爭議)있는 권리관계에 관하여 임시의 지위를 정함을 목적으로 하는 재판이다.
그리고 보전처분에서 채권자가 보전하고 있는 권리를 '피보전권리'라고 한다.

2) 가처분의 효력

가처분은 채권자가 어떤 부동산의 그 자체에 대하여 권리를 가지고 있을 때 소유자가 본 집행(판결에 의한 집행)시까지 그 부동산을 몰래 처분(매매, 증여, 담보권의 설정, 심지어는 가짜의 집행 등)하는 일을 방지하고자 하는 것인데, 가처분의 효력을 처분금지적 효력이라 하고 우리 판례·실무는 상대적 효력(가처분한 자에게만 대항을 못하는 것)만 인정한다(민집 제300조 제1항).

3) 경매에서의 가처분

① 경매와 관련하여 거론될 수 있는 가처분에는 처분금지가처분과 점유이전금지가 처분이 있다.

즉, 대부분 특정의 부동산에 대한 소유권이전등기청구권에 대한 장래 본 집행을 보전할 필요가 있을 때 하는 처분금지가처분(매매, 양도, 설정 등 일체의 처분을 금지

하는 가처분)과 경매로 부동산을 낙찰 받은 후 명도대상자에 대하여 명도집행을 하
기 전에 집행당사자의 항정을 목적으로 하는 점유이전금지가처분이 있다.

② 처분금지가처분은 순위보전가등기의 경우와 같은 원리가 그대로 적용된다.
   즉, 처분금지가처분이 소멸기준등기보다 늦은 경우에는 경매로 말소되므로 일반절
   차와 같이 경매를 진행하고,

③ 소멸기준등기보다 빠른 경우에는 그 가처분에 기한 본 집행(전 소유자의 등기의 말
   소등기 등)이 경료되면 가처분의 처분금지적 효력에 의하여 결국 문제가 발생(경매
   절차 중에는 그 절차를 속행할 수 없게 되고, 경매절차 후에는 경락인이 소유권을
   상실)하게 된다. (대판 2000다65802, 92마903)

2003.2.28 선고 2000다65802 건물등철거·매매대금 공2003.4.15.[176],912

【판시사항】

[1] 건물 소유를 목적으로 하는 토지 임차인이 그 지상건물을 등기하기 전에 제3자가
토지에 관하여 물권취득의 등기를 한 경우, 그 이후에 그 지상건물을 등기한 임차
인의 제3자에 대한 임대차의 효력 발생 여부(소극)

[2] 처분금지가처분등기의 효력 및 처분행위가 가처분에 저촉되는 것인지 여부의 판
단기준

【재판요지】

[1] 민법 제622조 제1항은 '건물의 소유를 목적으로 하는 토지임대차는 이를 등기하
지 아니한 경우에도 임차인이 그 지상건물을 등기한 때에는 제3자에 대하여 임대
차의 효력이 생긴다.'고 규정하고 있는 바, 이는 건물을 소유하는 토지임차인의 보
호를 위하여 건물의 등기로써 토지임대차 등기에 갈음하는 효력을 부여하는 것일
뿐이므로 임차인이 그 지상건물을 등기하기 전에 제3자가 그 토지에 관하여 물권

취득의 등기를 한 때에는 임차인이 그 지상건물을 등기하더라도 그 제3자에 대하여 임대차의 효력이 생기지 아니한다.

[2] 부동산에 관하여 처분금지가처분의 등기가 마쳐진 후에 가처분권자가 본안소송에서 승소판결을 받아 확정되면 그 피보전권리의 범위 내에서 그 가처분에 저촉되는 처분행위의 효력을 부정할 수 있고, 이 때 그 처분행위가 가처분에 저촉되는 것인지의 여부는 그 처분행위에 따른 등기와 가처분등기의 선후에 의하여 정해진다.

1993.2.19 선고 92마903 등기공무원의처분에대한이의

【판시사항】

[1] 처분금지가처분의 등기 후 체납처분에 의한 압류등기가 되고 이어 가처분권자가 본안소송에서 승소판결을 받아 확정되었다면 체납처분의 효력을 부정할 수 있는지 여부(적극, 가처분우위)

【결정요지】

[1] 국세징수법 제35조에서 '체납처분은 재판상의 가압류 또는 가처분으로 인하여 그 집행에 영향을 받지 아니 한다'고 규정하고 있으나, 이는 선행의 가압류 또는 가처분이 있다고 하더라도 체납처분의 진행에 영향을 미치지 않는다는 취지의 절차진행에 관한 규정일 뿐이고 체납처분의 효력이 가압류, 가처분의 효력에 우선한다는 취지의 규정은 아니므로 부동산에 관하여 처분금지가처분의 등기가 된 후에 가처분권자가 본안소송에서 승소판결을 받아 확정이 되면 피보전권리의 범위 내에서 가처분 위반행위의 효력을 부정할 수 있고 이와 같은 가처분의 우선적 효력 그 위반행위가 체납처분에 기한 것이라 하여 달리 볼 수 없다.

④ 한편으로는, 최선순위의 가처분이 존재한다고 해서 경락자의 소유권이 반드시 상실
하게 되는 것은 아니다.

그리고 가처분이라도 가압류와 같이 실질에 있어서는 금전을 목적으로 하는 가처
분(대표적으로는 채권자취소권을 원인으로 하는 처분금지가처분)도 있다.

4) 소멸하지 않는 후순위 가처분

① 토지소유자가 그 지상 건물소유자를 상대로 건물철거 또는 토지인도를 구하는 위
하여 건물에 가처분 한 경우

토지소유자가 건물소유자를 상대로 건물철거 또는 토지인도를 구하는 본안소송을
위하여 그 건물에 가처분을 한 경우, 그 가처분의 순위에 관계없이 경매가 진행되어
낙찰되더라도 후에 가처분권자의 철거소송이 인용되면 건물이 철거된다. 그러므로
경매에서 후순위가처분이 선순위가처분보다 위험하다 볼 수 있다.

② 가처분의 원인이 소유권을 다투는 경우

'갑' 명의로 등기되어 있는 부동산에 '을'이 저당권자로 그리고 '병'이 가처분권자로
등기되어 있는 경우 '병'이 가처분한 이유가 자신이 그 부동산의 진정한 소유자이고
'갑'은 단순히 등기명의자에 불과하다는 것인 때에는 후순위 가처분등기의 말소여부
와는 관계없이 경매로 낙찰 받은 매수자가 매각대금을 완납하더라도 소유권을 취
득할 수 없다.

③ 선순위 근저당권이 경매개시 당시 이미 소멸하였음에도 형식상으로 등기가 남아있
었을 경우

부동산 등기부상 선순위로 근저당이 설정되어 있으나, 실제로는 남은 채무가 전
혀 없어 근저당에 기한 피담보채권이 존재하지 않고 근저당 이후에 가처분등기
가 되었다면 해당 부동산이 경매로 진행되었을 경우 말소기준권리는 무의미한 형

식상의 근저당권이 아니라 가처분이후의 권리에서 찾아야 할 것이다(대법원 97다 26104,26111).

<table>
<tr><td colspan="1" align="center">1998. 10. 27. 선고 97다26104,26111 건물철거·소유권이전등기말소</td></tr>
</table>

【판시사항】

[1]

[2] 강제경매의 개시 당시 근저당권이 이미 소멸하였으나 형식상 등기만이 남아있는데 그보다 후순위라는 이유로 강제경매개시결정 이전에 경료 된 가처분기입등기가 집행법원의 촉탁에 의하여 말소된 경우, 그 말소등기의 효력(무효)

[3] [4] [5]

【판결요지】

[1]

[2] 강제경매의 개시 당시 이미 소멸하였음에도 형식상 등기만이 남아 있을 뿐이었던 근저당권보다 후순위라는 이유로 집행법원의 촉탁에 의하여 이루어진 가처분기입 등기의 말소등기는 원인무효이고, 가처분채권자는 그 말소등기에도 불구하고 여전히 가처분채권자로서의 권리를 가진다.

[3] [4] [5]

5) 선순위가처분의 분석

① 가압류·가처분채권자가 가압류·가처분등기의 등기시점으로부터 일정기간(10년, 5년, 3년) 내에 본안의 소를 제기하지 아니한 때에는, 채무자 또는 이해관계인(경락인 등 제3취득자)은 가압류·가처분을 취소 신청할 수 있다.

② 경락자는 이해관계인으로서 가압류·가처분을 취소신청 할 수 있는 기회가 주어져 있고(민사집행법 제288조) 선순위가처분이 있는 경매물건에서 바로 이 점을 이용하는 것이다.

③ 채권자가 본안판결을 받아 강제집행하기 전까지 재판에 시간이 소요되고 그 시간 동안 채무자가 재산을 빼돌려버리면 판결이 휴지조각이 되어버릴 위험이 있다. 그래서 그걸 방지하기 위하여 본안재판 전에 미리 재산을 묶어둔다는 취지에서 생긴 것이 보전처분이다.

즉, 보전처분은 바로 채권자가 본안소송을 제기한다는 가정 하에 인정되는 것이다. 이를 보전처분의 잠정성이라고 한다.

④ 그러나 현실에서는 보전처분만 턱하니 해놓고는 채권자가 장기간 본안소송을 제기하지 않고 보전처분을 방치하여 두는 경우가 비일비재하다.

이에 원래 보전처분의 잠정성에 반하는 보전처분(채권자의 본안 제소의무 위반)으로부터 발생하는 보전처분채무자 등(특히 경락인 같은 제3취득자)의 불편과 권리 행사상의 장애를 간단한 절차에 의하여 해소할 필요에서 생긴 것이 이 제도인 것이다.

⑤ 즉 채무자 등이 일정기간이 도과된 후에 보전처분의 취소를 신청하였으면, 그 이후에는 채권자가 본안소송을 제기해도 가압류·가처분은 취소된다는 취지이다.

문제는 변경된 법 규정이 시행되는 기준일과 특정한 부동산등기부에 실려 있는 보전처분을 상호 비교하여 현재부로 취소가 가능한 경우인지부터 따져야 한다.

- 2002. 6. 30. 까지 등기된 보전처분은 그 보전처분의 등기가 된 날로부터 10년

- 2002. 7. 1. 이후 등기된 보전처분은 그 보전처분의 등기가 된 날로부터 5년

- 2005. 7. 28.부터 보전처분이 결정된 사건은 3년이 지나야 하는 것이다.

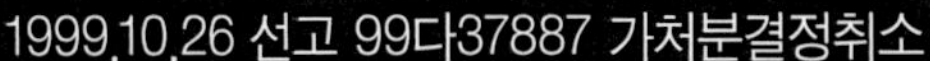

1999.10.26 선고 99다37887 가처분결정취소

【판시사항】

가압류·가처분채권자가 가압류·가처분집행 후 10년간 본안의 소를 제기하지 아니하여 취소의 요건이 완성된 후에 본안의 소를 제기한 경우, 그 취소를 배제할 수 있는지 여부(소극)

【재판요지】

가압류·가처분채권자가 가압류·가처분집행 후 10년간 본안의 소를 제기하지 아니한 때에는 가압류·가처분채무자 또는 이해관계인은 그 취소를 신청할 수 있고, 그 기간이 경과되면 취소의 요건은 완성되며, 그 후에 본안의 소가 제기되어도 가압류·가처분 취소를 배제하는 효력이 생기지 아니한다.

⑥ 그런데 가처분이 되고 일정기간(10년, 5년, 3년)이 지났다는 그 자체로서는 그냥 가처분의 효력이 상실되는 것이 아니다.

가처분채권자가 가처분등기의 등기시점으로부터 일정기간(10년, 5년, 3년)이 지났다는 것과 경락인이 그 보전처분의 취소를 신청하여 가처분취소결정 전에 타인 명의의 소유권이전등기가 된 것은 별개의 문제로 판단해야 한다는 것이다.

⑦ '가처분취소결정일'과 '가처분채권자의 본안승소판결에 의한 등기일'이 누가 빠른가에 달린 문제이다.

경락인은 경매를 받는 시점에 가처분권자가 본안의 승소판결을 받았는지, 또는 승소판결은 오래전에 받아놓고 경락되면 그 등기를 해버리려고 기획하고 있는지 면밀히 파악하여야 한다.

⑧ 위 본안승소판결 여부는 가처분 사건번호를 근거로 본안소송 사건번호를 파악하여 대법원에 판결문을 신청하면 그 사건의 승소 여부를 파악할 수 있다.

물론 본안 사건번호는 가등기 경우와 같이 대법원 특별열람실에서 파악할 수 있다.

2004.4.9 선고 2002다58389 소유권말소등기 등

[판시사항]

구 민사소송법상 부동산에 대한 처분금지가처분 집행 후 10년이 지난 후에 가처분채권자가 본안소송을 제기하여 승소판결을 받은 경우, 가처분 집행 후 가처분결정 취소판결 전에 이루어진 타인 명의의 소유권이전등기에 대하여 가처분채권자가 가처분의 효력을 주장할 수 있는지 여부(적극)

[재판요지]

구 민사소송법(2002. 1. 26. 법률 제6626호로 전문 개정되기 전의 것) 제715조에 의하여 가처분에도 준용되는 같은 법 제706조 제2항은 보전처분을 집행한 때부터 10년이 경과할 때까지 채권자가 본안의 소를 제기하지 않은 경우에는 채무자가 보전처분 취소소송을 제기하여 그 취소를 구할 수 있다는 것에 불과하고, 보전처분 집행 후 10년간 본안소송이 제기되지 아니하였다고 하여 보전처분 취소판결 없이도 보전처분의 효력이 당연히 소멸되거나, 보전처분 취소판결이 확정된 때에 보전처분 집행시로부터 10년이 경과된 시점에 소급하여 보전처분의 효력을 소멸하게 하는 것으로 볼 수 없으므로, 그 가처분의 피보전권리가 소멸되었음에도 불구하고 가처분이 취소되지 않고 있음을 이용하여 다른 동종의 권리로 그 가처분을 유용하였다는 등의 특별한 사정이 없는 한 그 가처분에 반하는 권리를 취득한 제3자는 가처분권자에게 대항할 수가 없게 된다고 해석할 수밖에 없으며, 이러한 법리는 본안소송이 제기된 시점이나 소유권이전등기가 된 시점이 가처분 집행 후 10년이 경과한 후라고 하여 달리 볼 것도 아니다.

6) 인수대상 가처분등기 물건을 낙찰 받아 대금을 납부한 경우 대처방법

① 매도인의 담보책임규정을 원용하여 배당 전에는 매매계약을 해제하고 낙찰대금의 반환을 구하고 배당 후라면 채무자에게 먼저 책임을 물어 대금반환을 구하고 채무자가 무자력인 경우에는 배당을 받은 채권자들에게 배당금의 반환을 구할 수 있다.

② 따라서 선순위가등기 경우와 같이 배당채권자가 금융기관과 같은 향후 담보책임을 부담하기에 충분한 자력이 있는 경우에는 취득한 부동산을 상실하는 경우에도 낙찰대금의 손해를 회복할 수 있기 때문에 선순위가처분이 있더라도 접근할 수 있을 것이다.

③ 하지만, 배당받게 될 사람이 자력이 불충분한 개인의 경우에는 매수를 결정함에 있어 면밀한 검토와 훨씬 보수적으로 접근해야함은 물론이다.

④ 또한 가처분말소신청 시에 소유권이전등기를 먼저 하지 말고 가처분말소신청의 결정을 난 후에 소유권이전등기를 하여 만약에 발생될 수 있는 소유권 상실 시에 발생될 등록세, 채권 등 등기비용의 손실을 방지할 수 있다.
　이는 경매의 특성상 낙찰대금을 납부하면 소유권을 취득하기 때문에 소유권이전등기전에 가처분말소신청을 할 수 있다.

구민사소송법 제706조

② 가압류집행 후 <u>10년간 본안의 소를 제기하지 아니한 때</u>에는 채무자 또는 이해관계인은 그 취소를 신청할 수 있다. (<u>2002. 6. 30.까지 등기집행</u> 된 사건에만 적용된다)

변경 전 민사집행법 제288조

④ 가압류가 집행된 뒤에 <u>5년간 본안의 소를 제기하지 아니한 때</u>에는 가압류 법원은 채무자 또는 이해관계인의 신청에 따라 결정으로 가압류를 취소하여야한다. (<u>2002. 7. 1.부터 등기집행</u> 된 사건에만 적용된다.)

현행 민사집행법 제288조 (사정변경 등에 따른 가압류취소)

① 채무자는 다음 각 호의 어느 하나에 해당하는 사유가 있는 경우에는 가압류가 인가된 뒤에도 그 취소를 신청할 수 있다. 제3호에 해당하는 경우에는 이해관계인도 신청할 수 있다.

   1. 가압류이유가 소멸되거나 그 밖에 사정이 바뀐 때

   2. 법원이 정한 담보를 제공한 때

   3. 가압류가 집행된 뒤에 <u>3년간 본안의 소를 제기하지 아니한 때</u> (<u>2005. 7. 28.부터 인가된 사건</u>에만 적용된다.)

민사집행법 제301조 (가압류절차의 준용)

가처분절차에는 그에 관하여 별도로 규정하는 경우 외에는 가압류절차에 관한 규정을 준용한다.

민법 406조 (채권자취소권)

②항 ①항의 소는 채권자가 취소원인을 안 날로부터 1년, 법률행위가 있은 날로부터 5년내에 제기하여야한다.

🏠 실전사례

가등기

중앙5계 2010-10802 상세정보

과거사건	중앙8계 2000-21575				
경매구분	강제(기일)	채 권 자	신용보증기금	낙 찰 일 시	11.05.31
용 도	연립	채무/소유자	김화미	낙 찰 가 격	735,990,000
감 정 가	980,000,000	청 구 액	523,241,817	경매개시일	10.04.14
최 저 가	627,200,000 (64%)	토지총면적	126.16 ㎡ (38.16평)	배당종기일	10.07.12
입찰보증금	10% (62,720,000)	건물총면적	201.83 ㎡ (61.05평)	조 회 수	금일1 공고후274 누적802
주 의 사 항	·선순위가등기 ·2010.07.07 가등기권자 김주자 채권계산서 제출 ·2011.05.12 가등기권자대리인 지평지성 사임계 제출 ·2011.05.13 가등기권자대리인 법무법인태일 소송위임장 제출 ·2011.05.16 가등기권자 법무법인태일 매각물건명세서 정정 신청서 제출				

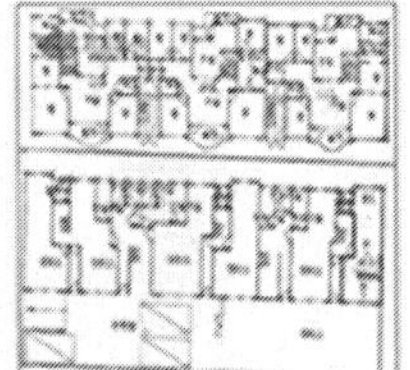

■ 물건사진 3
■ 지번·위치 1
■ 구 조 도 1

우편번호및주소/감정서	물건번호/면 적 (㎡)	감정가/최저가/과정	임차조사	등기권리
135-080 서울 강남구 역삼동 741-13 ,-14 월드빌리지 B동 1층 103호 ●감정평가서정리 - 벽돌조슬러브지붕위기와 - 지하철2호선역삼역3번출구남서측250m지점위치 - 주위다세대주택,연립주택지대 - 차량출입가능 - 제반교통사정양호 - 지하철역도보4분거리 - 도시가스에의한개별난방 - 2필일단의세장형토지 - 세로각지도로접함 - (위탁고도:54-236m) - 과밀억제권역 - 2종일반주거지역 2010.04.27 신상민감정	물건번호: 단독물건 대지 126.16/1100.4 　(38.16평) 건물 137.16 　(41.49평) 　방5,욕실2 · 지하층대피실 58.16 　(17.59평) · 보일러실 6.51 　(1.97평) 3층-88.03.30보존 남동향	감정가　　980,000,000 · 대지　　490,000,000 　　　　　　(50%) (평당 12,840,671) · 건물　　490,000,000 　　　　　　(50%) (평당 8,026,208) 최저가　　627,200,000 　　　　　　(64.0%) ●경매진행과정 　　　　　980,000,000 ① 유찰　2010-09-28 20%↓　784,000,000 ② 변경　2010-11-02 - - - - - - - - - - - 　　　　　784,000,000 ② 유찰　2011-04-26 20%↓　627,200,000 ③ 낙찰　2011-05-31 　　　　　735,990,000 　　　　　　(75.1%) - 응찰 : 3명 - 낙찰자:전해석 - 2위응찰액:	●법원임차조사 ·소유자점유 ·2회방문하였으나폐문부재이고관할동사무소전입세대확인의뢰결과본건에는소유자세대이외전입세대없다고하고경비원도소유자가족이거주한다고함 ●지지옥션세대조사 전입세대없음 동사무소확인:2010.09.15	소유권 김화미 　2001.11.14 　전소유자:배성자 가등기 김주자 　2001.11.14 　소유이전청구가등 가압류 신용보증기금 　주안 　2002.12.05 　999,500,000 가압류 서울보증보험 　대전 　2002.12.20 　442,242,314 가처분 신용보증기금 　인천중앙 　2010.04.05 　2010 카단 45771 　서울중앙지법 김주자가등가처 　[내역보기] 강 제 신용보증기금 　인천중앙 　2010.04.14 ·청구액:523,241,817원 등기부채권총액 1,441,742,314원

남부3계 2008-3463 상세정보

경매구분	강제(기일)	채 권 자	박종학	경매일시	기타물건
용 도	다세대	채무/소유자	이세은	다음예정	종결(기타)
감 정 가	108,000,000	청 구 액	80,000,000	경매개시일	08.02.15
최 저 가	86,400,000 (80%)	토지총면적	0 ㎡ (0평)	배당종기일	08.04.29
입찰보증금	10% (8,640,000)	건물총면적	61.72 ㎡ (18.67평)	조 회 수	금일1 공고후285 누적428

주 의 사 항	·선순위가처분 ·소멸되지 않는 권리: 등기부상 갑구5번 2003. 10. 20.자 가처분은 매각으로 말소되지 아니하므로 매수인이 인수할 부담임 ·대지사용권없는 건물만의 매각임(토지는 타인 소유임)

■ 물건사진 2
■ 지번·위치 3
■ 구 조 도 0

우편번호및주소/감정서	물건번호/면 적 (㎡)	감정가/최저가/과정	임차조사	등기권리
152-050 서울 구로구 구로동 570-2 ,-50 4층 402호 ●감정평가서정리 - 건물만입찰 - 철콘조철콘평슬래브지붕 - 애경백화점북동측인근 - 부근단독및다세대주택등형성된주택지대 - 차량출입가능 - 서측인근구로역소재, 역주변다수노선버스통과 - 도시가스난방 - 2종일반주거지역 - 대공방어협조구역 - 진입표면구역 - 2필일단토지 2008.02.27 민훈감정	물건번호: 단독물건 대지권없음 건물 61.72 　(18.67평) 방3,화장실2 4층-03.06.25보존	감정가　　108,000,000 ·건물　　108,000,000 　　　　　　(100%) (평당 5,784,681) 최저가　　86,400,000 　　　　　　(80.0%) ●경매진행과정 　　　　　108,000,000 ① 유찰　2010-02-02 20%↓　86,400,000 ② 낙찰　2010-03-09 　　　　　96,870,000 　　　　　(89.7%) - 응찰 : 2명 - 낙찰자:이명자 허가　2010-03-16 기타　2010-05-10	●법원임차조사 박종학 전입 2004.05.10 　　　확정 2003.07.29 　　　배당 2008.04.29 　　　(보)　80,000,000 　　　주거/전부 　　　점유 2003.7.21- 우연숙 전입 2006.11.10 　　　주거/조사서상 ┄┄┄┄┄┄┄┄┄ 총보증금:80,000,000 ●지지옥션세대조사 [전] 04.05.10 박종학 [전] 06.11.10 우연숙 동사무소확인:2010.01.20	가처분 기업은행 　　구로북 　　2003.10.20 소유권 이세은 　　2005.07.19 　　전소유자:하현호 압 류서울구로구 　　2006.01.13 강 제 박종학 　　2008.02.15 +청구액:80,000,000원 열람일자 : 2010.01.18

CHAPTER 9

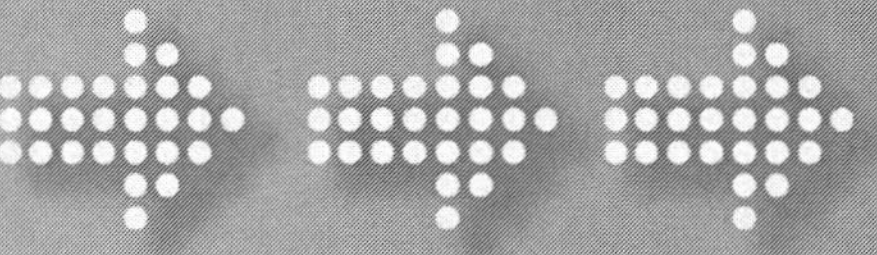

특수물건 사례

수원14계 2008-24127 상세정보

경매구분	임의(기일)	채 권 자	곡선(새)	낙 찰 일 시	09.05.13 (종결:09.07.09)
용　　　도	근린주택	채무/소유자	공금선	낙 찰 가 격	1,158,800,000
감　정　가	1,796,497,000	청 구 액	639,237,750	경매개시일	08.05.22
최　저　가	919,806,000 (51%)	토지총면적	431.3 ㎡ (130.47평)	배당종기일	08.12.11
입찰보증금	10% (91,980,600)	건물총면적	1140.16 ㎡ (344.9평)	조 회 수	금일2 공고후791 누적1,905

주 의 사 항	·유치권 ·일괄매각. 제시외건물포함. 2008.10.21.장수개발주식회사로부터 이 건물 신축공사대금의 유치권신고 (410,000,000원)가 있으나, 그 점유 여부 및 유치권 성립 여부는 불분명함. ·2008.10.21 유치권자 장수개발(주) 유치권신고서 제출

   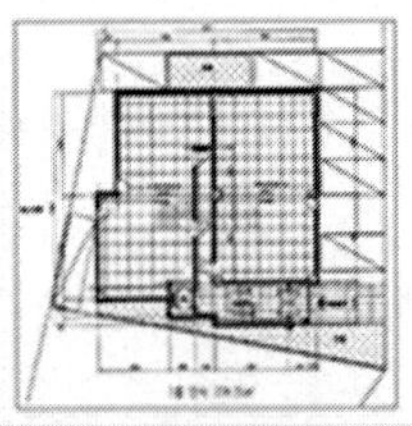

■ 물건사진 10
■ 지번·위치 3
■ 구 조 도 6

우편번호및주소/감정서	물건번호/면 적 (㎡)	감정가/최저가/과정	임차조사	등기권리
441-400 경기 수원시 권선구 곡반정동 590-7 ●감정평가서정리 - 철콘구조철근콘크리트지붕 - 안룡초등교북측인근 - 부근단독및다세대주택,일부소규모점포등혼재 - 인접도로이용해차량출입용이 - 버스(정)인근소재,일반대중교통사정양호 - 사다리형등고평탄지 - 북서측8m,남동측6m도로접합 - 도시지역 - 2종일반주거지역 - 소로2류,소로3류접함 - 비상활주로비행안전제3구역 - 전술항공작전기지비행안전제5구역 - 가스보일러의한난방설비 2008.05.24 서부감정	물건번호: 단독물건 대지 431.3 (130.47평) 건물 · 단독주택및근린생활시설 · 1층 226.05 (68.38평) 현:공실 · 2층 226.05 (68.38평) 현:공실 · 3층 222.42 (67.28평) 4가구(입주) · 4층 210.34 (63.63평) 4가구(입주) · 5층 168.26 (50.9평) 4가구(1가구입주,3가구미시공상태) · 옥탑기계실및계단실 19.74 (5.97평) 제시외 · 발코니 7.1 (2.15평) · 발코니 7.1	감정가 1,796,497,000 ·대지 776,340,000 (43.21%) (평당 5,950,333) ·건물 999,967,000 (55.66%) (평당 2,899,295) ·제시 20,190,000 (1.12%) 최저가 919,806,000 (51.2%) ●경매진행과정 1,796,497,000 ① 유찰 2009-02-06 20%↓ 1,437,198,000 ② 유찰 2009-03-10 20%↓ 1,149,758,000 ③ 유찰 2009-04-08 20%↓ 919,806,000 ④ 낙찰 2009-05-13 1,158,800,000 (64.5%) - 응찰 : 3명 - 낙찰자:	●법원임차조사 이승회 전입 2007.11.19 확정 2007.11.19 배당 2008.05.30 (보) 72,000,000 301호 점유 07.11.19-09.11.19 성미경 전입 2007.11.12 확정 2007.11.12 배당 2008.05.29 (보) 35,000,000 (월) 300,000 302호 점유 07.11.9-08.11.9 엄영숙 전입 2007.11.05 확정 2007.10.31 배당 2008.05.27 (보) 70,000,000 303호 점유 07.10.30-09.10.30 최은혜 전입 2007.11.02 확정 2007.11.02 배당 2008.06.02 (보) 70,000,000 401호	저당권 곡선(새) 2007.10.31 130,000,000 저당권 곡선(새) 2007.10.31 325,000,000 저당권 곡선(새) 2007.10.31 325,000,000 소유권 공금선 2007.11.21 전소유자:김기태 저당권 이종길 2007.12.14 225,000,000 가압류 허진아 2008.01.16 120,000,000 저당권 곽동원 2008.01.31 321,245,000 저당권 김기태 2008.01.31 423,950,000 압 류 수원권선구 2008.03.18 임 의 곡선(새) 2008.05.22 *청구액:639,237,750원 압 류 수원권선구청

부천3계 2008-4457[1] 상세정보

경매구분	임의(기일)	채 권 자	서안석	낙찰일시	08.07.24 (종결:11.02.21)
용 도	대지	채무/소유자	정팔수	낙찰가격	311,990,000
감정가	464,640,000	청 구 액	390,000,000	경매개시일	08.03.07
최저가	227,674,000 (49%)	토지총면적	193.6 m² (58.56평)	배당종기일	08.05.10
입찰보증금	10% (22,767,400)	건물총면적	0 m² (0평)	조 회 수	금일2 공고후525 누적927
주의사항	· 법정지상권 · 입찰외 · 배당요구종기 2008.5.10.				

- 물건사진 6
- 지번·위치 4
- 구 조 도 1

우편번호및주소/감정서	물건번호/면 적 (m²)	감정가/최저가/과정	임차조사	등기권리
422-090 경기 부천시 소사구 괴안동 130-29 ●감정평가서정리 - 역곡역동남측300m지점소재 - 일반및다세대주택,학교등형성 - 인근차량출입가능,대중교통사정보통 - 구형의평지 - 남측2.5m도로접합 - 2종일반주거지역,토지거래허가구역 - 개발행위허가제한지역 - 재정비촉진지구 08.03.18 경신감정 표준공시지가 : 1,450,000 감정지가 : 2,400,000	물건번호: 1 번 (총물건수 2건) 1)대지 193.6 (58.56평) 입찰외제시외지하1층및지상2층건물소재 법정지상권성립여지불분명	감정가 464,640,000 최저가 227,674,000 (49.0%) ●경매진행과정 464,640,000 ① 유찰 2008-05-29 30%↓ 325,248,000 ② 유찰 2008-06-26 30%↓ 227,674,000 ③ 낙찰 2008-07-24 311,990,000 (67.1%) - 응찰 : 4명 - 낙찰자:김영택 - 2위응찰액: 280,010,000 허가 2008-07-31 종결 2011-02-21	●법원임차조사 배학수 전입 1996.06.12 확정 1997.12.04 배당 2008.03.25 (보) 20,000,000 일부분 점유 1995.8.6~ 안재찬 전입 (보) 25,000,000 일부분 권경문 전입 2002.11.11 손종호 전입 2006.09.18 장항우 전입 2002.10.14 *지하1층및 지상2층 건물의 제시외 건물이 소재함,현황차 방문하여 조사된 임차인 배학수 와 안재찬 외에는 폐문으로 인하여 거주자 및 이해관계인을 만날 수없어 자세한 임대차관계미상 이며 알리	소유권정팔수 1989.08.19 저당권 경기상호신용 1990.07.30 390,000,000 지상권 경기상호신용 1990.07.30 30년 압 류 소사구 1993.03.15 압 류 마포세무서 1994.10.29 가압류 대한보증보험 1995.03.08 압 류 마포구 1995.10.13 압 류 부천세무서 1996.04.06 압 류 종로구청 2000.06.19 압 류 국민건강보험 구미지사 2004.02.16 이 전서안석

천안2계 2010-8005[4] 상세정보

병합/중복	병합:2010-9169(덕수이씨충무공파)
과거사건	천안5계 2009-7822

경매구분	임의(기일)	채 권 자	김기숙	낙 찰 일 시	11.07.18 (종결:11.09.30)
용　　도	답	채무/소유자	한덕우	낙 찰 가 격	33,390,000
감 정 가	110,800,000	청 구 액	150,000,000	경매개시일	10.05.11
최 저 가	26,603,000 (24%)	토지총면적	1385 ㎡ (418.96평)	배당종기일	10.07.20
입찰보증금	10% (2,660,300)	건물총면적	0 ㎡ (0평)	조 회 수	금일5 공고후87 누적186

주 의 사 항	· 예고등기 · 농지취득자격증명 · 소멸되지 않는 권리 : 지상권(1978.12.15.등기) · 농지취득자격증명 제출 필요(미제출시 보증금 몰수)

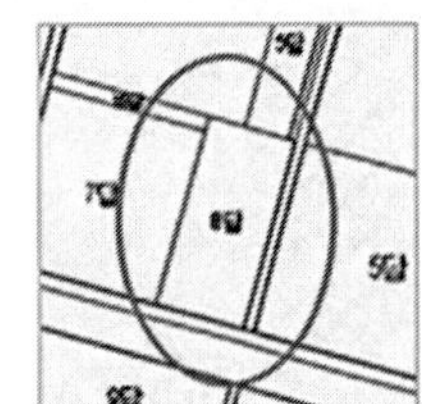

■ 물건사진 1
■ 지번·위치 3
■ 구 조 도 0

우편번호및주소/감정서	물건번호/면 적 (㎡)	감정가/최저가/과정	임차조사	등기권리
336-813 충남 아산시 염치읍 백암리 269-8 ●감정평가서정리 - 현충사인근 - 주위농가주택및농경지,임야,현충사등형성된마을주변경지정리지대 - 본건또는인근차량출입가능 - 버스(정)인근소재,제반교통상황보통 - 세장형평지 - 남측약3m도로접하며동측약2m비포장도로접함 - 농업진흥구역 - 국가지정문화재외곽경계500m이내지역 - 농림지역 2010.06.21 대일감정	물건번호: 4 번 (총물건수 5건) 4)답 1385 　(418.96평) 농취증필요	감정가　　110,800,000 · 토지　　110,800,000 　　　　　　　(100%) （평당 264,464) 최저가　　26,603,000 　　　　　　(24.0%) ●경매진행과정 　　　　　110,800,000 ① 유찰　2011-02-28 30%↓　　77,560,000 ② 유찰　2011-04-04 30%↓　　54,292,000 ③ 유찰　2011-05-09 30%↓　　38,004,000 ④ 유찰　2011-06-13 30%↓　　26,603,000 ⑤ 낙찰　2011-07-18 　　　　　　33,390,000 　　　　　　(30.1%)	●법원임차조사 *현장이해관계인 부재로 점유관계 확인불가함.	지상권 한국송유관(주) 1987.12.15 지료:396,000 송유관공작물의존속기간 예고등기 천안지원 2004.12.20 2004 가단 25570 이철용 소유권말소예등 저당권 김기숙 2009.10.30 225,000,000 소유권 한덕우 2009.12.02 전소유자:최순선 가처분 덕수이씨충무공파 2010.05.03 2010 카단 2058 대전지법 천안지원 가처분 덕수이씨충무공파 2010.05.10 2010 카단 2171 대전지법 천안지원 김기숙저당가처 이　이기기숙

고양1계 2009-25780[2] 상세정보

경매구분	강제(기일)	채 권 자	신용보증기금	낙 찰 일 시	10.08.10 (종결:10.11.26)
용 도	임야	채무/소유자	장철수	낙 찰 가 격	74,856,700
감 정 가	285,476,000	청 구 액	199,643,953	경매개시일	09.08.24
최 저 가	74,836,000 (26%)	토지총면적	4922 ㎡ (1488.9평)	배당종기일	09.11.17
입찰보증금	10% (7,483,600)	건물총면적	0 ㎡ (0평)	조 회 수	금일3 공고후105 누적440
주 의 사 항	· 선순위가등기 · 맹지 · 소멸되지 않는 권리: 1998.8.24. 소유권이전청구권가등기 · 2009.09.24 공유자 이숙자 공유자우선매수신청 제출 (본 물건번호에 적용여부 확인요망)				

   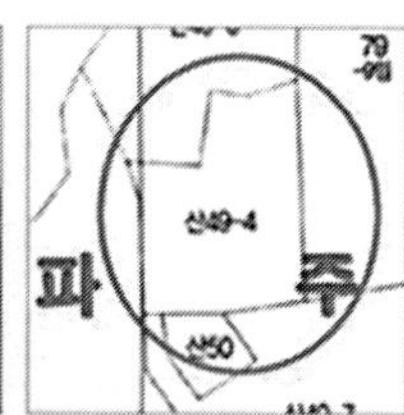

- 물건사진 6
- 지번·위치 4
- 구 조 도 0

우편번호및주소/감정서	물건번호/면적 (㎡)	감정가/최저가/과정	임차조사	등기권리
413-861 경기 파주시 파주읍 부곡리 산49-4 ●감정평가서정리 - 너부여울북측인근 - 주위동류형자연림,남동측농가주택,전,답,목장용지,공장등혼재한마을주변야산지대 - 남동측인근마을근거리버스(정)소재,대중교통사정보통 - 부정형토지,자연림 - 지적및현황맹지 - 보전관리지역 - 군사기지및군사시설기타(15m) - 제한보호구역(전방지역:25Km) - 토지거래계약허가구역 2009.09.26 이화감정 표준공시지가 : 69,000 감정지가 : 58,000	물건번호: 2 번 (총물건수 2건) 2)임야 4922 (1488.9평) 분묘소재여부불확실	감정가 285,476,000 · 토지 285,476,000 (100%) (평당 191,736) 최저가 74,836,000 (26.2%) ●경매진행과정 285,476,000 ① 유찰 2010-01-12 20%↓ 228,381,000 ② 유찰 2010-02-09 20%↓ 182,705,000 ③ 유찰 2010-03-09 20%↓ 146,164,000 ④ 유찰 2010-04-13 20%↓ 116,931,000 ⑤ 유찰 2010-06-08 20%↓ 93,545,000 ⑥ 유찰 2010-07-13 20%↓ 74,836,000 ⑦ 낙찰 2010-08-10 74,856,700 (26.2%) - 응찰 : 1명	●법원임차조사 *사람이 없어 점유자 확인이 안되므로 점유관계 등은 별도의 확인요망.임야 및 잡종지 상태로 보이나 지형이 지적도와 상이하여 인접 임야 및 토지와의 경계를 목측으로는 알 수 없으므로 정확한 것은 측량을 해야 알 것임	소유권 장철수 1997.08.19 가등기 박성주 1998.08.24 소유이전청구가등 가압류 주택은행 금촌 1998.09.14 3,700,000,000 가압류 신용보증기금 고양 1999.01.15 400,000,000 압 류 고양세무서 2003.03.21 가압류 한국자산관리 부실채권정리 2009.05.29 100,000,000 강 제 신용보증기금 고양 2009.08.24 +청구액:199,643,953원 가압류 한국자산관리 기업개선부 2009.11.16 2,991,165,915 등기부채권총액 7,191,165,915원 열람일자 : 2009.12.28

남부3계 2008-3463 상세정보

경매구분	강제(기일)	채 권 자	박종학	경매일시	기타물건
용 도	다세대	채무/소유자	이세은	다음예정	종결(기타)
감 정 가	108,000,000	청 구 액	80,000,000	경매개시일	08.02.15
최 저 가	86,400,000 (80%)	토지총면적	0 m² (0평)	배당종기일	08.04.29
입찰보증금	10% (8,640,000)	건물총면적	61.72 m² (18.67평)	조 회 수	금일3 공고후288 누적431
주의사항		·선순위가처분 ·소멸되지 않는 권리: 등기부상 갑구5번 2003. 10. 20.자 가처분은 매각으로 말소되지 아니하므로 매수인이 인수할 부담임 ·대지사용권없는 건물만의 매각임(토지는 타인 소유임)			

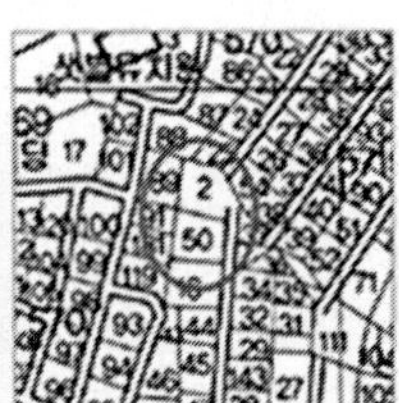

■ 물건사진 2
■ 지번·위치 3
■ 구 조 도 0

우편번호및주소/감정서	물건번호/면 적 (m²)	감정가/최저가/과정	임차조사	등기권리
152-050 서울 구로구 구로동 570-2 , -50 4층 402호 ●감정평가서정리 - 건물만입찰 - 철콘조철콘평슬래브 　지붕 - 애경백화점북동측인 　근 - 부근단독및다세대주 　택등형성된주택지대 - 차량출입가능 - 서측인근구로역소재, 　역주변다수노선버스 　통과 - 도시가스난방 - 2종일반주거지역 - 대공방어협조구역 - 진입표면구역 - 2필일단토지	물건번호: 단독물건 대지권없음 건물 61.72 (18.67평) 방3,화장실2 4층-03.06.25보존	감정가　　108,000,000 ·건물　　108,000,000 　　　　　　(100%) (평당 5,784,681) 최저가　　86,400,000 　　　　　　(80.0%) ●경매진행과정 　　　　108,000,000 ① 유찰　2010-02-02 20%↓　86,400,000 ② 낙찰　2010-03-09 　　　　96,870,000 　　　　　(89.7%) - 응찰 : 2명 - 낙찰자:이명자 　허가　2010-03-16	●법원임차조사 박종학 전입 2004.05.10 　　　확정 2003.07.29 　　　배당 2008.04.29 　　　(보) 80,000,000 　　　주거/전부 　　　점유 2003.7.21- 우연숙 전입 2006.11.10 　　　주거/조사서상 - - - - - - - - - - - 　총보증금:80,000,000 ●지지옥션세대조사 🏠 04.05.10 박종학 🏠 06.11.10 우연숙 동사무소확인:2010.01.20	가처분 기업은행 　　　구로북 　　　2003.10.20 소유권 이세은 　　　2005.07.19 　　　전소유자:하현호 압　류 서울구로구 　　　2006.01.13 강　제 박종학 　　　2008.02.15 *청구액:80,000,000원 열람일자 : 2010.01.18

동부1계 2007-2637 상세정보

경매구분	강제(기일)	채 권 자	이홍기	낙찰일시	08.12.15 (종결:09.02.13)
용 도	단독주택	채무/소유자	장천수/유명식외4	낙찰가격	78,333,000
감 정 가	91,000,000	청 구 액	17,130,130	경매개시일	07.02.15
최 저 가	58,240,000 (64%)	토지총면적	22.67 ㎡ (6.86평)	배당종기일	07.05.23
입찰보증금	10% (5,824,000)	건물총면적	39.49 ㎡ (11.95평)	조 회 수	금일2 공고후889 누적1,131

주 의 사 항	· 지분매각 · 일괄매각, 제시외건물 포함 본건 경매할 장천수 지분은 지층 우측(101호) 부분을 소유하는 구분소유적 공유 관계로 추정됨.재개발사업이 진행중인 부동산인데 소유자가 분양신청을 하지 않은 현금청산대상으로 분류되어 매수인이 조합원자격을 취득하지 못할 가능성이 있음매수인이 조합원자격을 취득하지 못하는 경우를 기준으로 최저매각가격을 정하였음(매수인이 조합원 자격을 취득할 수 있는 경우의 감정가는 132,522,760원임)

   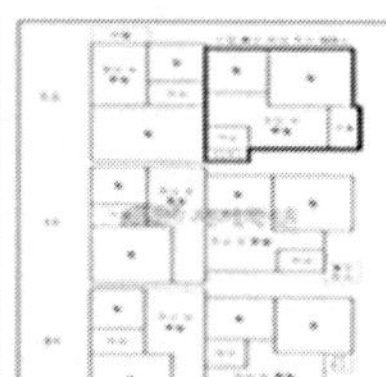

■ 물 건 사 진 9
■ 지번·위치 4
■ 구 조 도 4

우편번호및주소/감정서	물건번호/면 적 (㎡)	감정가/최저가/과정	임차조사	등기권리
133-091 서울 성동구 금호동1가 325 ●감정평가서정리 - 벽돌조평슬러브지붕 - 신금호역남동측인근 - 주변단독주택중심의 주택지대로서주택 재개발정비사업진행 중인지역 - 차량접근가능,대중교통사정무난 - 도보5분거리버스(정) 및지하철역소재 - 남하향완경사의사다리형토지 - 북동측노폭약3-4m,남동측폭약3m 도로접함 - 도시가스난방 - 3종일반주거지역 - 도로(사도)접함 - 대공방어협조구역	물건번호: 단독물건 대지 22.67/136 (6.86평) (1/6 장천수 지분) 건물 ·1층 11.69/69.06 (3.54평) ·2층 11.79/69.66 (3.57평) ·지층 12.01/70.95 (3.63평) (건물입찰 지분 35.48/209.67 장천수 지분) 제시외현관 3 (0.91평) ·보일러실 1 (0.3평) 통칭:지층101호-방2 92.03.06보존 5세대 *2007.12월 재감정	감정가 91,000,000 최저가 58,240,000 (64.0%) ●경매진행과정 130,000,000 ① 낙찰 2007-12-03 151,100,000 (166%) - 응찰 : 2명 불허 2007-12-10 30%↓ 91,000,000 ② 유찰 2008-09-22 20%↓ 72,800,000 ③ 유찰 2008-11-03 20%↓ 58,240,000 ④ 낙찰 2008-12-15 78,333,000 (86.1%)	●법원임차조사 신미순 전입 1995.11.27 임차 2004.10.20 확정 1996.04.24 배당 2007.03.16 (보) 32,000,000 점유 1995.11.19- (조사서상:3300만 전입:2006.12.29) *1층 우측은 세대주 이선우,좌측은 세대주 석태훈,2층 좌측은 김선이,우측은 세대주 홍춘만이 각 점유하고 있다고 이웃 주민 진술.임차인 신미순 진술.관할 동사무소에 주민등록등재자를 조사한바세대주 신미순,김동석,이선우,석래훈,김선이,홍춘만,백종국,신수자가 등재되어있음 ········ 총보증금:32,000,000	저당권 금호1가새 1994.08.02 7,500,000 가압류 최성란 1997.03.17 15,000,000 가압류 이경주 1997.03.18 20,000,000 가압류 이홍기 1998.12.09 5,000,000 가압류 곽근용 2004.06.14 10,000,000 임차권 신미순 2004.10.20 32,000,000 전입:1995.11.27 확정:1996.04.24 압 류 성동구 2007.01.03 강 제 이홍기 2007.02.15

공유지분경매 물건

중앙11계 2006-44648[1] 상세정보

경매구분	임의(기일)	채권자	조복순	낙찰일시	07.09.20 (종결:07.11.06)
용도	근린상가	채무/소유자	김영자외1/이경묵외6	낙찰가격	138,010,000
감정가	170,001,120	청구액	60,000,000	경매개시일	07.01.02
최저가	108,801,000 (64%)	토지총면적	5.96 ㎡ (1.8평)	배당종기일	07.03.16
입찰보증금	10% (10,880,100)	건물총면적	44.09 ㎡ (13.34평)	조회수	금일2 공고후355 누적727
주의사항	· 지분매각 · 감정평가보고서에 의하면 본건 20-11 지상의 건물은 공부상 별개의 건물이나, 현황은 인근 20-5,6,14,15,54 번지의 건물들과 연결되어 한동의 건물로 되어 있다함				

   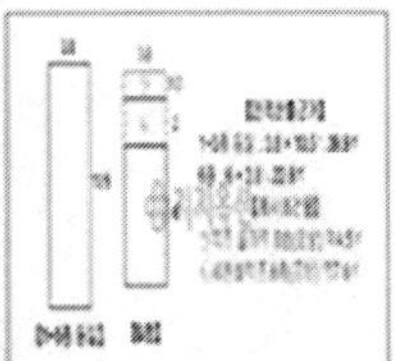

■ 물건사진 6
■ 지번·위치 4
■ 구 조 도 2

우편번호및주소/감정서	물건번호/면적 (㎡)	감정가/최저가/과정	임차조사	등기권리
100-094 서울 중구 남대문로4가 20-11 ●감정평가서정리 - "미공사","코닥칼라","남경안경출판","보원사(금방)","24시공방(세공실) - 철콘조평옥개지붕 - 남대문로4가남대문동측인근 - 차량접근가능 - 버스(정)인근소재,대중교통사정보통 - 인근노선상가변유동인구및성숙중인상가지대 - 세장형등고평탄지 - 북측광대로접합 - 일반상업지역 - 방화지구,중심지미관지구 - 도로접합 - 정비구역(도시정비사업)	물건번호: 1번 (총물건수 2건) 1)대지 5.96/41.7 (1.8평) 건물 · 영업소 5.76/40.3 (12.19평) · 외2계평 5.76/40.3 (12.19평) · 3계평 5.76/40.3 (12.19평) · 4계평 5.76/40.3 (12.19평) · 5계평 5.76/40.3 (12.19평) · 6계평 3.19/22.31 (6.75평) (이상입찰분 1/7 이경묵지분) 제시외공방 4.5 (1.36평) · 공방 7.6 (2.3평) 64.01.22보존	감정가 170,001,120 · 대지 168,072,000 (98.87%) (평당 93,373,333) · 건물 1,855,420 (1.09%) (평당 139,087) · 제시 73,700 (0.04%) 최저가 108,801,000 (64.0%) ●경매진행과정 170,001,120 ① 유찰 2007-07-12 20%↓ 136,001,000 ② 유찰 2007-08-16 20%↓ 108,801,000 ③ 낙찰 2007-09-20 138,010,000 (81.2%) - 응찰 : 2명	●법원임차조사 *고향세꼬시는 폐문부재이나 최계춘의 진술에의하면 가게를 내놓은 상태라고 함. 최계춘과 고금회는 부부지간으로 고향산천이라는 음식점을 함께 운영하고 있었으며 2층한쪽에 방1칸을 꾸며 가족들이 기거하고 있다고 함 *1층에서 대진카메라란 상호로 영업을 하고 있는 소유자의 동생 이진묵의 진술에의하면 제시건물에서 자신이 직접 영업을 형제들과 함께하고 있다고 함.	저당권 조복순 2004.11.05 37,500,000 저당권 조복순 2004.12.21 22,500,000 임 의 조복순 2007.01.05 *청구액:60,000,000원 등기부채권총액 60,000,000원 열람일자 : 2007.03.15 *남대문로4가 20-11 등기

인천4계 2006-32127 상세정보

경 매 구 분	임의(기일)	채 권 자	우리은행	낙 찰 일 시	07.04.10 (종결:07.06.08)
용 도	기타	채무/소유자	김미옥/안영기	낙 찰 가 격	145,000,000
감 정 가	200,000,000	청 구 액	19,550,521	경매개시일	06.04.28
최 저 가	98,000,000 (49%)	토지총면적	0 ㎡ (0평)	배당종기일	06.07.31
입찰보증금	10% (9,800,000)	건물총면적	1866.17 ㎡ (564.52평)	조 회 수	금일2 공고후596 누적1,154

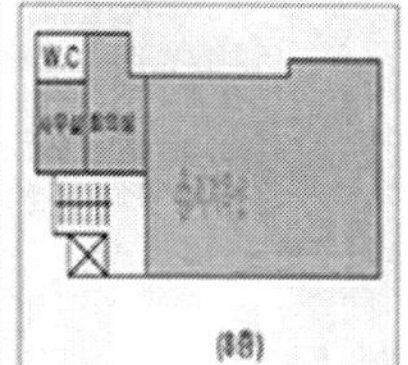

- 물건사진 9
- 지번·위치 3
- 구 조 도 2

우편번호및주소/감정서	물건번호/면 적 (㎡)	감정가/최저가/과정	임차조사	등기권리
402-020 인천 남구 용현동 451-65, -80 ●감정평가서정리 - "삼성헬스장" - 철콘조및일반철골구조데크플레이트슬래브지붕] - 독정이삼거리남서측인근 - 제반차량출입용이 - 버스(정)인근소재,대중교통사정편리 - 인근시장및소규모상가,시중은행,병원등혼재 - 부정형토지 - 북측대로변도로접함 - 8층,9층설정된전세권에대한경매임 2006.11.28 대일에셋감정	물건번호: 단독물건 건물 · 근린생활시설및단독주택 · 1층 149.59 　(45.25평) · 2층 323.9 　(97.98평) · 3층 174.61 　(52.82평) · 4층 174.61 　(52.82평) · 5층 174.61 　(52.82평) · 6층 174.61 　(52.82평) · 7층 174.61 　(52.82평) · 8층 174.61 　(52.82평) 　현:체력단련장 · 9층 174.61 　(52.82평) 　현:체력단련장 · 10층 170.41 　(51.55평) 　04.02.18보존	감정가　　200,000,000 최저가　　98,000,000 　　　　　(49.0%) ●경매진행과정 　　　　　200,000,000 ① 유찰　2007-02-08 30%↓　140,000,000 ② 유찰　2007-03-09 30%↓　98,000,000 ③ 낙찰　2007-04-10 　　　　　145,000,000 　　　　　(72.5%) - 응찰 : 6명 - 낙찰자:송기창 - 2위응찰액: 　140,100,000 　허가　2007-04-17 　종결　2007-06-08	●법원임차조사 김미성 전입	저당권 우리은행 　주안남 　2004.02.18 　1,200,000,000 전세권 김미옥 　2004.06.07 　220,000,000 　존속기 　간:2009.04.27 저당권 우리은행 　주안남 　2004.06.11 　220,000,000 　김미옥전세저당 가압류 최경옥 　2004.07.21 　20,000,000 압　류 인천남구 　2006.02.28 가등기 김정하 　2006.04.06 　소유이전청구가등 저당권 한철규 　2006.04.06 　375,000,000 저당권 남궁재승 　2006.04.06 　75,000,000

위장임차인 인수 물건

수원7계 2008-38683 상세정보

경매구분	임의(기일)	채 권 자	안양상호외1	낙찰일시	09.11.06 (종결:10.02.10)
용　　도	근린상가	채무/소유자	선광양행/김선순	낙찰가격	2,107,777,000
감 정 가	6,334,744,880	청 구 액	3,336,980,101	경매개시일	08.08.07
최 저 가	1,660,616,000 (26%)	토지총면적	342.1 ㎡ (103.49평)	배당종기일	08.11.10
입찰보증금	10% (166,061,600)	건물총면적	806.85 ㎡ (244.07평)	조 회 수	금일2 공고후828 누적2,581
주 의 사 항	· 일괄매각, 감정평가서는 2008타경27379호를 원용함				
제 보 내 용	【제보일 : 2009.08.28　제보자 : 안양상호저축은행 정재철　연락처 : 0314637882 】 임차인 소액임대차보증금 지급대상 아님!! 【제보일 : 2009.09.09　제보자 : bankman2 】 법원에서 상인들은 배당을 못받으니, 낙찰자가 인수해야 할 듯 합니다.				

■ 물건사진 1
■ 지번·위치 2
■ 구 조 도 0

우편번호및주소/감정서	물건번호/면적 (㎡)	감정가/최저가/과정	임차조사	등기권리
442-023 경기 수원시 팔달구 팔달로3가 28-8 1호 ●감정평가서정리 -2008-27379 감정서내용 -1 　층"VENUS,A6,imstyle,HANG-TEN, 　RbK"(비너스,A6이외점포공실 　및점포정리중), 　2층"명동돈까스" -철콘조슬래브즙 -영동시장서측인근 -주위영동시장중심으로한번화 　한중심 　상가지대 -차량접근가능,교통사정무난 -팔달문인근버스(정)소재 -장방형토지 -북측및서측8m,4m도로접합 -도시지역,방화지구 -일반상업지역 -1종지구단위계획구역 -소로2류및3류접합 -국가지정문화재외곽경계500m 　이내지역 2008.06.13 이의규감정 표준공시지가 : 11,000,000 감정지가 : 17,840,000	물건번호: 단독물건 · 대지 342.1 　(103.49평) 건물 · 1층점포및미용실 271.54 　(82.14평) 　현:점포6 · 2층다방,당구장 271.54 　(82.14평) 　현:식당 · 옥탑 13.85 　(4.19평) 　현:계단및창고 · 지하다방 249.92 　(75.6평) 　현:공실 83.06.28보존	감정가　6,334,744,880 · 대지 6,103,064,000 　　(96.34%) 　(평당 58,972,500) · 건물　231,680,880 　　(3.66%) 　(평당 949,239) 최저가　1,660,616,000 　　(26.2%) ●경매진행과정 　　6,334,744,880 ① 유찰　2009-03-13 20%↓ 5,067,796,000 ② 유찰　2009-04-14 20%↓ 4,054,237,000 ③ 유찰　2009-05-19 20%↓ 3,243,390,000 ④ 유찰　2009-06-17 20%↓ 2,594,712,000 ⑤ 변경　2009-07-17 - - - - - - - - - - - 　　2,594,712,000 ⑤ 유찰　2009-09-01 20%↓ 2,075,770,000 ⑥ 유찰　2009-10-08 20%↓ 1,660,616,000 ⑦ 낙찰　2009-11-06 　　2,107,777,000 　　(33.3%)	●법원임차조사 이해경 사업 2006.03.03 　　배당 2008.09.01 　　(보) 90,000,000 　　(월) 2,700,000 　　점포/1층 　　점유 2007.7.1- 　　2011.2.27 　　A6 김경숙 사업 2006.01.16 　　확정 2008.03.19 　　배당 2008.09.01 　　(보)140,000,000 　　점포/1층 　　점유 2007.7.1- 　　2012.6.30 　　로데오비너스 　　조사서상전입: 　　2008.3.19 오정임 사업 2000.08.16 　　확정 2008.03.19 　　배당 2008.09.01 　　(보)100,000,000 　　점포/2층 　　점유 2007.7.1- 　　2012.6.30. 　　명동돈까스 　　조사서상전입: 　　2008.9.2 *현황조사시 지층 및 1층 매장 중 임차인 이해경,김경숙을 제외한 3곳은 공실이었음. - - - - - - - - - - - 총보증금:330,000,000	소유권김선순 　2007.06.28 　전소유자:지인자, 김태형외1 저당권안양상호외1 　2007.06.28 　3,900,000,000 저당권김용언 　2007.07.26 　450,000,000 저당권외환은행 　화정역 　2007.12.20 　195,000,000 가압류서애정 　2008.04.04 　200,000,000 가압류천광록 　2008.04.07 　110,000,000 가압류서차숙 　2008.05.14 　50,000,000 저당권송원영 　2008.06.26 　260,000,000 가압류국민은행 　인천여신관리 　2008.07.31 　412,868,384 임 의안양상호외1 　2008.08.07 *청구액:3,336,980,101 　원 등기부채권총액 　5,577,868,384원

중앙9계 2007-31519 상세정보

경 매 구 분	임의(기일)	채 권 자	이정회	낙 찰 일 시	08.08.06 (종결:08.09.24)
용 도	대지	채무/소유자	서종훈/이삼녀외5	낙 찰 가 격	196,760,000
감 정 가	111,456,000	청 구 액	196,760,000	경매개시일	07.10.26
최 저 가	111,456,000 (100%)	토지총면적	137.6 ㎡ (41.62평)	배당종기일	07.12.31
입찰보증금	20% (22,291,200)	건물총면적	0 ㎡ (0평)	조 회 수	금일2 공고후255 누적350
주 의 사 항		· 재매각물건 · 지분매각 · 공부상 지목은 대 이나, 현황은 도로로 이용중임			

- 물건사진 3
- 지번·위치 4
- 구 조 도 0

우편번호및주소/감정서	물건번호/면 적 (㎡)	감정가/최저가/과정	임차조사	등기권리
136-140 서울 성북구 장위동 6-98 ●감정평가서정리 -석관초등학교북동측인근위치 -단독주택위주의기존주택지대 -차량출입가능,대중교통사정양호 -버스(정)및지하철6호선석계역인근소재 -부정형등고평탄지 -도시지역 -2종일반주거지역 -일반미관지구 -도로접합 -건축허가착공제한구역 -대공방어협조구역 -재정비촉진지구 -토지거래허가구역 07.12.11 고려감정 표준공시지가 :	물건번호: 단독물건 대지 137.6/688 (41.62평) 현:도로 (4/20 이삼녀지분) <<12계에서이관>>	감정가 111,456,000 · 토지 111,456,000 (100%) (평당 2,677,943) 최저가 111,456,000 (100.0%) ●경매진행과정 111,456,000 ① 낙찰 2008-05-06 212,200,000 (190.4%) - 응찰 : 7명 - 낙찰자:한영철 허가 2008-05-13 - - - - - - - - - - - - 111,456,000 ① 변경 2008-07-15 - - - - - - - - - - - - 111,456,000 ① 낙찰 2008-08-06 196,760,000 (176.5%)		저당권 김재호 2007.09.12 196,760,000 이 전 이정회 2007.09.17 김재호(07.09.12) 임 의한기남외1 2007.10.26 임 의계현근 2007.10.26 임 의임정회외1 2007.10.26 임 의남삼우외1 2007.10.26 임 의이정회 2007.10.26 •청구액:196,760,000원 등기부채권총액 196,760,000원 열람일자 : 2007.11.28

중복등기 물건

홍성3계 2007-4076[1] 상세정보

경매구분	강제(기일)	채 권 자	한국자산관리	낙찰일시	08.03.10 (종결:08.05.16)
용 도	임야	채무/소유자	박종규	낙찰가격	27,500,000
감 정 가	55,638,000	청 구 액	16,232,491	경매개시일	07.04.13
최 저 가	27,263,000 (49%)	토지총면적	5653 ㎡ (1710.03평)	배당종기일	07.07.25
입찰보증금	10% (2,726,300)	건물총면적	0 ㎡ (0평)	조 회 수	금일2 공고후225 누적530
주 의 사 항	·일부맹지 ·분묘기지권 ·입찰외				

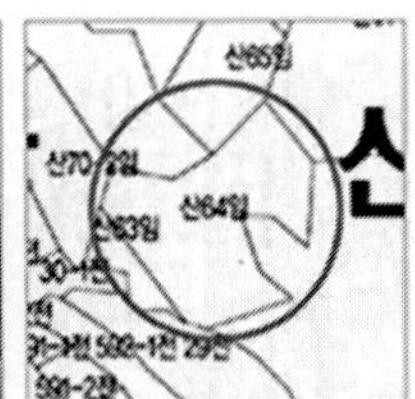

우편번호및주소/감정서	물건번호/면적(㎡)	감정가/최저가/과정	임차조사	등기권리

350-882
충남 홍성군 은하면 학산리 산64
 	
●감정평가서정리
 - 남향부정형경사지
 	
감정평가액
  (감정:36,594,000)
 	
2007.05.08 한국감정
 	
감정지가 : 9,000
	물건번호: 1 번
	(총물건수 2건)
	
	1)임야 4066
	  (1229.96평)
	입찰외분묘소재
	분묘기지권성립여
	지있음
		감정가 55,638,000
		 ·토지 55,638,000
		        (100%)
		
		 (평당 32,536)
		
		최저가 27,263,000
		        (49.0%)
		
		●경매진행과정
		        36,594,000
		① 변경 2007-11-26
		
		52%↑ 55,638,000
		① 유찰 2007-12-31
			●법원임차조사
			*소유자점유
				가압류 한국자산관리
				대전충남지사
				2006.10.19
				16,753,773
				강 제 한국자산관리
				대전충남지사
				2007.04.13
				*청구액:16,232,491원
				
				등기부채권총액
				16,753,773원
				
				열람일자 : 2007.04.30
				*학산리 산64 등기

350-882
충남 홍성군 은하면 학산리 산65
 	
●감정평가서정리
 - 동향완경사지
------------------ 	
 - 1)일괄입찰
 - 자음동마을남측인근
 - 부근농가주택,전,답,
  임야등형성된순수
  농경지대
 - 경운기접근가능,대중
  교통사정불편
 - 면소재지외곽소재
 - 지적상맹지로인접지
  이용출입
 - 관리지역
 - 토지거래허가구역
	임야 1587
	(480.07평)
	1단6무보
	
	**2007.11월일괄로
	변경되면서재감정
		30%↓ 38,947,000
		② 유찰 2008-02-04
		
		30%↓ 27,263,000
		③ 낙찰 2008-03-10
		
		      27,500,000
		        (49.4%)
		
		 - 응찰 : 1명
		
		  허가 2008-03-17
		
		  종결 2008-05-16
			●법원임차조사
			*소유자점유
				소유권 박종규
				     1971.04.14
				가압류 벽성준
				     2001.11.13
				     7,000,000
				가압류 한국자산관리
				대전지사
				2004.04.30
				11,581,055
				강 제 한국자산관리
				대전충남지사
				2007.04.13
				*청구액:16,232,491원
				
				등기부채권총액
				18,581,055원
				
				열람일자 : 2007.11.12
				*학산리 산65 등기

의정부14계 2008-9436[2] 상세정보

경 매 구 분	강제(기일)	채 권 자	모연환	경 매 일 시	기각물건
용 도	임야	채무/소유자	베다니종합	다 음 예 정	종결(기각)
감 정 가	47,998,500	청 구 액	47,469,107	경매개시일	08.03.20
최 저 가	47,998,500 (100%)	토지총면적	8727 ㎡ (2639.92평)	배당종기일	08.06.04
입찰보증금	20% (9,599,700)	건물총면적	0 ㎡ (0평)	조 회 수	금일2 공고후311 누적672
주 의 사 항	· 재매각물건				

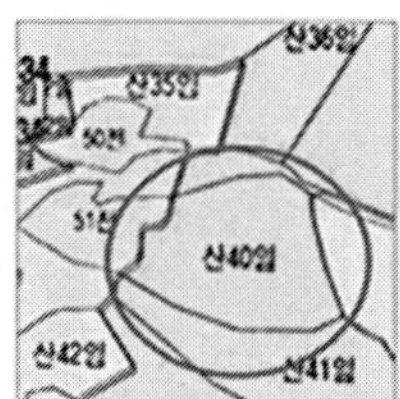

- 물건사진 0
- 지번·위치 2
- 구 조 도 0

우편번호및주소/감정서	물건번호/면 적 (㎡)	감정가/최저가/과정	임차조사	등기권리
487-840 경기 포천시 화현면 명덕리 산40 ●감정평가서정리 - 원명덕마을남동측근거리위치 - 임야및농경지, 일부농가주택및창고등 혼재 - 차량출입불가능, 대중교통사정보통 - 서측의부정형급경사지 - 인근도로통해22번국지도와연계됨 - 농림지역, 보전산지 - 성장관리지역 - 배출시설설치제한지역 - 토지거래허가구역 08.04.11 동부감정 표준공시지가 : 2,600 감정지가 : 5,500	물건번호: 단독물건 2)임야 8727 (2639.92평) •보증금확인바랍니다	감정가 47,998,500 · 토지 47,998,500 (100%) (평당 18,182) 최저가 47,998,500 (100.0%) ●경매진행과정 47,998,500 ① 낙찰 2008-07-11 59,170,000 (123.3%) - 응찰 : 3명 - 낙찰자: 이병열외2 - 2위응찰액: 53,200,000 허가 2008-07-18 대납 2008-09-19 기각 2010-09-17	●법원임차조사 ·사람이 없어 점유자 확인이 안되므로 점유관계 등은 별도의 확인요망.	소유권 베다니종합 1996.02.09 가압류 모연환 2004.09.30 200,000,000 강 제 모연환 2008.03.20 ·청구액:47,469,107원 등기부채권총액 200,000,000원 열람일자 : 2008.06.27

부록

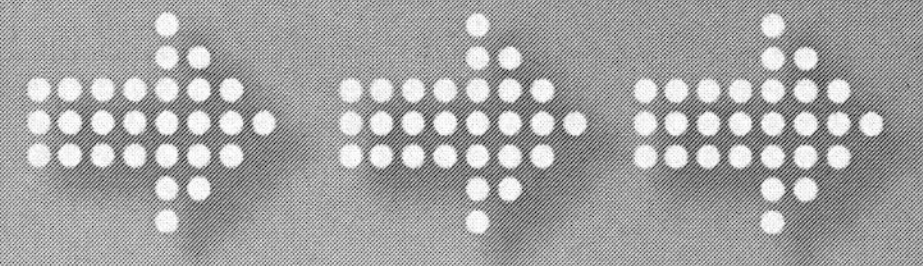

경매관련 서식

🏠 강제집행 조치 예고 및 임료청구

수신 : 서울시 노원구 월계동 000 초안 000동 000호
　　　000님 귀하

삼가 귀하의 건강과 사업의 번창을 기원 합니다.

본인은 민사집행법에 의거 대한민국 법원으로부터 서울시 노원구 월계동 000 초안아파트 000동 000호를 경매로 인하여 취득한 소유권자입니다.

귀하께서는 그 동안 점유를 풀고 소유권자인 본인에게 주택의 인도를 요청하였으나 금일까지 주택의 인도를 이행하지 않고 있으며, 연락도 없으므로 인도할 의사가 없다고 판단되어 부득이 민사집행법과 민법에 의거하여 강제집행 할 수밖에 없음을 알려 드립니다.

아울러 강제집행 시에는 강제집행에 소요된 제반비용과 소유권이전일부터 강제집행일까지의 주택을 사용한 임료를 귀하에게 배당될 것으로 예상되는 배당금(약 7,000만원 추정)에 가압류신청을 하여 청구 할 것입니다.

또한 낙찰자의 동의 없이 배당금 수령을 하실 수 없고 배당금 수령액 또한 모든 비용을 공제하고 수령하실 수 있을 것입니다.

조속한 시일 내 주택을 인도 하거나, 인도 할 것을 약속하겠다면 7일 이내 연락 바라며, 연락이 없으면 위 내용을 인정하신 것으로 생각하고 강제집행을 하겠습니다.

낙찰 이후 많은 시간이 경과하였으므로 주위에 조언을 구하여 현명한 판단을 하시길 바랍니다.

2010. 00. 00.

발신 : 서울시 000구 000동 000번지
　　　이 0 0 ☎ 010 - 0000 - 0000

강제집행 비용계산법

명도소송 집행시 접수서류

1) 집행력 있는 정본(승소 판결 채무명의 정본 + 집행문 부여)

2) 송달증명원

3) 도장

4) 강제집행 예납금

5) 인감증명서(위임을 할 경우)

6) 위임장(위임을 할 경우)

강제집행비용

대략 평당 5~10만원 정도로 강제집행 대상 평수에 따라 다르지만 통상 150만원~250만원 정도 소요된다.

강제집행 접수비	약 40,000원 × 명도접수건
집행관 수수료	집무 2시간 미만 - 15,000원 집무 2시간 초과 - 1시간마다 1,500원 가산
노무자 수	5명 미만 : 2 - 4명 5평이상 10평미만 : 5 - 7명 10평이상 20평미만 : 8 - 10명 20평이상 30평미만 : 11 - 13명 30평이상 40평미만 : 14 - 16명 40평이상 50평미만 : 17 - 19명 50평이상 : 매 10평 증가 시 2명 추가
노무 임금	노무자 1인당 70,000원 야간집행 - 노무자 1인당 비용 + 20%정도 가산 측량, 목수 등 특수인력 및 포크레인 등 장비동원은 별도비용으로 계산

🏠 내용증명 (관리비 미납)

발신 : 인천 서구 가○동 150-14 ○○아파트 A동-○○호
성명 : 염○○
담당변호사 : 변호사 ○○법률사무소

수신 : 인천 서구 ○○동 509 ○○아파트 관리사무소
성명 : 김○영 아파트 관리소장님
연락처 : 032) 000 - 0000

발신인은 인천 서구 ○○동 500번지 ○○아파트 300동 1007호의 낙찰자로 2006년 00월 00일 인천 지방법원 본원에서 경매사건(2005타경140○02) 절차를 거쳐 상기부동산을 취득하였으며, 잔금을 완납하고 소유권이전등기를 경료한 합법적인 건물주 염○숙입니다.

본인은 낙찰 후 수차례에 걸쳐 상기 부동산에 거주하는 서○석에게 인도를 협의하였으나 무리한 이사비를 요구하고 협의에 응할 의사를 나타내지 않으므로 어쩔 수 없이 2007. 0. 00 에 변호사를 선임하여 명도소송과 관련사건의 형사고소를 시작하였습니다.

그런데 2007. 8. 2까지 ○○아파트 300동 1007호의 미납관리비가 2,052,990원으로 확인되었습니다.

위 금액은 작년 10월부터 연체되어 있는 것으로 확인되었는바 미납관리비에 대해서 발신인은 아래와 같이 협조를 부탁드립니다.

아　　래

1. 현재 미납된 관리비는 1~2차례를 넘어 수차례 연체되어 상식적으로 너무 많은 횟수이고 금액 또한 상당합니다.

1. 연체한 아파트 관리비의 낙찰인의 부담에 관해 대법원 판례(2001.9.20선고 2001다8677)에서는 체납된 관리비 중 공용부분에 대한 것은 공유자의 이익에 공여하는

것이어서 낙찰인이 납부할 의무가 있다고 하였지만 전유부분에 대한 것은 의무가
없다고 판시하였습니다.

1. 연체된 관리비가 상당하므로 입주자가 입주시 미리 내는 관리비 예치금을 반환하
   지 마시고 체납관리비에 우선 충당하실 것을 당부드립니다.

1. 현재 점유자는 의도적으로 관리비를 연체하고 있사오니 아파트 관리규약에 따라
   3개월 이상 관리비가 연체된 것을 근거로 단전·단수조치를 해서라도 체납관리비
   를 적극 징수해주시기 바랍니다.

1. 관리 사무소에서 내용증명을 수신한 이후 미납관리비를 징수하지 못했는데 적절
   한 조치를 취하지 않으시면 관리소장과 입주자 대표자에게도 체납관리비에 대한
   업무상 배상책임이 있으며 관리비 중 전유부분 관리비에 대해서도 낙찰자에게 징
   수할 수 없음을 알려드립니다.

본인은 작년 10월에 낙찰받고 은행에서 1억 3,000만원을 대출받아 잔금납부를 하였는
데 1년이 지나도록 명도가 되지 않아서 입주도 못하고 매월 고금리의 이자만 납부하고
있습니다.
본인 혼자의 힘으로는 명도가 어려워 또다시 돈을 들여 변호사를 선임할 수밖에 없는
상황이 되었습니다.
그런데 점유자는 아무런 근거 없이 저에게 무리한 이사비만 요구하고 몇 개월 동안 월
세도 안 내고 무상으로 거주했음에도 의도적으로 관리비를 연체하여 본인에게 부담하게
하는 것입니다. 점유자가 정말로 돈이 없고 불쌍한 사람이라면 내용증명도 보내지 않았
을 것입니다.
제가 내용증명을 보낸 것에 대해 섭섭하게 생각하지 마시고 어려운 상황에 있는 제 입
장도 헤아려주시어 체납관리비에 대한 적극징수를 다시 한 번 당부 드립니다.
더운 날씨에 수고하십니다.
감사합니다.

2007. 00. 0 0.

발신인 염○○ (인)

🏠 내용증명 (명도)

주소 : 경기 수원시 팔달구 팔달로3가 00-0
수신 : 비너스(1층) 김 0 0 귀하

1. 귀하의 건강과 사업의 번창을 기원합니다.

2. 귀하가 대항력을 주장하며 점유하는 경기 수원시 팔달구 팔달로3가 00-0 근린상가
   를 낙찰(사건번호 2008타경00000호)받아 소유권 득한 최00외 2인 입니다.

3. 낙찰대금을 납부하고 소유권을 취득한 후 귀하의 제반 사정을 고려하여 약 20여일
   의 시간을 주고 2회에 걸쳐 재계약이나 명도 할 것을 의논, 합의 하였으나 귀하께서
   당치도 않은 대항력을 주장하며 보증금 인수를 운운하고 재계약을 거부하며, 또한
   본 물건의 인도 마져도 거부하고 있기에 부득이 법적절차를 이행하지 않을 수 없게
   되었습니다.

4. 이에 최종적으로 다시 한번 10일의 시간을 드리겠으며 응하지 않을시는 즉시 법적
   집행에 임하겠음을 알려 드립니다.
   이후 법적절차 진행시는 이에 따르는 법적절차비용, 강제집행비용, 소유권이전 후부
   터의 임차료 등을 귀하에게 청구함은 물론 허위 대항력을 주장함으로써 피해를 입
   게 됨을 근거로 형사소송도 병행하겠음을 더불어 알려 드립니다.

   ※ 부천지원 2001년 선고 경매방해죄 적용 징역10월
     남부지원 2008년 선고 사기죄 적용 징역 6월

5. 아무쪼록 법적절차를 이행케 되는 불행한 일이 발생되지 않도록 귀하의 현명한 판
   단을 기대 합니다.

2010. 00. 00.

발신 : 최 0 0외 2인
주소 : 서울 강남구 000동 000

🏠 농지취득자격증명신청서

(앞 쪽)

농지취득자격증명신청서		처리기간	접수 *		. . . 제 호		
			처리 *		. . . 제 호		

농 지 취득자 (신청인)	①성 명 (명칭)	오○○	②주민등록번호 (법인등록번호)	000000 -0000000	⑥취득자의 구분			
	③주 소	경기도 안양시 동안구 000동 000 000아파트 000동 000동			농업인	신규영농	법인등	주말체험영농
	④연락처		⑤전화번호	010-000-000		0		

취 득 농지의 표 시	⑦소 재 지						⑪ 농지구분		
	시·군	구·읍·면	리·동	⑧ 지번	⑨ 지목	⑩ 면적 (㎡)	진흥구역	보호구역	진흥지역밖
	서산	00	00	000	답	000			0

⑫취득원인	경 락				
⑬취득목적	농업 경영	0	농지 전용		시 험 · 연 구 · 실습용등		주말 체험 영농

농지법 제8조제2항 및 동법시행령 제10조제1항의 규정에 의하여 위와 같이
농지취득자격증명의 발급을 신청합니다.

2000 년 0 월 00 일

농지취득자(신청인) 오 ○ ○ (서명 또는 인)

대산읍장 귀하

※ 구비서류	수 수 료
1. 법인등기부등본(법인의 경우에 한합니다) 2. 별지 제2호서식의 농지취득인정서(법 제6조제2항제2호의 규정에 해당하는 경우에 한합니다) 3. 별지 제6호서식의 농업경영계획서(농지를 농업경영 목적으로 취득하는 경우에 한합니다) 4. 농지임대차계약서 또는 농지사용대차계약서(농업경영을 하지 아니하는 자가 취득하고자 하는 농지 　면적이 영 제10조제2항제5호 각목의 1에 해당하지 아니하는 경우에 한 합니다) 5. 농지전용허가(다른 법률에 의하여 농지전용허가가 의제되는 인가 또는 승인 등을 포함합니다)를 받 　거나 농지전용신고를 한 사실을 입증하는 서류(농지를 전용목적으로 취득하는 경우에 한합니다)	농지법시행령 제75조의 규 정에 의함

210㎜×297㎜(일반용지 60g/㎡(재활용품)

(뒤 쪽)

※ 기재상 주의사항

* 란은 신청인이 기재하지 아니합니다.

①란은 법인에 있어서는 그 명칭 및 대표자의 성명을 씁니다.

②란은 개인은 주민등록번호, 법인은 법인등록번호를 씁니다.

⑥란은 다음 구분에 따라 농지취득자가 해당되는 난에 ○표를 합니다.

　가. 신청당시 농업경영에 종사하고 있는 개인은 "농업인"

　나. 신청당시 농업경영에 종사하지 아니하지만 앞으로 농업경영을 하고자 하는 개인은 "신규영농"

　다. 농업회사법인·영농조합법인 그 밖의 법인은 "법인등"

　라. 신청당시 농업경영에 종사하지 아니하지만 앞으로 주말·체험영농을 하고자 하는 개인은 　"주말체험·영농"

[취득농지의 표시]란은 취득대상 농지의 지번에 따라 매필지별로 씁니다.

⑨란은 공부상의 지목에 따라 전·답·과수원 등으로 구분하여 씁니다.

⑪란은 매필지별로 진흥구역·보호구역·진흥지역밖으로 구분하여 해당란에 ○표를 합니다.

⑫란은 매매·교환·경락·수증 등 취득원인의 구분에 따라 씁니다.

⑬란은 농업경영/농지전용/시험·실습·종묘포/주말체험·영농 등 취득후 이용목적의 구분에 따라 해당란에 ○표를 합니다(농지취득후 농지이용목적대로 이용하지 아니할 경우 처분명령/이행강제금 부과/징역·벌금 등의 대상이 될 수 있으므로 정확하게 기록하여야 합니다)

※ 이 신청서는 무료로 배부되며 아래와 같이 처리됩니다.

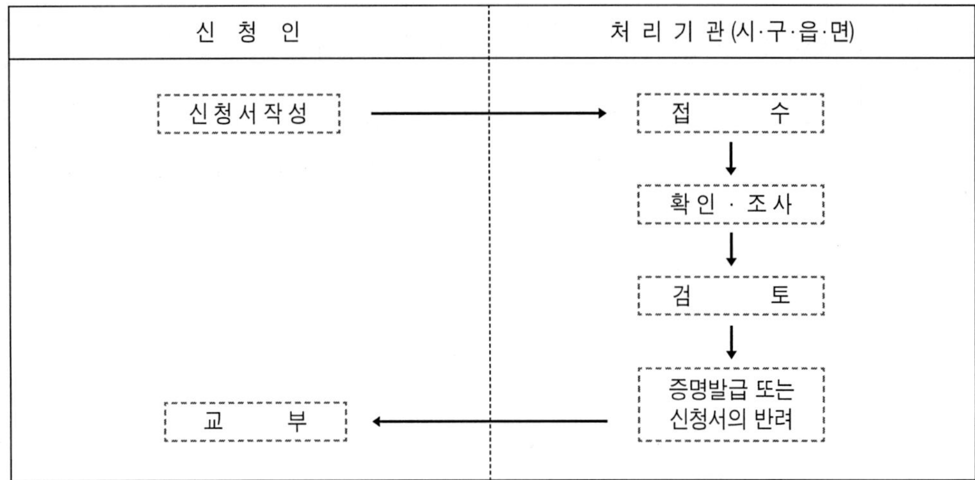

🏠 농업경영계획서

(앞 쪽)

<table>
<tr><td colspan="13" align="center">농 업 경 영 계 획 서</td></tr>
<tr>
<td rowspan="6">취득
대상
농지
에
관한
사항</td>
<td colspan="3" align="center">①소　재　지</td>
<td rowspan="2">②지 번</td>
<td rowspan="2">③지 목</td>
<td rowspan="2">④면 적
(㎡)</td>
<td rowspan="2">⑤영 농
거 리</td>
<td rowspan="2">⑥주재배
예정작목</td>
</tr>
<tr>
<td>시.군</td>
<td>구.읍.면</td>
<td>리.동</td>
</tr>
<tr>
<td>대산</td>
<td>00</td>
<td>00</td>
<td>0000</td>
<td>답</td>
<td>000</td>
<td></td>
<td>벼</td>
</tr>
<tr>
<td></td><td></td><td></td><td></td><td></td><td></td><td></td><td></td>
</tr>
<tr>
<td></td><td></td><td></td><td></td><td></td><td></td><td></td><td></td>
</tr>
<tr>
<td colspan="3" align="center">계</td>
<td></td><td></td><td></td><td></td><td></td>
</tr>
</table>

<table>
<tr><td rowspan="5">농업
경영
노동
력의
확보
방안</td>
<td colspan="6" align="center">⑦취득자 및 세대원의 농업경영능력</td></tr>
<tr>
<td>취 득 자 와
관 계</td>
<td>성 별</td>
<td>연 령</td>
<td>직 업</td>
<td>영농경력(년)</td>
<td>향후영농여부</td>
</tr>
<tr>
<td>본인</td>
<td>여</td>
<td>00</td>
<td>주부</td>
<td>0</td>
<td>0</td>
</tr>
<tr><td colspan="6" align="center">⑧취득농지의 농업경영에 필요한 노동력확보방안</td></tr>
<tr>
<td>자기노동력</td>
<td colspan="2">일부고용</td>
<td colspan="2">일부위탁</td>
<td>전부위탁(임대)</td>
</tr>
</table>

<table>
<tr>
<td>0</td>
<td colspan="2">0</td>
<td colspan="2"></td>
<td></td>
</tr>
</table>

<table>
<tr><td rowspan="5">농업
기계
장비
의
확보
방안</td>
<td colspan="6" align="center">⑨농업기계.장비의 보유현황</td></tr>
<tr>
<td>기계.장비명</td>
<td>규격</td>
<td>보유현황</td>
<td>기계장비명</td>
<td>규격</td>
<td>보유현황</td>
</tr>
<tr>
<td>삽</td>
<td></td>
<td>0</td>
<td>호미</td>
<td></td>
<td>0</td>
</tr>
<tr><td colspan="6" align="center">⑩농업기계.장비의 보유계획</td></tr>
<tr>
<td>기계.장비명</td>
<td>규격</td>
<td>보유계획</td>
<td>기계.장비명</td>
<td>규격</td>
<td>보유계획</td>
</tr>
</table>

<table>
<tr>
<td>⑪소유농지의 이용현황</td>
<td>뒷쪽에 기재</td>
</tr>
</table>

농지법제8조제2항의 규정에 의하여 위와 같이 본인이 취득하고자 하는
농지에 대한 농업경영계획서를 작성. 제출합니다.

2000 년　0 월　00 일

제출자　오 0 0 서명(인)

*농지취득자격증명서에는 이 계획서를 반드시 첨부하여야 합니다.

(뒤 쪽)

⑪소유농지의 이용 현황							
소 재 지				지 번 지 번	지 목 지 목	면적 (㎡) 면적 (㎡)	주재배작물 주재배작물
시.도	시.군	구.읍.면	리.동				
충남	00	00	00	0000	답	000	벼

⑫농지전용허가, 협의 또는 신고를 한 농지를 취득하는 경우 전용면적사업의 착수 시기 등

전용면적 사업의 착수 시기	년 월 일
착수전의 농업경영 계획	□직접경작 □임매 □휴경
특기사항	

※기재사항 주의 사항

⑤란은 거주지로부터 농지소재지까지 일상적인 통행에 이용하는 도로에 따라 측정 한 거리를 씁니다.

⑥란은 그 농지에 주로 재배, 식재하고자 하는 작목을 씁니다.

⑦란은 같은 세대의 세대원 중 영농한 경험이 있는 세대원과 앞으로 영농하고자 하는 세대원에 대하여 영농경력과 앞으로의 영농 여부를 개인별로 씁니다.

⑧란은 취득하고자 하는 농지의 농업경영에 필요한 노동력을 확보하는 방안을 다음 구분에 의하여 해당되는 란에 표시합니다.

　가. 같은 세대의 세대원의 노동력만으로 영농하고자 하는 경우에는 자가 노동력란에 ○표

　나. 자가노동력만으로 부족하여 농작업의 일부를 고용 인력에 의하고자 하는경우에는 일부고용란에 ○표

　다. 자기노동력만으로 부족하여 농작업의 일부를 남에게 위탁하고자 하는 경우에는 일부 위탁란에 위탁하고자 하는 작업의 종류와 그 비율을 씁니다.

　라. 자기노동력에 의하지 아니하고 농작업의 전부를 남에게 맡기거나 임대하고자 하는 경우에는 전부위탁(임대)란에 ○표

⑨란과 ⑩란은 농업경영에 필요한 농업기계와 장비의 보유현황과 앞으로의 보유계획을 씁니다.

⑪란은 현재 소유농지에서의 영농상황을 씁니다.

*농지전용허가, 협의 또는 신고를 한 농지를 취득하는 경우에는 ⑤란 내지⑪란은 기재를 생략할 수 있습니다.

🏠 매각허가에 대한 이의신청서

사건번호 : 2008타경00000 부동산 강제경매
신 청 인 : 0 0 0 (000000-0000000)
　　　　　경기도 부천시 원미구 상동 000

신 청 취 지

인천지방법원 2008타경00000 부동산 강제경매사건에 관하여 귀원이 2011. 0. 00.에 선고한 매각허가결정을 취소한다.
라는 판결을 구합니다.

신 청 이 유

1. 배당요구에 관하여

①경매개시결정에 따른 압류의 효력이 생긴 때(그 경매개시결정전에 다른 경매개시결정이 있은 경우를 제외한다)에는 집행법원은 절차에 필요한 기간을 감안하여 배당요구를 할 수 있는 종기를 첫 매각기일 이전으로 정한다 라고 규정하고,

②배당요구의 종기가 정하여진 때에는 법원은 경매개시결정을 한 취지 및 배당요구의 종기를 공고하고, 제91조제4항 단서의 전세권자 및 법원에 알려진 제88조제1항의 채권자에게 이를 고지하여야 한다 라고 규정하였고,

같은 법 제88조는 배당요구에 따라 매수인이 인수하여야 할 부담이 바뀌는 경우 배당요구를 한 채권자는 배당요구의 종기가 지난 뒤에 이를 철회하지 못한다고 규정하였는바, 이는 권리관계를 보다 신속히 확정하여 추후 권리관계의 변동으로 인하여 매수인의 매수신고 가격 결정에 있어 매수인으로 하여금 불측의 손해를 입지 않도록 하기 위한 규정으로 판단됩니다.

2. 유치권의 신고 및 행사

한편 이 사건의 신청채권자인 주식회사 00종합건설은 00아파트재건축주택조합(매각물건은 00아파트재건축주택조합의 발주로 00종합에서 건축하였음)을 채무자로 하여 공사대금청구채권을 가지고 있고 이를 근간으로 유치권을 행사하고 있으며 동시에 각 세대별 세대주에게는 양수금 명목으로 판결을 받아 채권을 행사하고 있으며 그 집행의 일환으로 동 경매신청을 하고 있는 것입니다. 공사대금청구채권액은 금 292,464,610원입니다.

3. 신청인의 매수신청

신고인은 귀원에서 진행한 2008타경00000(1) 부동산 강제경매사건에서 매수가격을 금 150,200,000원으로 신고함으로서 최고가매수신고인으로 호창된 바 있습니다.

신청인이 매수신고가격 금 150,200,000원으로 정한 것은 매각물건의 거래시세 및 귀원에서 작성한 매각물건명세서와 부동산등기부등본을 토대로 정한 것으로서 즉, 부동산등기부등본상에 표시되지 않는 채권자로서 매각물건명세서상에 기재된 배당요구 채권자는 없었으므로 단순히 부동산등기부상에 표시된 국민은행 가압류채권 금 185,633,897원, 00종합건설 압류채권액 금 292,464,610원, 그리고 인천 00구청의 압류채권 금 3,500,000원(전화문의로 확인)을 기준으로 하여 정한 것입니다.

위와 같은 경우 모두 채권이므로 통상 안분비례의 원칙에 의해 <u>별첨2)</u>과 같이 금 <u>89,193,955원으로 분배</u>된다면 신청인은 00종합건설에게 유치권으로 담보되는 공사대금청구채권을 부담할 이유가 없습니다.(00종합건설의 공사대금 청구채권의 총액은 금 292,464,610원이나 동 금액은 채권 총액으로 매각물건에 할당된 청구액은 61,867,910원이라고 밝혔습니다. 채권총액으로 신고한 것은 안분배당을 염두에 두고 신고한 것이라 합니다.)

4. 판결문 등에 의한 배당요구

매각부동산 압류를 통한 조세 교부신청의 경우 매수신청인은 부동산 등기부등본을 통해 이를 인지하고 충분히 고려하여 매수신고가격을 결정할 것입니다. 그러나 첨부 4, 5)와같이 동 사건의 신청외 00은행의 판결문에 의한 배당요구는 매수신고인으로서는 이러한 배당요구가 있었는지의 여부는 매수신고인으로서 배당요구서 열람 전에는 알 수 있는 방법이 없습니다.

물론 이러한 교부신청이나 배당요구는 매수신고인의 대금납부로서 모두 소멸내지는 말소되는 권리이므로 매수신고인이 매수신고가격을 결정할 때 영향을 미치지 않는다고 할 수 있지만 동 사건의 경우 유치권자가 동일한 채권을 가지고 한편으로는 유치권 행사를 하고 다른 한편으로는 판결을 받아 확정판결문을 가지고 경매신청을 한 경우 사정이 다르다고 할 수 있을 것입니다.

위의 제3항의 경우 매수신고인이 부담해야 하는 유치권에 대한 피담보채권이 없는 것으로 판단 가능하나 첨부 4, 5)과같이 00은행의 확장된 채권이 배당된다면 경매신청인겸 유치권자인 주식회사 00종합건설의 배당금은 첨부 3)과 같이 34,769,949원으로 줄어들고 줄어든 액수만큼 매수신청인의 부담으로 늘어나게 되는 것이며 이러한 경우 매수신고인은 이를 사전에 알 수 있는 방법이 없으며 만약 이를 사전에 알 수 있었다면 금 150,200,000원으로 매수신고가격을 정하지 않았을 것입니다.

5. 유치권에 따른 매각불허가

대법원에 따르면 부동산 임의경매절차에서 매수신고인이 당해 부동산에 관하여 유치권이 존재하지 않는 것으로 알고 매수신청을 하여 이미 최고가매수신고인으로 정하여졌음에도 그 이후 매각결정기일까지 사이에 유치권의 신고가 있을 뿐만 아니라 그 유치권이 성립될 여지가 없음이 명백하지 아니한 경우, 집행법원으로서는 장차 매수신고인이 인수할 매각부동산에 관한 권리의 부담이 현저히 증가하여 민사집행법 제121조 제6호가 규정하는 이의 사유가 발생된 것으로 보아 이해관계인의 이의 또는 직권으로 매각을 허가하지 아니하는 결정을 하는 것이 상당하다. 고 설시하고 있습니다. (대법원 2008.6.17. 자 2008마459 결정 부동산매각허가결정에대한이의) : 별첨 9)

위 판례는 유치권신고로 인하여 유치권으로 담보되는 피담보채권을 매수신고인이 부담하게 될 것을 고려하여 매각불허가를 허락한 것인 바, 본 신청사건도 매수신고인이 예측할 수 없는 사유로 결과적으로 유치권에 의한 피담보채권을 부담하게 되는 결과를 초래하는 것이니 매각을 불허신청을 하는 바입니다. 부디 인용하여 주시기 바랍니다.

첨 부 서 류

별첨 1) : 부동산등기부등본
별첨 2) : 등기부상 예상배당표
별첨 3) : 사건열람 후 예상배당표
별첨 4) : 채권계산서 (주식회사 00민은행)
별첨 5) : 채권계산서 (주식회사 00은행)
별첨 6) : 채권계산서 (주식회사 00종합건설)
별첨 7) : 교부청구서 (인천시 00구청)
별첨 8) : 유치권신고서
별첨 9) : 대법원판례 (2008.6.17. 2008마459)

2011.   00.   .

신청인 : 0 0 0 (인)
연락처 : 010-0000-0000

인 천 지 방 법 원   귀중

🏠 약정서 (명도)

2008터경 0000호 강제경매사건으로 낙찰받아 소유권이전을 경료한
(주)00종합건설은 당 물건을 명도함에 있어 전소유자 0000가
도산하고 대표자가 도피한 관계로 채권자 다수와 채권자대표(   )가
점유하고 있는 관계로 아래 건물 점유자대표(   )와 소유자 (주)00종합건설이 명
도합의를 아래와 같이 함에 있어 내용과 같이 이행치 않을 시는 출입문을 강제 개방하여
건물 내 집기를 비롯한 기타 물건을 임의대로 처분하여도 이의를 제기치 않겠으며 그에
따른 모든 민,형사상의 책임은 채권자대표 (   )가 지기로 약정한다.

아   래

명도물건 : 서울 금천구 00동 00-00 0000 0층 000호
면   적 : 아파트형 공장 (건물 0000평방미터)
명도비용 : 금 오백만원정 (금 이백만원은 약정시 지불
　　　　　　　잔액 삼백만원은 명도 완료시 지불키로 한다)
명도일시 : 2000년 0월   일까지

2000. 0.   00.

약정인   소유자 (주) 0000 (인)

점유자 0000 채권자대표 (인)

🏠 배당정지신청서

사건번호 : 서울남부지방법원 2008타경 0000호

신 청 인 : 0 0 0 (xxxxxx - xxxxxxx)
　　　　　　서울 서대문구 xxx xxxxxxxx

피신청인 : 1. 0 0 0
　　　　　　　서울 구로구 구로동 000
　　　　　2. 0 0 0
　　　　　　　서울 구로구 구로동 000
　　　　　3. 서울특별시 구로구청
　　　　　　　서울 구로구 구로동 435
　　　　　　　대표자 구청장 0 0
　　　　　4. 0 0 0
　　　　　　　서울 구로구 구로동 00아파트 8-401

신 청 취 지

1. 귀원 2008타경 0000호 경매사건에 관하여 전소유자 및 채권자들에게 교부될 교부금
   및 배당금을 귀원 2010카합000호 가처분취소신청의 판결선고까지 지급을 정지하여 주
   시기 바랍니다

신 청 원 인

1. 신청인의 지위

　　신청인은 서울시 구로구 구로동 000 000호 (이하 "이 사건 건물"이라고 한다)에 대하
여 서울남부지방법원 2008타경000호 부동산강제경매사건의 경락인으로 낙찰받아 2010.
0.02. 매각을 원인으로 소유권이전등기를 마친 소유자입니다.

2. 처분금지가처분 취소신청

이 사건 건물에 대하여는 서울남부지방법원 2003카합000호 부동산처분금지가처분신청에 의하여 2003. 0. 0. 서울남부지방법원 구로등기소 접수 제00000호로 처분금지가처분등기가 경료되어 있습니다.

(소갑제1호증 부동산등기부 참조)

이에 신청인은 2010. 0. 0. 위 처분금지가처분에 대하여 가처분결정 이후 5년간 본안의 소를 제기하지 않았음을 이유로 사정변경를 이유로 한 가처분취소신청을 제출하였으나,

(소갑제2호증 서울남부지방법원 2010카합000 가처분취소 나의 사건 검색 참조)

가처분권자인 중소기업은행으로부터 채권을 양수받았다는 동양파이낸셜 주식회사가 답변서를 내면서 이미 2004. 0. 0. 본안소송을 제기하여 2006. 0. 0. 확정판결을 받았다는 답변서를 제출하였습니다.

(소갑제3호증 00파이낸셜 주식회사 답변서 참조)

3. 피보전권리

만약, 위 가처분취소신청이 받아지지 않고 가처분권자의 채권양수인인 00파이낸셜 주식회사가 확정판결에 의한 본집행을 하게 된다면, 가처분등기에 위반되는 등기는 직권 말소될 운영에 처하게 되고, 채권자도 소유권을 잃게 됩니다.

대법원 1997. 11. 11.선고 96그64결정에 의하면,
"소유권에 관한 가등기의 목적이 된 부동산을 낙찰받아 낙찰대금까지 납부하여 소유권을 취득한 낙찰인이 그 뒤 가등기에 기한 본등기가 경료됨으로써 일단 취득한 소유권을 상실하게 된 때에는 이는 매매의 목적 부동산에 설정된 저당권 또는 전세권의 행사로 인하여 매수인이 취득한 소유권을 상실한 경우와 유사하므로, 민법 제578조, 제576조를 유추적용하여 담보책임을 추급할 수는 있다."고 판시하였습니다.

따라서, 만약 위 가처분등기가 취소되지 않고 가처분권자의 채권양수인인 00파이낸셜 주식회사가 확정판결에 의한 본집행을 하여 가처분등기 이후의 등기가 직권 말소되어 채권자 소유권이 잃게 된다면,

채권자는 배당을 받은 채권자 또는 채무자에게 민법 제578조, 제576조를 유추 적용하여 담보책임에 의한 손해배상청구권이 존재합니다.

4. 배당권자

아직 배당표가 확정되지 않아, 구체적인 배당권자를 알지 못하나, 채무자 000이 전세보증금 80,000,000원에 대하여 권리신고 및 배당요구서를 작성하여 제출하였고,
(소갑제4호증 000 권리신고 및 배당요구서 참조)

채무자 000이 이에 대하여 채권압류 및 전부명령을 받았습니다.
(소갑제5호증 채권압류 및 전부명령 참조 - 그러나, 이 전부명령이 제3채무자인 대한민국에 송달될 때까지 다른 채권자의 압류, 가압류 등이 있는지 여부는 알 수 없어 위 전부명령의 효력이 있는지는 알 수 없습니다)

그리고, 서울시 00구청은 이 사건 건물에 대한 각종 세금 1,216,220원에 대하여 교부청구를 하였고,
(소갑제6호증 00구청 교부청구서 참조)

경락대금이 금 96,870,000원이므로 나머지 배당금은 전소유주인 채무자 000이 배당받을 수도 있습니다.
(소갑제7호증 지지옥션정보 참조)

5. 보전의 필요성

대법원 1997. 11. 11.선고 96그64결정에 의하면,
"아직 배당이 실시되지 전이라면, 이러한 때에도 낙찰인으로 하여금 배당이 실시되는 것을 기다렸다가 경매절차 밖에서의 별소에 의하여 담보책임을 추급하게 하는 것은 가

혹하므로, 이 경우 낙찰인은 민사소송법 제613조를 유추 적용하여 집행법원에 대하여 경매에 의한 매매계약을 해제하고, 납부한 낙찰대금의 반환을 청구하는 방법으로 담보책임을 추급할 수 있다."라고 판시하였습니다.

이 사건의 배당기일이 2010. 0. 00.로 정하여졌는데, 만약 배당이 이루어져 채무자들이 배당금을 수령해 간다면, 채권자가 추후에 소유권을 잃게 된 후 채무자를 상대로 별소를 제기하여 승소판결을 얻는다 하다라도 이미 배당금을 소비하여 채무자들의 재산이 없을 염려가 있으므로, 아직 배당이 이루어지기 전에 강제집행을 보전하기 위하여 미리 이 신청을 하기에 이르렀습니다.

소 명 방 법

1. 소갑 제1호증   부동산등기부등본
1. 소갑 제2호증   서울남부지방법원 2010카합000 가처분취소 나의 사건 검색
1. 소갑 제3호증   동양파이낸셜 주식회사 답변서
1. 소갑 제4호증   000 권리신고 및 배당요구서
1. 소갑 제5호증   채권압류 및 전부명령
1. 소갑 제6호증   00구청 교부청구서
1. 소갑 제7호증   지지옥션정보

2010. 0. .

신 청 인 : 0 0 0 (인)

서울남부지방법원 경매0계 귀중

🏠 부동산점유이전금지가처분신청서

신 청 인 김　 ○　 ○
인천　남동구 00동　000
00아파트 000동 0000호

피신청인　채　 ○　 ○
인천　중구 00동 000
피신청인　장　 ○　 ○
인천　중구 00동 00

목적물의표시 : 별지목록 기재와 같음.
목적물의가액 : 금　　　　　원정

신 청 취 지

1. 피신청인의 별지목록 기재 부동산에 대한 점유를 풀고 신청자가 위임하는 집행관에게
   그 보관을 명한다.

2. 집행관은 현상을 변경하지 아니할 것을 조건으로 하여 피신청인에게 이를 사용하게
   하여야 한다.

3. 피신청자는 그 점유를 타인에게 이전하거나 또는 점유명의를 변경하여서는 아니된다.

4. 집행관은 위 취지를 공시하기 위하여 적당한 방법을 취하여야 한다.

신 청 이 유

1. 별지에 든 건물은 신청인이 2000년 0월 00일 신청 외 인천지방법원으로부터 낙찰 받

아 1997년 2월 11일 소유권이전등기를 필한 신청인 소유 건물인데

2. 따라서 신청인은 피신청인 등을 상대로 건물 명도 청구의 본안소송을 제기하였으나,
   본안소송은 상당한 시일을 요하므로 그동안 점유 보전의 방법상 이 건 신청에 이른 것
   입니다.

첨 부 서 류

1. 건축물관리대장   1통
1. 토지등기부등본   1통
1. 지적도   1통
1. 영수증   1통
1. 납부서   1통
1. 위임장   1통

2000.   00.   00.

위 신청인 김 0 0

인천지방법원 귀중

목 록

인천광역시 남구 00동 000
대 000 평방미터

목 록

인천광역시 남구 00동 000
대 000 평방미터

🏠 부동산처분금지가처분 신청

채 권 자 : 0 0 0 (000000-0000000)
　　　　　서울시 000 000 000 00번지
위 채권자 송달장소 : 서울 영등포구 여의도동 000번지

채 무 자 : 이 0 0 (000000-0000000)
　　　　　서울 00구 00동 00번지

피 보전권리
　　통정허위표시에 기한 소유권이전등기 말소 청구권
목적물의 표시
　　별지 목록 기재와 같음
목적물의 가액
　　금 12,652,200원
　　별지 목록 기재와 같음

신 청 취 지

채무자는 별지기재의 부동산에 대하여 매매, 증여, 저당권이나 임차권의 설정 기타 일체의 처분을 하여서는 아니된다.
라는 재판을 구합니다.

신 청 이 유

1. 당사자 관계

　채권자는 별지목록기재 부동산에 관하여 귀원에서 진행한 2006타경0000호 부동산 강제경매 절차에서 낙찰을 받아 잔금을 납부함으로써 2008. 0. 0. 소유권을 취득한 소유자이고. 채무자는 별지목록기재 부동산에 대하여 2008. 0. 0.가등기에 기한 본등기 절차를

이행한 자입니다.

한편 위 2006타경00000부동산 경매의 목적물은 집합건물로서 토지주와 건물주가 각각 다르며 위 법원경매의 목적물은 대지를 제외한 건물만이며 가등기는 건물에만 그 등기가 경료되어 있었습니다.

토지주는 신청외 오00입니다.

2. 사건의 개요

가. 경매개시

토지 소유자 신청외 오00은 위 법원경매사건의 채무자 겸 전 소유자인 서00를 피고로 하여 별지목록 기재부동산에 관한 철거 및 지료청구의 소를 제기하여 승소한 사실이 있으며(귀원 2004가합0000) 위 판결문을 채무명의로 강제경매를 신청한 것입니다.

나. 매매예약의 체결

채무자는 전 소유자인 신청외 서00와 별지목록기재 건물에 관하여 2003. 0. 00. 별지목록기재 건물에 관하여 금 450,000,000원 토지 90평방미터에 관하여 금 200,000,000원 합계 금 650,000,000원에 매매예약을 체결하고 채무자는 서00에게 금 650,000,000원을 모두 지급했다는 것입니다.

이례적인 사실은 위 매매대금을 모두 지급하였음에도 건물에 대한 소유권이전등기를 경료하지 않고 다만 매매예약 가등기만을 경료한 체 소유권이전까지 5년여를 지체한 사실과 토지에 관하여는 매매예약체결 당시 건물주인 000의 소유가 아닌 타인의 소유여서 서00가 처분 할 권리가 없었음에도 토지대금에 관하여 수수를 하였다는 것입니다.

더구나 채무자간 매매예약을 체결할 당시에는 토지주 오00으로부터 구두상으로 나마 건물철거와 지료에 관한 청구가 있을 때입니다. 전 소유자 청외 서00가 신청외 오00의 요구를 수용하지 않자 오00은 건물철거와 지료에 관하여 소송을 제기하였고 그 승소판결에 따라 위 사건 법원 경매를 신청하기에 이르렀던 것입니다.

다. 채무자는 현재 귀원에 가등기에 기한 본등기 절차이행청구사건을 신청하여 진행 중

에 있었습니다.(2008가합0000호)

이에 신청인은 피고 보조인으로 참가하여 소송을 진행 중이었으나 채무자는 2008. 5. 8.경 위 진행 중인 재판에 관계없이 가등기에 기한 본등기를 경료하였습니다.

라. 정황이 이러하여 채무자는 위 소송(2008가합0000호)을 취하할 것이 자명하고 곧 이어 소유권을 타에 처분할 것으로 사료됩니다.

그렇게 된다면 채권자는 소유권을 회복할 기회가 소멸될 것입니다.

3. 통정허위에 의한 의사표시

가. 채무자는 위 매매에 따른 매매대금을 지급한 사실이 없다고 고백을 하였습니다.

나. 현재 진행중인 가등기에 기한 본등기 청구사건(귀원 2008가합0000)은 전 소유자 서00의 남편인 신청외 이00가 자기의 비용으로 변호사를 선임하는 등 주도적으로 진행하고 있는 것입니다. 이00와 채무자는 삼촌지간입니다.

4. 채권자는 채무자 이00의 위와 같은 사실을 알고는 있으나 협조를 얻지 못하여 입증할 자료를 확보할 수 없으나 현재 진행 중인 가등기에 기한 본등기 청구사건(원고 서00 피고 이00 귀원 2008가합0000)에 피고 보조 참가인으로 신청을 하여 허위통정사실을 밝혀내고 이어서 곧 채무자 이00를 당사자로 하여 가등기말소의 소를 제기할 예정에 있으나 가등기에 기한 본등기가 경료된 이상 이제 소유권말소등기소를 준비 중이나 본등기 후 소유권이 제3자에게 이전될 경우 채권자의 소유권을 회복할 기회가 소멸될 것이어서 이건 신청에 이른 것입니다.

5. 담보제공

위 부동산 가처분 결정을 위하여 채권자는 채무자에 대한 담보는 채권자가 서울보증보험주식회사와 지급보증위탁계약을 체결한 문서로 제출할 수 있도록 허락하여 주시기 바랍니다.

소 명 방 법

1. 소갑제1호증   대금납부 확인증
1. 소갑제2호증   판결문(원고 오○○ 피고 서○○)
1. 소갑제3호증   소 장 (원고 이○○ 피고 서○○)

첨 부 서 류

1. 위 소명자료   각 1통
1. 납부서   1통
1. 부동산 목록   8통
1. 개별공시지가 확인서   1통
1. 건축물대장(총괄표제부)   1통

                                        2000 . 0.   .

채권자   ○ ○ ○

서울중앙지방법원   귀중

별 지 목 록

1동의 건물의 표시

    서울시 강남구 논현동 00-00

    철근콘크리트조 콘크리트평슬라브지붕0층

전유부분의 건물의 표시

    건물의 번호 : 0- 000

    구조 및 면적 : 철근콘크리트구조 제0층 제000호 000.40㎡

대지권의 목적인 토지의 표시

    소재지번 서울 강남구 논현동 00-00

    지　목　대

    면　적　000.6㎡

🏠 부동산처분금지가처분신청

채권자 : 강 ０ ０ (000000-0000000)

　　　　경기도 고양시 000 000 000

전화 : 02) 000 - 0000

채무자 : 김 ０ ０ (000000-0000000)

　　　　서울 성북구 000 000

목적물의 표시 : 별지목록기재와 같음

목적물의 가격 : 금 470,000,000 원정

피보전권리의 요지 : 2009. 0. 0. 소유권이전등기절차이행 청구권

신 청 취 지

채무자는 별지기재 부동산에 대하여 매매, 증여, 전세권, 저당권, 임차권의 설정 기타 일체의 처분행위를 하여서는 아니 된다.

라는 결정을 구합니다.

신 청 이 유

1. 매매계약의 체결

채권자는 채무자와 고양시 덕양구 000 000소재 임야 1,890평방미터에 대하여 2006. 6. 00.경 매매대금470,000,000원에 매매계약을 체결하여 계약 당일 계약금으로 금 47,000,000원을 지급하고 중도금 지급절차 없이 같은 해 8. 00경 잔금 423,000,000 원을 지불하였습니다.

한편 위 토지는 토지거래허가를 득하여야만 소유권이전등기절차를 진행 할 수 있어 채권자는 토지거래 허가요건인 매매물건 소재지 법정거주기간을 충족하기 위하여 거주이전을 하였고 어느덧 법정기간을 충족할 수 있게 되어 등기이전에 필요한 서류를 요구한 바, 지가 상승을 이유로 추가 대금지불을 요구하며 등기절차를 거부하고 있는 실정입니다.

따라서 채권자는 현재 채무자를 상대로 별지목록기재 부동산에 대하여 매매를 원인으로 한 소유권이전등기 절차이행의 본안소송을 준비 중에 있으나, 이러한 사정을 잘 알고 있는 채무자가 이를 타에 처분 및 은익 할 우려가 있으므로 그 집행보전을 위하여 부득이 본 신청에 이른 것입니다.

2. 영수증상 금액 상이에 대하여

채권자가 본 신청서에 첨부한 입증자료인 영수증(소갑제 호증)에 대한 영수액이 위 매매계약의 잔대금액인 금 420,000,000원을 상회하는 금 650,000,000원으로 기재되어 있는 이유는 채권자가 위 토지를 매수할 즈음 채권자의 부친인 신청외 강00가 동 채무자의 소유였던 고양시 덕양구 000 000 소재 토지를 매수하면서 잔금일이 같은 날이어서 금 130,000,000원을 지급하면서 양 토지의 잔대금을 함께 지불하면서 합산한 금액을 기입하였기 때문입니다.

4. 본건 가처분의 손해담보로 제공할 공탁금은 민사소송법 제122조 민사집행법 제 19조 제 3항에 의하여 보증보험주식회사 지급보증위탁 계약을 체결한 문서를 제출하는 방법에 의하여 담보를 제공할 것을 명하여 주시기 바랍니다.

첨 부 서 류

1. 부동산매매계약서 사본   1부
1. 영수증 사본   1부
1. 토지대장   1부
1. 공시지가 확인원   1부
1. 부동산등기부등본   2부
1. 위임장   1부
1. 목록   5부

2008.   7.   .

위 채권자   강 0 0

서울중앙지방법원   귀중

유치권포기각서

유치권자 : 주식회사 00개발

사건번호 수원14계 2008타경 00000호

유치권행사중인 부동산목록 :

경기 수원시 00구 000동 000번지 (토지 000평, 건물 000평)

유치권자 (주) 00개발은 위 부동산 임의경매사건에 신고한 유치권에 대한 권리
및 권한행사 등을 절대적으로 포기하고 유치권행사중인 부동산목록에 대한 점유를
낙찰자 이00외 4인 에게 이전할 것을 조건으로 유치권 합의금   원을
수령함에 있어 2009.   .   . 계약금   원을 수령하고 잔금   원을
2009.   .   . 까지 5층 전세대 및 1, 2층을 명도와 함께 수령 및 지불키로
확약하며 인감날인 합니다. (임금계좌 :   )

이에 유치권자 (주) 00개발은 유치권행사중인 부동산목록에 대한 아무런 권리도
없으며, 민·형사상의 이의, 소제기 등을 절대로 제기하지 않을 것임을 확약하고,
만약 이를 어길 시에는 민. 형사상의 어떠한 책임도 감수할 것임을 재차 확약하며,
위 사항을 이행치 못할 시는 잔금을 지불치 않아도 (주) 장수개발은 유치권을 포기
하기로 한다.

위 사항을 명백히 하기위하여 공증을 하여 각1부씩 보관키로 한다

첨부서류: 법인인감증명서 1통

2009년   월   일

유치권 권리자 (주) 00개발   (인)

위 물건 낙찰자 이 00 외 4명 귀하

🏠 부동산인도명령신청

신 청 인(매수인) 별지 제1목록과 같음

피신청인(채무자) 1. 이 0 0 (000000-0000000)
　　　　　　　　　　용인시 기흥구 보정동 000
　　　　　　　　　　휴대폰번호 : 010-0000-0000
　　　　　　　　2. 김 0 0 (000000-0000000)
　　　　　　　　　　수원시 장안구 정자동 000
　　　　　　　　　　휴대폰번호 : 010-0000-0000
　　　　　　　　3. 오 0 0 (000000-0000000)
　　　　　　　　　　수원시 팔달구 지동 000
　　　　　　　　　　휴대폰번호 : 010-0000-0000

신 청 취 지

수원지방법원 2008타경0000호 부동산임의경매사건에 관하여 신청인들에게,

1. 피신청인 이00은 별지 제2목록 기재 부동산을,

1. 피신청인 김00은 별지 제3목록 기재 부동산을,

2. 피신청인 오00은 별지 제4목록 기재 부동산을

　각 인도하라.

는 재판을 구합니다.

신 청 이 유

1. 경락 및 소유권취득

　신청인들은 2008타경00000호 부동산임의경매사건의 경매절차(이하 "이사건 경매절차"
라 한다.)에서 별지목록 기재 부동산을 매수한 매수인들로서 2009. 00. 00. 매각허가결
정을 받았고, 2009. 00. 00. 에 매각대금을 전부 납부하여 소유권을 취득하였습니다.

(소갑제1호증 참조)

2. 피신청인 이해경은 대항력이 없음

피신청인 이00(1층 A6)이 이 사건 경매절차에서 "권리신고 및 배당요구신청서"를 제출하면서 임차보증금 90,000,000원, 월차임 금 2,700,000원으로 신고하여 피신청인 이00은 환산보증금이 금 360,000,000원 (월차임 금 2,700,000원 X 100 + 보증금 90,000,000원 = 금 360,000,000원)이 되어 상가임대차보호법의 대상이 되지 않아 신청인들에게 대항을 할 수 없습니다.

(소갑제2호증 참조)

3. 피신청인 김00과 오00이 법원에 제출한 임대차계약서

피신청인 김00(1층 비너스)은 이 사건 경매에 있어 "권리신고 및 배당요구신청서"를 제출하면서 보증금 일억사천만 (140,000,000원), 월차임은 없음의 임대차계약서를 첨부하여 법원에 제출하였고,

(소갑제3호증 참조)

피신청인 오00(2층 명동돈까스)도 "권리신고 및 배당요구신청서"를 제출하면서 보증금 일억(100,000,000원), 월차임은 없음의 임대차계약서를 첨부하여 법원에 제출하였습니다.

(소갑제4호증 참조)

하지만, 위 임대차계약서는 아래와 같은 이유로 그 진실성을 인정하기 힘듭니다.

4. 감정평가서 상의 임대차계약서

전소유자 김00이 2007. 0. 00. 이 사건 경매부동산을 매수하면서 00상호저축은행에 대출을 의뢰하였고, 이에 00저축은행은 이 사건 경매부동산의 임대차내역을 알기 위해서 (주)00코리아감정평가법인에 감정평가를 의뢰하였으며, 그 당시의 임대차계약서를 입수를 하였습니다.

그 결과,

① 피신청인 김00(1층 비너스)은 임대차보증금 일억사천만원 (금 140,000,000원)에 월임대료 금 2,800,000원인 사실이 나타났으며,

② 피신청인 오00(2층 명동돈까스)은 임대차보증금 일억원 (금 100,000,000원)에 월 임대료 금 2,300,000원인 사실이 나타났습니다.
(소갑제5호증 참조)

① 피신청인 김00(1층 비너스)은 월 임대료 금 2,800,000원 X 100 = 280,000,000원. 금 280,000,000원 + 보증금 140,000,000원 = 환산보증금 420,000,000원으로, 상가임대차보호법 대상이 아니고, 계약서에 확정일자도 받지 않았고,

② 피신청인 오00(2층 명동돈까스)은 월 임대료 금 2,300,000원 X 100 = 230,000,000원. 금 230,000,000원 + 보증금 100,000,000원 = 환산보증금 330,000,000원으로, 역시 상가임대차보호법 대상이 아니고, 계약서에 확정일자도 받지 않은 상태였습니다.

또한, 전소유주인 김00도 이런 사실(김00이 월차임 금 2,800,000원, 오00이 월차임 금 2,300,000원)을 인정하면서 00상호저축은행에 제출하였습니다.
(소갑제6호증 참조)

그래서, 00상호저축은행은 위 피신청인들은 대항력이나 우선변제효가 없는 사실을 인정하고, 이를 감안하여 금 3,900,000,000원을 대출하고 전소유주 김00의 소유권이전등기와 같은 날짜인 2007. 0. 00. 근저당권을 설정한 것입니다.
(소갑제7호증의 1, 2 등기부등본 참조)

따라서, 피신청인 김00(1층 비너스)와 피신청인 오00(2층 명동돈까스)는 결국 월차임이 존재하여 상가임대차보호법의 대상이 되지 않으므로, 신청인들에게 대항할 수 없습니다.

5. 소갑제3호증-제4호증 계약서의 작성날짜 및 인장의 문제점
소갑제2호증 계약서 (이00 - A6)를 보면 작성날짜가 전소유주 김00이 소유권을 취득한 2007. 0. 00. 직후인 2007. 0. 0에 작성되었고, 임대인란의 인장도 "김00"의 인장이 날인되어 있습니다.

그런데, <u>소갑제3호증</u> 계약서 (김00 - 비너스), <u>소갑제4호증</u> 계약서 (오00 - 명동돈까스)는 <u>2007. 7. 31</u>에 작성되었고, 임대인란의 인장이 모두 전소유주인 김00의 인장이 아닌 "<u>金善禮</u>"라는 인장이 날인되어 있습니다.

또한, 소갑제3호증-4호증 두 계약서 모두 계약서 작성 일자는 2007. 7. 31인데, <u>확정일자는 모두 2008. 3. 19</u>에 받았습니다.

① 보통은 계약서를 작성하면 바로 확정일자를 받는 것이 일반적인데, <u>계약을 하고 8개월 후에 확정일자를 받은 점,</u>
② 두 점포가 계약서를 작성한 후 8개월이나 지나서 확정일자를 받았다면 <u>다른 점포이고 임차인도 다르므로 확정일자를 받은 날짜가 달라야 하는데,</u> 두 계약서 모두 8개월이 경과했는데도 <u>모두 확정일자가 2008. 3. 19.로 동일한 점</u> 등을 보면,

<u>소갑제3호증-4호증</u> 두 계약서 모두 2008. 3. 19.에 임의로 작성하여 같은 날에 한꺼번에 확정일자를 받은 것으로 추정이 되고 있습니다.
(2007. 7. 1. 작성한 소갑제2호증의 인장과 다른 점도 이상합니다.)

6. 보증금은 그대로 인데 갑자기 월차임이 없어진 점

소갑제5호증, 제6호증에서 알 수 있듯이 원래 ① <u>피신청인 김00(1층 비너스)</u>은 임대차보증금 일억사천만원 (금 140,000,000원)에 <u>월 임대료 금 2,800,000원</u>, ② <u>피신청인 오00(2층 명동돈까스)</u>은 임대차보증금 일억원 (금 100,000,000원)에 월 <u>임대료 금 2,300,000원</u>이었습니다.

그런데, 소갑제3호증-제4호증의 계약서에는 <u>갑자기 보증금은 그대로 유지되면서 월차임만 없어진다는 것</u> 자체가 상식적으로 이해가 되지 않습니다.

보통 월차임을 보증금으로 전환하는 경우에는 그만큼 보증금이 상승하는 것이 일반적인데, 갑자기 보증금은 그대로 유지하면서 월차임만 없어진다는 것은 위 계약서가 진실된 계약서가 아니라 일정한 목적 때문에 임의로 작성된 이중 계약서인 사실을 알 수 있습니다.

7. 대항력이 소급해서 발생하지는 않음

설령, 백번 양도하여 소갑제3호증-4호증 두 계약서가 진실된 계약서라 하더라도,
(물론 신청인들은 이 사실을 인정하지 않음)

2007. 7. 31. 소갑제3호증-4호증 작성하기 전에는 월차임이 존재하여 상가임대차보호법이 적용되지 않다가,

2007. 7. 31. 위 계약서를 작성함으로써 상가임대차보호법이 적용된다고 하더라고, 그 대항력은 계약서를 작성한 2007. 7. 31. 그 "익일"부터입니다.

대항력은 모든 요건이 갖추어진 그 익일에 발생합니다.
예컨대, 주택임대차보호법에 의해서도 주택의 인도와 주민등록의 날짜가 다르면 위 조건이 모두 갖추어진 날의 그 익일에 발생하지 처음의 날로 소급하지 않습니다.

상가임대차보호법도 마찬가지로 이전에는 월차임이 있어서 상가임대차보호법이 적용되지 않다가, 새로이 계약서를 작성하여 월차임이 없어짐으로 상가임대차보호법이 적용된다면, 위 모든 조건이 갖추어진 그 익일부터 대항력이 생기지 그 이전으로 대항력이 소급해서 발생하지는 않습니다.

따라서, 이 사건 경매의 말소기준권리인 00상호저축은행의 근저당권의 날짜 2007. 6. 28.보다 피신청인 김00과 오00의 대항력 발생일(2007. 7. 31.의 익일)이 늦으므로 피신청인 김00과 오00은 이 사건 경매로 인하여 경락인에게는 대항할 수 없습니다.

(소갑제7호증의 1, 2 각 등기부등본를 보면 2번 00상호저축은행의 근저당권이 2009년 12월 28일 임의경매로 인한 매각으로 말소된 사실 - 결국 00상호저축은행의 근저당권이 이 사건 경매의 말소기준권리임을 알 수 있습니다.)

8. 건물 일부 임대차의 경우는 도면을 첨부하여 사업자등록을 해야
상가건물임대차보호법 제3조 제1항에서 건물의 인도와 더불어 대항력의 요건으로 규

정하고 있는 사업자등록은 거래의 안전을 위하여 임차권의 존재를 제3자가 명백히 인식할 수 있게 하는 공시방법으로 마련된 것으로,

건물의 일부분을 임차한 경우 그 사업자등록이 제3자에 대한 관계에서 유효한 임대차의 공시방법이 되기 위해서는 사업자등록신청시 그 임차부분을 표시한 도면을 첨부해야 합니다.
(대법원 2008. 9. 25. 선고 2008다44238판결)

피신청인 김00(1층 비너스)은 이 사건 건물 1층의 일부만을 임차한 경우인데, 사업자등록을 신청할 때 그 일부분을 표시한 도면을 첨부하지 않았습니다.
(소갑제8호증 - 피신청인 김00이 권리신고를 하면서 제출한 보정서 "도면첨부"를 보면 "부"에 "O"표시가 되어 있어, 도면을 첨부하지 않았다고 표시되어 있으며, 사업자등록증에도 도면이 첨부되지 않았습니다.)

따라서, 피신청인 김00(1층 비너스)은 도면을 첨부하지 않아 상가임대차보호법상 유효한 사업자등록이 되지 않았으므로, 대항력이 발생하지 않습니다.

9. 모든 피신청인이 경락인에게 대항할 수 없음
  가. 피신청인 이00(1층 A6)은 보증금 90,000,000원, 월차임 2,700,000원으로 상가임대차보호법의 적용대상이 되지 않으므로 신청인들에게 대항할 수 없고,

  나. 피신청인 김00(1층 비너스)과 피신청인 오00(2층 명동돈까스)은 위 신청서 4항 - 8항의 이유로 신청인들에게 대항할 수 없습니다.

그렇다면 위 경매사건의 채무자인 피신청인들은 별지목록 기재 각 부동산을 신청인들에게 인도하여야 할 의무가 있음에도 불구하고 신청인들의 별지목록 기재 부동산인도청구에 응하지 않고 있습니다.

따라서 신청인들은 매각대금 납부로부터 6월이 지나지 않았으므로 피신청인들로부터

별지목록 기재 각 부동산을 인도 받기 위하여 이 사건 인도명령을 신청합니다.

첨 부 서 류

2000. 0. 0.

위 신청인(매수인) ○○○ (서명 또는 날인)

○○지방법원 귀중

[별 지]

부동산의 표시

1. ○○시 ○○구 ○○동 ○○ 대 ○○○○㎡
2. 위 지상 철근 콘크리트조 슬래브지붕 4층
   1층 299.66㎡
   2층 299.66㎡
   3층 299.66㎡
   4층 299.66㎡
   지하층 299.66㎡. 끝.

🏠 채권가압류 신청서 (배당금 가압류)

채 권 자 : 황 0 0

　　　　000000-0000000

　　　　경기도 광명시 하안동 000 00아파트 000동 000호

채 무 자 : 안 0 0

　　　　000000-0000000

　　　　서울 광진구 자양동 000 0000파크 000호

제3채무자 : 대한민국

위 법률상대표자

법무부장관 정성진

(소관: 의정부지방법원 세입세출 외 현금출납공무원)

청구채권의 표시

금 60,000,000 원　임차보증금

가압류할 채권의 표시

별지목록기재와 같음

신 청 취 지

1. 채무자의 제3채무자에 대한 별지목록기재 채권을 가압류한다.

2. 제3채무자는 채무자에게 위 채권에 관한 지급을 하여서는 아니 된다.

3. 채무자는 다음청구금액을 공탁하고 가압류의 집행정지 또는 그 취소를 구할 수 있다.

라는 재판을 구합니다.

신 청 이 유

1. 인천광역시 부평구 부평동 000-0, 제1호 소재에 대한 부동산은 채권자가 2002년0월

00일 인천지방법원 북인천등기소 접수제 00000호로 전세금 50,000,원정으로 하여 전세권설정등기를 필한 부동산인바, 위 부동산은 2005년0월00일 낙찰되었습니다.

2. 그러나 채권자는 위부동산에 대한 동 법원의 2005. 09. 00. 배당기일에 이르러 채권자가 알아본즉 위 전세금 50,000,000원정 중, 일부금원인 금 27,000,000원을 배당받게 될 것이며, 나머지 채권자가 전세금 23,000,000원은 배당을 받지 못할 형편에 있는 것입니다.

3. 채권자는 위 전세권설정등기 신청당시 채무자 소유에 토지에 대하여는 설정등기를 경료하지 못한 관계로 2005. 8.26.배당기일인 경매 선순위 채권자에게 낙찰금원에서 배당하고 나머지 배당금원은 채무자가 배당받게 될 형편에 이른 것입니다.

4. 따라서 채권자는 채무자가 배당받게 될 별지목록기재 채권을 지금가압류하지 않으면 후일 본 안 소송에서 승소관결을 얻어도 집행불능 될 우려가 있으므로 그 집행보전의 수단으로 본건 신청에 이른 것입니다.

5. 본건에 대한 담보는 민사소송법 제475조 제3항, 동 제112조에 의하여 지급보증 위탁계약을 체결한 문서를 제출하는 방법에 의하여 제공 할 것을 허가하여 주시기 바랍니다.

첨 부 서 류

1. 부동산등기부등본　1 통
1. 임대차계약서 사본　1 통
1. 영 수 증　　　　　1 통

2000 년　0 월　　일

채권자　황　0　0 (인)

🏠 체납관리비 징수 협조의뢰

수신 : 00시 00구 00동 00번지 00아파트 관리소장 귀하
발신 : 00시 00구 00동 00번지 00아파트 00동 000호
제목 : 체납관리비 징수 협조 요청

00시 00구 00동 00번지 00아파트 00동 000호의 소유권이전에 따른 권리변동이 발생하게 됨에 따라 통보하오니 업무에 참고하시기 바라며 다음과 같이 조치해 주시기 바랍니다.

다　음

1. 상기아파트는 2010. . . 00지방법원 00지원 부동산임의경매로 인하여 낙찰자 000으로 소유권이전이 되었습니다.

2. 소유권이전일(2010. . .) 이후 000동 0000호에 점유하여 살고 있는 분은 소유자의 동의 없이 불법점유하고 있는 상태가 됩니다.

3. 000동 0000호의 소유권이전일인 2010. . . 이전에 체납된 전기료 및 관리비는 본인이 권리취득 발생 전의 건으로서 현재 점유하여 사용하고 있는 거주자에게 청구하여 청산하여 주시기 바랍니다.
   또한 000동 0000호를 본인이 인도하여 사용하기 전에 발생한 관리비 등도 본인이 지불할 수 없다는 의사를 통보하오니 업무에 차질이 없도록 조치바랍니다.

4. 거듭 강조하지만 본인은 점유자의 관리비 체납분에 대하여 지불할 의사도 없으며 법적인 책임도 없음을 통보 합니다.
   본인은 정당한 국가기관에 의하여 소유권을 취득한 권리자입니다.
   선의의 피해가 발생하지 않도록 조치 바라며 귀소의 업무 소홀로 인하여 불미스런 일이 발생하지 않도록 조치해 주시기 바랍니다.

5. 상기 내용에 대하여 이의사항이 있으시면 2010. . .까지 서면으로 통보해 주시기
바랍니다.
서면통보가 없음으로 인하여 발생하는 모든 책임은 귀소에서 부담하겠다는 의사
의 표시로 받아들이겠습니다.

첨 부 : 부동산등기부등본 1부

2010.   .   .

00시 00구 00동 00번지 00아파트 000동 000호

0 0 0 (인)

🏠 체납관리비 징수 독촉

수신 : 00시 00구 00동 00번지 000 아파트 관리소장 귀하
발신 : 00시 00구 00동 00번지 000아파트 000동 0000호
제목 : 체납관리비 징수 독촉

귀소의 무궁한 발전을 기원합니다.
귀소의 000아파트 0000동 0000호의 체납관리비징수를 독촉하오니 조치하여 주시기 바랍니다.

다　　음

1. 현재 0000동 0000호는 소유자(000씨)가 불법거주하고 있습니다.
   체납관리비는 000씨가 사용한 관리비입니다.
   000씨가 사용한 관리비는 000씨에게 징수하시기 바랍니다.

2. 체납관리비에 관한 법원 판례를 참조하면 서울지방법원에서는 "입주자의 지위를 승계 했다고 해서 전소유자의 채무를 인수하겠다는 승낙이 있었다고 볼 수 없다" 고 판결하였고, 창원지방법원에서도 "경매로 아파트의 소유권을 승계한 사람은 공동주택관리령에서 정한 승계인으로 볼 수 없기 때문에 체납관리비를 낼 수 없다" 고 판결하였습니다.

3. 귀소에서는 체납관리비가 연체되었을 경우에는 체납관리비의 징수에 대한 채권을 확보해야 합니다.

4. 전소유자의 체납관리비를 절대로 본인은 인수하지 않겠습니다.
   경매로 아파트소유권을 취득한 사람은 공동주택관리령에서 정한 승계인이 될 수 없기 때문이며, 또한 아파트는 낙찰인과 전소유자간의 연관관계가 없어 채무인수기준이 적용치 않는 특수한 상황입니다.

5. 0000동 0000호 아파트 인도에 대한 강제집행 후에는 전점유자로부터 체납관리비 징
   수에 어려움이 있을 것으로 사료되오니 귀소에서 체납관리비에 대한 징수 및 적절
   한 채권을 확보하시기 바랍니다.
   다시 한 번 강조하오니 현재 거주하고 있는 000씨에게 체납관리비를 징수하는
   데 소홀함이 없도록 만전을 기하여 주시기 바랍니다.

6. 또한 체납관리비 징수 시 000씨가 현재까지 거주하고 있음으로 아파트를 비
   우는 날까지 관리비를 정산하여 징수하는 것을 유념하시기 바랍니다.

2010.　　.　　.

00시 00구 00동 00번지 00아파트 000동 0000호

0　0　0 (인)

참 고 문 헌

법원실무제요 민사집행(Ⅱ), 법원행정처(2003)
윤경 민사집행(부동산 경매)의 실무, 육법사(2008)
김성훈(공저) 부동산 경매실전강의, 휴먼엔북(2009)
최광수 부동산 경매의 권리분석, 중외(2008)
신현기 민사집행실무, 법률문화원(2005)
실전사례 경매사건 출처, 지지옥션